Monika Wienfort
**Monarchie im 19. Jahrhundert**

# Seminar Geschichte

---

Wissenschaftlicher Beirat: Christoph Cornelißen, Marko Demantowsky, Birgit Emich, Harald Müller, Michael Sauer, Uwe Walter

Monika Wienfort

# Monarchie im 19. Jahrhundert

—

ISBN 978-3-11-046326-2
e-ISBN (PDF) 978-3-11-046327-9
e-ISBN (EPUB) 978-3-11-046358-3

**Library of Congress Control Number:** 2018947236

**Bibliografische Information der Deutschen Nationalbibliothek**
Die Deutsche Nationalbibliothek verzeichnet diese Publikation in der
Deutschen Nationalbibliografie; detaillierte bibliografische Daten
sind im Internet über http://dnb.dnb.de abrufbar.

© 2019 Walter de Gruyter GmbH, Berlin/Boston
Titelbild: Queen Victoria surrounded by her family (Fotografie, 1894; Wellcome Collection.
CC-BY)
Satz: bsix information exchange GmbH, Braunschweig
Druck und Bindung: CPI books GmbH, Leck

www.degruyter.com

# Inhaltsverzeichnis

**Vorwort** —— VI
**Vorwort von Verlag und Beirat** —— IX

1 Das 19. Jahrhundert als monarchisches Jahrhundert. Staatsbildung und regionale Identität —— 1

2 Nation, Kolonialismus und Transnationalität —— 23

3 Konstitution und „monarchisches Prinzip" —— 39

4 Kompetenzen und Handlungsspielräume —— 53

5 Monarchie und Revolution —— 65

6 Monarchiekritik und Republikanismus —— 77

7 Hof und Zeremoniell —— 91

8 Repräsentation: Feste, Jubiläen und Denkmäler —— 103

9 Kunstkultur und Alltagskultur —— 115

10 Medien und Skandale —— 125

11 Monarchie und Gesellschaft: Adel, Bürgertum, Unterschichten —— 137

12 Frauen- und Geschlechtergeschichte —— 147

13 Herrscherbiographien als Rezeptionsgeschichte —— 161

14 Ausblick: Monarchie im 20. und 21. Jahrhundert —— 173

**Bibliographie** —— 181

**Abbildungsverzeichnis** —— 199

**Glossar** —— 201

**Register** —— 205

# Vorwort

Die Zeiten, in denen die deutsche und europäische Geschichte des 20. Jahrhunderts aus dem 19. Jahrhundert heraus dargestellt und analysiert wurde, scheinen vorbei zu sein. Während auf der einen Seite die Geschichte der Frühen Neuzeit über das Jahr 1800 hinaus auf die erste Hälfte des 19. Jahrhunderts ausgreift und erst die europäischen Revolutionen von 1848/49 als Ende des Ancien Régime verstanden wissen will, integriert auf der anderen Seite die Historiographie zum 20. Jahrhundert zunehmend die Jahrzehnte seit 1880 in eine „Hochmoderne", die bis über den Zweiten Weltkrieg hinaus reicht. Die Geschichte der Monarchie in Europa erinnert gegen diese Trends daran, dass es lohnenswert sein kann, an der „Einheit des 19. Jahrhunderts" mit Blick auf säkulare Wandlungsprozesse festzuhalten. Das Studienbuch bemüht sich im Lichte der neuen, deutlich intensivierten Forschung zur Monarchie um eine „europäische" Perspektive, die Gemeinsamkeiten und Unterschiede der einzelstaatlichen Ausprägungen einer weithin dominanten Staatsform in den Mittelpunkt rückt. Damit ist selbstverständlich nicht behauptet, dass eine Untersuchung der politischen Kulturgeschichte Europas an sich ausreichend ist, im Gegenteil, auch für die Geschichte der Monarchie des 19. – und des 20. – Jahrhunderts sollten globale Fragestellungen, für Japan, für Thailand, für den arabischen Raum, angeschlossen werden. Dass sich trotzdem ein Schwerpunkt in der deutschen Geschichte findet, hat nicht bloß pragmatische Gründe (die z.B. in den Fremdsprachenkenntnissen der Studierenden und den Anforderungen der Lehrpläne liegen), sondern fußt auch auf der Überzeugung, dass eine Geschichtsschreibung, die sich mit der Konstruktion von Identität beschäftigt, den politisch-kulturellen Raum, in dem sie entsteht, jedenfalls nicht vernachlässigen sollte.

Monika Wienfort, Berlin, Juli 2018

# Vorwort von Verlag und Beirat

Die Studienbuchreihe „Seminar Geschichte" soll den Benutzern – StudentInnen und DozentInnen der Geschichtswissenschaft, aber auch VertreterInnen benachbarter Disziplinen – ein Instrument bieten, mit dem sie sich den Gegenstand des jeweiligen Bandes schnell und selbstständig erschließen können. Die Themen reichen von der Antike bis in die Gegenwart; unter Einbeziehung historischer Debatten sowie wichtiger Forschungskontroversen vermitteln die Bände konzise das relevante Basiswissen zum jeweiligen Thema.
„Seminar Geschichte" wurde von De Gruyter Oldenbourg gemeinsam mit FachhistorikerInnen und Geschichtsdidaktikern entwickelt. Die Reihe trägt den Bedürfnissen von StudentInnen in den neuen, modularisierten und kompetenzorientierten Studiengängen Rechnung. Dabei liegt der Akzent auf der Vermittlung von aktuellen Methoden und Ansätzen. Im Sinne einer möglichst effizienten akademischen Lehre sind die Bände stark quellenbasiert und nach fachdidaktischen Gesichtspunkten strukturiert. Sie stellen nicht nur den gegenwärtigen Kenntnisstand zu ihrem Thema dar, sondern führen über die intensive Auseinandersetzung mit maßgeblichen Quellen zudem fundiert in geschichtswissenschaftliche Fragestellungen und Methoden ein. Dabei steht die Problemorientierung im Vordergrund. Unabdingbar ist dafür, dass die Quellen nicht abschließend ausgedeutet werden, sondern eine Grundlage für die eigene Erschließung und Bearbeitung bilden. Hierzu enthält jeder Band kommentierte Lektüreempfehlungen, Fragen zum Textverständnis und zur Vertiefung sowie Anregungen zur Weiterarbeit.

Jeder Band stellt eine autonome Einheit dar. Wichtige Quellen sind im Band enthalten, damit sie nicht mitgeführt oder online aufgerufen werden müssen; zentrale Fachbegriffe werden im Glossar im Anhang erklärt. Ergänzend findet sich auf der Website des Verlages zu jedem Band der Reihe zusätzliches Material (z.B. weitere und/oder originalsprachliche Quellen, thematisch relevante Abbildungen, weiterführende Links oder zusätzliche vertiefende und zur Weiterarbeit anregende Fragen; für den vorliegenden Band: www.degruyter.com/view/product/468251). Passagen, für die zur Vertiefung weiteres Material bereitsteht, sind durch das nebenstehende Symbol hervorgehoben.

Durch seinen modularen Aufbau macht jeder Band auch ein Angebot für ein Veranstaltungsmodell bzw. eröffnet die Möglichkeit, einzelne Kapitel als Grundlage für Lehreinheiten zu nehmen. Der Aufbau in 14 Kapiteln spiegelt die (in der Regel) 14 Lehreinheiten eines Semesters und unterstreicht den Anspruch, das zu vermitteln, was innerhalb eines Semesters gut gelehrt und gelernt werden kann. Der einheitliche Aufbau aller Bände der Reihe sorgt für konzeptionelle Übersichtlichkeit und Verlässlichkeit in der Benutzung: Er bietet StudentInnen und DozentInnen eine gemeinsame Grundlage, um sich neue Themenfelder zu erschießen.

# 1 Das 19. Jahrhundert als monarchisches Jahrhundert. Staatsbildung und regionale Identität

## 1.1 Das Thema und seine historische Relevanz

Die Geschichtsschreibung in Deutschland nach dem Zweiten Weltkrieg hat das 19. Jahrhundert überwiegend als das „bürgerliche Zeitalter" interpretiert, in dem der gesellschaftliche Aufstieg und Bedeutungsgewinn des Bürgertums mit den säkularen Prozessen von Industrialisierung und Urbanisierung verbunden war. Erst in den letzten Jahren ist, vor allem im Zusammenhang von deutscher und europäischer Geschichte, das Bewusstsein dafür gewachsen, dass die überwiegende Mehrheit der europäischen Staaten im 19. Jahrhundert Monarchien waren, wenn auch mit großen verfassungsrechtlichen Unterschieden. Neben Frankreich nach 1871 fällt lediglich die Schweiz als Ausnahme ins Gewicht. „Monarchie", verstanden als „Regierung durch einen König oder anderen souveränen Herrscher mit königlicher Machtstellung und Würde", kann somit als signifikantes Merkmal des 19. Jahrhunderts gelten. Sie ist Gegenstand des Wandels von einer ständisch geprägten Welt des Ancien Régime zur modernen Massengesellschaft und spiegelt diese Entwicklung gleichzeitig. Monarchiegeschichte eignet sich daher in besonderer Weise, historische Fragen nach Charakteristiken des 19. Jahrhunderts zwischen Wiener Kongress und dem Ende des Ersten Weltkrieges zu stellen, weil sich die Monarchie als Institution an zentraler Stelle im Schnittfeld von Politik und Kultur der europäischen Gesellschaften befand. Sie illustriert Kennzeichen und Formen von politischer Herrschaft, sozialer Distinktion und Gesellschaft, vor allem aber die „politische Kultur" innerhalb, aber auch zwischen einzelnen Staaten.[1]

Im Anschluss an Karl Rohe beschreibt „politische Kultur" dabei Foren gesellschaftlicher Wahrnehmung und Beurteilung, die

Monarchie als Kennzeichen des 19. Jahrhunderts

---

[1] Vgl. die Überblicksartikel mit wichtigen Begriffsdefinitionen R. Asch/J. Leonhard, Art. Monarchie, in: F. Jäger (Hg.), Enzyklopädie der Neuzeit, Bd. 8, Stuttgart 2008, Sp. 675–696, hier Sp. 675; H. Boldt, Art. Monarchie V-VI, in: Geschichtliche Grundbegriffe Bd. 4, Stuttgart 1978, S. 189–214.

sich für die Monarchie über Aspekte wie Performanz, Repräsentation und Inszenierung analysieren lassen. Die Monarchie ist dabei strukturell im Feld der Politik angesiedelt, drückt aber gleichzeitig kulturelle Identität aus. Monarchische Rituale, das Hofzeremoniell, öffentliche Auftritte – z.B. feierliche Thronbesteigungen, politische Reden, Staatsbesuche und Denkmäler prägen die zeitgenössische Öffentlichkeit und riefen offenbar einerseits mehrheitlich Zustimmung hervor und boten attraktive Identifikationsmöglichkeiten. Andererseits existierte die bürgerliche Monarchie- und Adelskritik des 18. Jahrhunderts aber fort und radikalisierte sich zumindest gelegentlich bis hin zum Attentat.[2]

*Neuerfindung der Monarchie*

Der einflussreichste Interpret der modernen Monarchie in Europa, der britische Historiker David Cannadine, hat im Anschluss an Eric Hobsbawms Formulierung von der *invention of tradition* für das 19. Jahrhundert von der „Erfindung der (britischen) Monarchie" gesprochen.[3] Jürgen Osterhammel überschreibt ein Kapitel seiner epochemachenden Globalgeschichte des 19. Jahrhunderts mit „Neuerfindung der Monarchie" und betrachtet dabei Großbritannien, Frankreich unter Napoleon III., das Deutsche Reich und Japan. Es muss aber am Einzelfall untersucht werden, wie sich jahrhundertealte Tradition einerseits, die sich vor allem in dynastischer Legitimation und der Existenz einer „Aura des Throns" äußerte, und „Erfindung" in Formen und Faktoren der Monarchie andererseits genau verhielten. Jedenfalls aber verdichteten sich solche „Erfindungen" im 19. Jahrhundert zu einer spezifischen Geschichtspolitik. Unbestreitbar ist, dass sich die Monarchie im 19. Jahrhundert als Scharnierthema, das die Frühe Neuzeit und das 20. Jahrhundert verbindet, im europäischen Vergleich besonders eignet. Dabei steht die Politik als Dimension der Gesellschaft im Mittelpunkt, ergänzt durch eine Perspektive, in der

---

[2] K. Rohe, Politische Kultur. Zum Verständnis eines theoretischen Konzepts, in: O. Niedermayer/K.v. Beyme (Hg.), Politische Kultur in Ost- und Westdeutschland, Berlin 1994, S. 1–21. B. Stollberg-Rilinger (Hg.), Was heißt Kulturgeschichte des Politischen, Berlin 2004; U. Frevert, Neue Politikgeschichte: Konzepte und Herausforderungen, in: dies./H.G. Haupt (Hg.), Neue Politikgeschichte. Perspektiven einer historischen Politikforschung, Frankfurt a. M. 2005, S. 7–26.

[3] E. Hobsbawm, Introduction. Inventing Traditions, in: E. Hobsbawm/T. Ranger, The Invention of Tradition, Cambridge 2000, S. 1–14; D. Cannadine, Die Erfindung der britischen Monarchie, 1820–1904, Berlin 1994.

staatliche Politik und Kultur, zu der auch die Religion gezählt wird, eng verbunden sind. Die Multiperspektivität von Themen und Thesen, die sich mit der Monarchie bearbeiten lassen, macht dabei nur vor der Wirtschaft als eigenständigem Sektor halt, obwohl sich auch der Beitrag von Monarchie und Monarchen zur residenzstädtischen Ökonomie untersuchen ließe. In diesem gesellschaftsgeschichtlichen Sinn wird z.B. die Monarchie in Preußen im 19. Jahrhundert in einem neuen Editionsvorhaben der Berlin-Brandenburgischen Akademie der Wissenschaften thematisiert.[4]

Im Vergleich mit der politischen Welt vor der Französischen Revolution von 1789 und für die staatliche Politik im engeren Sinn ist es berechtigt, von einem Macht-, aber nicht unbedingt von einem Bedeutungsverlust der Monarchie zu sprechen. Als Nachfolger des konstitutionellen Kaisertums Napoleons war das französische Königtum seit 1814 durch eine geschriebene Verfassung definiert und beschränkt.[5] Zahlreiche deutsche Staaten wie Baden, Bayern, die hessischen Staaten und Hannover, allerdings nicht Preußen und das Habsburger Reich, erhielten in der ersten Hälfte des 19. Jahrhunderts Verfassungen, die dem Monarchen eine gewählte Volksvertretung gegenüberstellten. Zu einem allgemeinen und gleichen Wahlrecht für Männer kam es in der ersten Hälfte des Jahrhunderts aber noch nicht; Frauen wurden zu gesamtstaatlichen Wahlen erst seit Anfang des 20. Jahrhunderts zugelassen. In Großbritannien existierte (und existiert bis heute) keine geschriebene Verfassung, die die Kompetenzen der Monarchin eindeutig definiert. Dennoch lässt sich auch hier ein Wandel beobachten. In den 1830er Jahren war es König Wilhelm IV., dem es zum letzten Mal gelang, einen Premierminister zu ernennen, der nicht über eine Mehrheit im Unterhaus verfügte. Seitdem kann nur noch Premierminister werden, wer die Unterhausmehrheit hinter sich weiß.[6]

*Monarchie und Konstitution*

---

4 J. Osterhammel, Die Verwandlung der Welt. Eine Geschichte des 19. Jahrhunderts, München 2009, S. 828–48, bes. S. 829. Anpassungsstrategien der späten mitteleuropäischen Monarchie am preußischen Beispiel 1786 bis 1918, in: http://www.bbaw.de/forschung/preussen/uebersicht.
5 M. Kirsch, Monarch und Parlament im 19. Jahrhundert. Der monarchische Parlamentarismus als europäischer Verfassungstyp – Frankreich im Vergleich, Göttingen 1999.
6 W. Reinhard, Geschichte der Staatsgewalt: eine vergleichende Verfassungsgeschichte Europas von den Anfängen bis zur Gegenwart, München 1999; W.

**Revolution 1848/49**

Machtverlust und Beschränkung durch Verfassungen bilden die eine Seite, auf der anderen Seite kann die Beschränkung der Monarchie auch in einer immer einflussreicher werdenden politischen Öffentlichkeit in den europäischen Staaten beobachtet werden. Trotz der Zensur, die nach den Karlsbader Beschlüssen 1819 im Deutschen Bund vielfach spürbar war, konnte man am Monarchen des Nachbarstaats oft recht ungestört öffentlich Kritik üben.[7] Zwar verlor der französische König in der Revolution 1848/49 seine Krone, doch blieben die deutschen Fürsten mehrheitlich im Amt. Dennoch wirkte die politische Mobilisierung durch Pressefreiheit und Partizipationsgewinn in Parlamenten in Richtung auf eine weitergehende Beteiligung der Untertanen und Bürger an der Politik. Auch Preußen und Österreich erhielten jetzt Verfassungen. In Großbritannien schritt der Wandel des politischen Systems durch die Wahlrechtserweiterungen von 1832, 1867 und 1888 auf dem Weg der Reform in kleinen Schritten voran, während die Monarchie der Queen Victoria (1837–1901) im „viktorianischen Zeitalter" die globale Bedeutung als Imperium verkörperte.[8]

**Nationale und globale Bedeutungen**

Das monarchische Jahrhundert erhielt in Frankreich, Deutschland und Italien nach 1849 nochmals Auftrieb. In Frankreich erneute Napoleon III., der Neffe Napoleons I., das Kaiserreich als Versprechen nationaler Größe. In Deutschland und in Italien führte die Politik der Monarchen (König Wilhelm I. von Preußen mit seinem Ministerpräsidenten Otto v. Bismarck; König Vittorio Emanuele von Piemont-Sardinien) gemeinsam mit den Einheitsbewegungen vor allem der bürgerlichen Liberalen durch Krieg nach innen wie nach außen zur nationalen Einheit. Seit 1861 gab es ein Königreich Italien, seit 1871 ein Deutsches Kaiserreich, in dem der König von Preußen nicht Kaiser von Deutschland, sondern Deutscher Kaiser war. Im Unterschied zu Italien, wo die anderen Fürsten ihre Herrschaft verloren, regierte der Deutsche Kaiser in einem Reich, das aus 25 Bundesstaaten be-

---

Daum (Hg.), Handbuch der europäischen Verfassungsgeschichte im 19. Jahrhundert, Bde 1 u.2, Bonn 2006ff;

[7] B. Holtz (Hg.), Preußens Zensurpraxis von 1819 bis 1848 in Quellen, Berlin 2015, G.B. Clemens (Hg.), Zensur im Vormärz. Pressefreiheit und Informationskontrolle in Europa, Ostfildern 2013; J. M. Brophy, Grautöne: Verleger und Zensurregime in Mitteleuropa 1800–1850, in: HZ 301.2015, S. 297–346.

[8] L.C. Seaman, Victorian England. Aspects of English and Imperial History 1837–1901, London 1995.

stand. Bis auf die drei Hansestädte Hamburg, Bremen und Lübeck handelte es sich um Monarchien vom Königreich bis zu den kleinsten thüringischen Fürstentümern. Mit dem Deutschen Kaiserreich, dem Kaisertum Österreich-(Ungarn), dem russischen Zarenreich und dem britischen Empire erschien um 1900 die Mehrzahl der europäischen Großmächte als Monarchie im globalen Mächtesystem. Weltpolitisch wurde das republikanische Modell zu diesem Zeitpunkt nur durch die USA repräsentiert, denen China, Japan und das Osmanische Reich wiederum ebenfalls als Monarchien begegneten.[9]

In den aktuellen Synthesen der europäischen Monarchiegeschichte von der Französischen Revolution bis zum Ersten Weltkrieg zeigen sich deutliche Konturen: Monarchie betrifft Macht, Staat und Herrschaft, Familie und Dynastie, Religion und Krieg, soziale Ideen und kulturelle Ausdrucksformen in Ritualen und Zeremonien, in Festen und Denkmälern. Dabei beschäftigt die Forschung vor allem die Frage, wie es die Monarchien geschafft haben, sich angesichts des fundamentalen Wandels gerade in Nordwesteuropa zu behaupten. Sicher wird man von einer hohen Anpassungsbereitschaft und -fähigkeit der Monarchien sprechen können. Politisch war man auf lange Sicht zum Machtverzicht oder zumindest zur Machtteilung mit dem Bürgertum – vorerst noch weniger mit der Massendemokratie – bereit. Kulturell bot man der Bevölkerung Integration und Identität, zunehmend durch unterhaltsame Massenereignisse, z.B. festliche Einzüge und Thronjubiläen. Politisch und kulturell gelang ein Bündnis von Monarchie und Nation, wenn auch in den einzelnen Staaten in unterschiedlicher Weise.

Überleben der Monarchie bis in die Gegenwart

Die britische Monarchie dehnte sich in den 1870er Jahren in der Person der Queen Victoria zur „Kaiserin von Indien" aus. Der Deutsche Kaiser wurde Oberhaupt einer national-föderalen Ordnung, in der nationale und regionale Identitäten ineinanderfließen konnten. Während der Kaiser um 1900 die deutsche Nation verkörperte, standen die Wittelsbacher in Bayern und andere Dynastien in Württemberg, Baden oder Sachsen zunehmend für ein

Deutsche Landesmonarchien

---

**9** S. Woolf, History of Italy, 1700–1860, Methuen 1979; D. Mack Smith, Italy and its Monarchy, New Haven 1989. Zu einer globalen Perspektive C. Backerra/ M. Banerjee/ C. Sarti (Hg.), Transnational Histories of the 'Royal Nation', Basingstoke 2017.

regionales Selbstbewusstsein. Für Preußen allerdings hielt diese Entwicklung auch Kosten bereit: Während sich in Bayern, Baden und Württemberg die Verbindung von Regionalmonarchie und Land, überwölbt vom deutschen Kaisertum, ungestört entfalten konnte, machte die Personalunion von Kaiser- und preußischem Königtum eine solche doppelte Identität schwierig. Je populärer die Nation und je stärker der Nationalismus im Deutschen Kaiserreich wurden, desto schwächer wurde das preußische Element. Der breiten Masse der Stadtbevölkerung der industrialisierten Welt in Berlin, Frankfurt, Köln und den Städten des Ruhrgebiets boten zwar Nation, Reich und Kaiser, deutlich weniger aber die preußische Welt mit ihrem dominanten Landadel attraktive Identifikationsmöglichkeiten. So wie das allgemeine Männerwahlrecht zum Reichstag gegen das preußische Dreiklassenwahlrecht punktete, überstrahlte das nationale Kaisertum die Krone Preußens.[10]

## 1.2 Staatsbildung und Staatsintegration

Mediatisierung

Gerade für den Anfang des 19. Jahrhunderts, als kleine Territorien und ihre Herrscher durch die Herrschaft Napoleons beseitigt wurden und die republikanischen Ideale der Amerikanischen und der Französischen Revolution populär wurden, kann man durchaus von einer Krise der Monarchie sprechen. Auf dem Wiener Kongress 1814/15 wurde das machtpolitische Aus für viele unabhängige Territorien bestätigt. Vor allem im deutschen Südwesten mussten sich ehemals souveräne Fürsten und Grafen nun den Königen von Württemberg und Bayern oder dem Großherzog von Baden unterordnen. Ihre Souveränität erhielten sie nicht zurück, sie blieben Mediatisierte. Im Grunde wurden sie damit – wie die übrige Bevölkerung – zu (wenn auch privilegierten) Untertanen derjenigen Fürsten, die sich als Gewinner der napoleonischen Neuordnung fühlen konnten.[11]

Territoriale Expansion der Monarchien

Die „Krise der Monarchien" reduzierte also die Anzahl der Monarchien vor allem auf dem Gebiet des ehemaligen Heiligen

---

10 Sellin 2011, Langewiesche 2013; Kroll/Weiß 2015. Zu Preußen vgl. Clark 2007, Neugebauer 2007.
11 H. Gollwitzer, Die Standesherren. Die politische und gesellschaftliche Stellung der Mediatisierten 1815–1918, Stuttgart 1957.

Römischen Reiches beträchtlich, die größeren Monarchien gingen aber bedeutend gestärkt aus ihr hervor. Großbritannien konnte sein Empire weiter ausbauen. Frankreich verlor zwar die Eroberungen Napoleons, blieb aber eine europäische Großmacht. Die russischen, österreichischen und preußischen Monarchien bestätigten sich gegenseitig die Aufteilung Polens. In Preußen vollzog sich die Staatsbildung in diesem Zeitraum vor allem als Ausdehnung des Staatsgebiets. Nicht nur Teile Sachsens, sondern vor allem die Gebiete am Niederrhein fielen an Preußen. Aus einem Staat, der seinen territorialen Mittelpunkt in Ostmitteleuropa hatte, wurde eine zentraleuropäische Großmacht, deren Expansion im Westen sich 1866 mit der Angliederung des Königreichs Hannover noch fortsetzte.[12]

Es ist kein Wunder, dass sich der europäische Blick auf die Staatsbildung im 19. Jahrhundert lange auf das ehemals so kleinteilige Deutschland konzentrierte. Demgegenüber galten Großbritannien, Frankreich und Spanien als konsolidierte National- und Verfassungsstaaten. Am Ende des 20. Jahrhunderts, mit den Sezessionsbemühungen im Baskenland und in Katalonien sowie mit der britischen „Devolution", die Nordirland, Wales und vor allem Schottland mehr Autonomie, wenn nicht gar die staatliche Unabhängigkeit gewähren soll, wurde diese Annahme allerdings fragwürdig. In Ostmittel- und Osteuropa wiederum kam die Phase erfolgversprechender nationaler Staatsbildung erst im 20. Jahrhundert.[13]

*Nation und Sezession*

Nach 1815 blieb es in Europa selbstverständlich, dass ein monarchisches Oberhaupt gerade für diejenigen Staaten mit großen territorialen Zuwächsen zur Staatsintegration benötigt wurde. Ein „Staat", der aus unterschiedlichen Territorien zusammenwuchs, konnte und sollte in einer Person politisch verkörpert werden. So gesehen blieb die Monarchie Indikator wie Faktor moderner Staatlichkeit. Die traditionellen Dynastien besaßen bereits das symbolische Kapital, das für diese Funktion notwendig erschien. Im Mittelalter und in der Frühen Neuzeit hatten Monarchen ihre oft

*Zusammengesetzte Monarchien*

---

[12] Vgl. Fahrmeir 2010, J. Fisch, Europa zwischen Wachstum und Gleichheit 1850–1914, Stuttgart 2002.
[13] R. O. Paxton/J. Hessler, Europe in the Twentieth Century, Boston 2012.

**Ausbreitung des Monarchiemodells**

vielfältigen Länder als *composite monarchies* überhaupt nur durch ihre Person, in einer Personalunion, zusammengehalten.[14]

Auch für neue Staaten in Europa blieb ein monarchisches Oberhaupt im 19. Jahrhundert selbstverständlich. In Belgien sollte 1830 der sächsische Prinz Leopold, der seine politische Anpassungsfähigkeit schon als Gatte der früh verstorbenen britischen Thronerbin Charlotte unter Beweis gestellt hatte, die Einheit von Flamen und Wallonen in Abgrenzung zu den Niederlanden einerseits, zu Frankreich andererseits garantieren. In Griechenland gelangte 1832 mit Otto Friedrich Ludwig ein Wittelsbacher als Otto I. auf den Thron. Norwegen erklärte 1905 seine Unabhängigkeit von Schweden und stattete sich mit einem dänischen Prinzen als neuem König Haakon VII. aus. Auch in den Nachfolgestaaten des Osmanischen Reiches auf europäischem Boden bevorzugte man die Monarchie als Staatsform.

Vorteile bot die Monarchie im 19. Jahrhundert dabei sowohl nach innen wie nach außen. Nur sie bot eine zumindest formal traditionelle Legitimationsform, die den neuen Staat an die Seite der übrigen europäischen monarchischen Staaten stellte. Unter dem Dach der Monarchie ließen sich unterschiedliche Verfassungsformen organisieren, die vor allem für die Privilegien von adligen und bürgerlichen Eliten, den Einfluss eines Parlaments oder die Gestaltung des Wahlrechts großen Gestaltungsspielraum anboten. Dabei konnten – wie in Spanien – auch die Monarchie und die Monarchin zum Kristallisationspunkt politischer Auseinandersetzung zwischen Liberalen und Konservativen werden. In dieser Hinsicht sollte man die europäische Monarchie des 19. Jahrhunderts als einen Verfassungsrahmen verstehen, der tiefgreifende politische Reformen nicht unmöglich machte, gleichzeitig aber durch die hierarchische Ordnung Sicherheit vor der tiefgreifenden sozialen Umwälzung einer Revolution bieten sollte. Vor allem im deutschen Liberalismus des Vormärz und der Revolution 1848/49 sind solche Vorstellungen einer Abwägung zwischen Freiheit und Sicherheit wichtig gewesen.[15]

---

**14** R. G. Asch (Hg.), Die frühneuzeitliche Monarchie und ihr Erbe, Münster 2003.
**15** Vgl. zu den Formen zwischen parlamentarischer Monarchie und Autokratie Kap. 3. B. Aschmann, Jenseits der Norm? Die spanische Monarchie im 19. Jahrhundert, in: M. Wildt (Hg.), Geschichte denken. Perspektiven auf die Geschichtsschreibung heute, Göttingen 2014, S. 81–99, hier S. 86.

## 1.2 Staatsbildung und Staatsintegration — 9

Nach außen wirkte die Institutionalisierung von neuen Thronen als monarchische Selbstergänzung. Den vornationalen Dynastien gelang es mit dem Monarchenexport, royalen Status als vorzügliche Alternative zu innerstaatlichen Kämpfen um den Thron gleichsam „frei Haus" zu liefern. Manche Dynastien waren darin erfolgreicher als andere: Das kleine Herzogtum Sachsen-Coburg-Gotha stellte nicht nur den belgischen König, sondern besetzte mit dem Prinzgemahl Albert als Ehemann der Queen Victoria auch die wichtigste Position in London. Der griechische König Georg I. und der norwegische König Haakon VII. gehörten dem dänischen Haus Schleswig-Holstein- Sonderburg-Glücksburg an, aus dem auch die britische Königin Alexandra und die Zarin Dagmar von Russland kamen. Insgesamt bildeten die dynastischen Familien Europas bis zum Ausbruch des Ersten Weltkrieges ein transnationales verwandtschaftliches Netzwerk, das allerdings gegenüber den europäischen Nationalismen, die auch die royalen Personen erfassten, politisch kaum noch relevant war.[16]

*Monarchenexport*

Der Funktionswandel der Monarchie im Kontext der Staatsbildung und Nationalisierung lässt sich auch im Bereich der Religion beobachten. Gegenüber einer Interpretation des 19. Jahrhunderts als „Zweites Konfessionelles Zeitalter" überwogen vielfach die säkularisierenden Tendenzen. Zwar formulierten viele Monarchen ihren Regierungsanspruch im Kontext meist traditioneller konfessioneller und staatskirchlicher Zusammenhänge. In vielen Staaten blieben im Krönungszeremoniell die mittelalterlichen sakralen Aspekte wichtig. Queen Victoria und ihre Nachfolger verstanden sich als Haupt der anglikanischen Kirche und tatsächlich konnte die britische Monarchin z.B. bei der Besetzung von Bischofsstühlen beträchtlichen politischen Einfluss ausüben. Auch der russische Zar sah sich mit der orthodoxen Kirche untrennbar verbunden. In Preußen behaupteten die Könige bzw. deutschen Kaiser zwar ihre Rolle als *summus episcopus*, als Oberhaupt des seit 1817 unierten Protestantismus; im Verhältnis zu den konfessionellen Minderheiten, z.B. zu den Katholiken im Deutschen Kai-

*Monarchie und Religion*

---

[16] J. Paulmann, „Dearest Nicky...": Monarchical relations between Prussia, the German Empire and Russia during the nineteenth century, in: R. Bartlett/ K. Schönwälder (Hg.), The German Lands and Eastern Europe, London 1999, S. 157–181. K. Urbach (Hg.), Royal Kinship. British-German Family Networks 1815–1918, Berlin/New York 2008.

serreich, hatte das aber negative Folgen für die Integrationsfähigkeit der Monarchie. Angesichts zunehmender Entkirchlichung breiter Bevölkerungsgruppen im westlichen Europa, vor allem bei den Protestanten und in Folge einer bürokratisch organisierten Verselbständigung der Kirchen, spielte dieser Bereich gegenüber staatlich-nationalen Aspekten aber eine immer kleinere Rolle.[17]

*Monarchie und Militär*

Die traditionelle persönliche Präsenz des Monarchen im Krieg und die Übernahme des Oberbefehls fielen ebenfalls immer weniger in den Aufgabenbereich des Monarchen. Queen Victoria konnte schon wegen ihres Geschlechts nicht auf den (im Übrigen meist weit entfernten) Schlachtfeldern Großbritanniens anwesend sein. Im Zuge der Professionalisierung des Militärs ging die Befehlsgewalt faktisch auf die Generäle über, auch wenn der preußische König Wilhelm I. und sein Thronfolger Friedrich mit eigenem Kommando in den Einigungskriegen persönlich an der Front anwesend waren. Die Entscheidung des russischen Zaren Nikolaus II., 1915 persönlich das Kommando über die Armee zu übernehmen, überforderte die militärischen Fähigkeiten des Monarchen.[18]

Trotzdem blieb die Verbindung zwischen Monarchie und Militär als wichtigem Machtfaktor erhalten. Männliche Familienangehörige des Monarchen machten im Militär Karriere, wobei sich zwischen tatsächlichem Kommando und bloßem Ehrenengagement viele Formen fanden. Der typische männliche Monarch des 19. Jahrhunderts trug Uniform, nicht bloß in Preußen. Queen Victoria und ihre monarchischen Standesgenossen erlebten und genossen regelmäßig Militärparaden zu vielfältigen Anlässen. Überhaupt war das Militär im öffentlichen monarchischen Zeremoniell unverzichtbar. Schließlich entschied der Einsatz der Armee über Sieg oder Niederlage im Krieg und somit über die Zukunft der Monarchie. Zwischen 1848 und 1870 verloren das Kaisertum Österreich, die italienischen Fürsten und der Papst ihre Herrschaft (bzw. im Falle Österreichs bedeutende Herrschaftsgebiete) an Piemont-Sardinien. 1866 blieb dem König von Hannover nur das österreichische Exil. Napoleon III. verlor im Krieg gegen Preußen

---

**17** M. Bentley, Power and Authority in the late Victorian and Edwardian Court, in: Olechnowicz 2007, S. 163–187.
**18** Y. Wagner, Prinzenerziehung in der zweiten Hälfte des 19. Jahrhunderts. Zum Bildungsverhalten des preußisch-deutschen Hofes im gesellschaftlichen Wandel, Frankfurt a.M. 1995; Müller/Mehrkens 2015.

sein Kaiserreich und seine deutschen Verbündeten. Derselbe Krieg brachte den deutschen Staaten 1871 die bundesstaatliche Einheit.[19]

Die Bedeutung von Sieg und Niederlage im Krieg wird auch am Ende des „monarchischen Jahrhunderts" offensichtlich. 1917 verlor der russische Zar Krone und Leben in der Revolution, die von der Niederlage gegen die Mittelmächte ausging. Auch die deutsche und die Habsburger Monarchie überlebten die Niederlage nicht. In der Forschung ist umstritten, ob sich die drei in unterschiedlichem Ausmaß autoritären Monarchien durch eine frühzeitigere Reformpolitik hätten erhalten lassen. Die unvorhersehbare Dynamik und Beschleunigung der Ereignisse Ende 1918, die auf die katastrophale Situation reagierten, rät aber eher zu Skepsis.[20]

*Monarchie und Krieg*

Dagegen überlebte die Monarchien in den Sieger- und neutralen Staaten das Ende des „langen 19. Jahrhunderts". Bereits während des Weltkrieges hatte die Monarchie in Großbritannien wichtige Funktionen für die Aufrechterhaltung des Einsatzwillens der Bevölkerung übernommen. Besuche in Hospitälern, in Munitionsfabriken und an der Front machten den Alltag der britischen Königsfamilie aus. Das sollte sich auch im Zweiten Weltkrieg wiederholen, in dem die jetzige Queen Elizabeth II. als Automechanikerin tätig war. Überall sorgten die Frauen der dynastischen Familien mit der Eröffnung von Lazaretten für die öffentliche Präsenz der Monarchie in der Heimat. Auch in den Niederlanden und Belgien, in Norwegen, Dänemark, Schweden und Italien (bis 1946) blieb die Monarchie als nationales Integrationssymbol erhalten.[21]

## 1.3 Legitimation und Emotion

Die traditionelle Legitimationsformel der europäischen Monarchen bezog sich auf das Gottesgnadentum. Die Monarchen verstanden ihre Herrschaft als göttlichen Auftrag und „unmittelbar

*Legitimationsformeln*

---

**19** P. Mansel/T. Riotte (Hg.), Monarchy and Exile. The Politics of Legitimacy from Marie de Medicis to Wilhelm II., Basingstoke 2011.
**20** S. Richter/D. Dirbach (Hg.) Thronverzicht. Die Abdankung in Monarchien vom Mittelalter bis in die Neuzeit, Köln 2010.
**21** Vgl. M. Jönsson/P. Lundell (Hg.), Media and Monarchy in Sweden, Göteborg 2009.

zu Gott". Daraus folgte traditionell, dass die „Untertanen" oder das „Volk" keine politischen Mitspracherechte besaßen. Spätestens mit der Französischen Revolution jedoch war das entgegengesetzte Prinzip, die Volkssouveränität, in der politischen Welt Europas präsent. Die Assoziation monarchischer Herrschaft mit „gottgleicher Macht" war im 19. Jahrhundert verloren und mit den Konstitutionen wurde die politische Partizipation des Volkes immer wichtiger. Trotz der zunehmenden faktischen Gewaltenteilung in der Konstitutionalisierung vieler Monarchien blieb aber die Vorstellung eines göttlichen Herrschaftsauftrages im Selbstverständnis vieler Herrscher erhalten. Der göttliche Auftrag legitimierte aus ihrer Sicht die Herrschaft durch den Zufall der Geburt und begründete eine persönliche Rechenschaftspflicht gegenüber Gott, weniger gegenüber den immer selbstbewusster werdenden Untertanen.[22]

*Legitimation und Emotion*

Gerade für die Betrachtung des 19. Jahrhunderts, in dem die traditionale Legitimation an Bedeutung verlor, lassen sich Begriffe aus der Herrschaftssoziologie des Soziologen Max Weber gewinnbringend nutzen. Weber spricht auch von charismatischen und konsensualen Herrschaftsbegründungen, die gerade für das 19. und 20. Jahrhundert große Bedeutung erlangt haben. In der Titulatur der Monarchen wurde zwar weiterhin die Tradition beschworen. Der preußische König blieb von „Gottes Gnaden" und Queen Victoria regierte *„by the Grace of God"*. In der Praxis aber verbanden sich im monarchischen Staat zunehmend Gottesgnadentum und Volkssouveränität. Zwar blieb der Monarch im Verfassungsstaat formal der Souverän, in der politischen Praxis aber übernahm eine parlamentarische Vertretung zentrale Funktionen vor allem in der Gesetzgebung. Insgesamt nahm die Bedeutung von traditionellen Legitimationsbehauptungen ab. Stattdessen fungierte der Monarch zunehmend als Anknüpfungspunkt für Staatsbewusstsein, Patriotismus und Nationalismus. Diese Einstellungen, die sich regelmäßig in einer Sprache der Emotion äußerten, bildeten schließlich ein neues Set von Legitimationsformeln. Der Monarch herrschte nicht mehr aus göttlichem Willen,

---

[22] O. Brunner, Vom Gottesgnadentum zum monarchischen Prinzip. Der Weg der europäischen Monarchie seit dem Hohen Mittelalter, in. ders., Neue Wege der Verfassungs- und Sozialgeschichte, 2. Aufl. Göttingen 1968, S. 160–86.

sondern im Auftrag des Volkes, quasi als seine Verkörperung.[23] Von besonderer Bedeutung für die Emotionalisierung der öffentlichen Rede über die Monarchie wurde dabei die Parallelisierung von Familie und Volk. Der männliche Monarch wurde zum Landesvater, die Königin zur *Mother of the Nation* stilisiert. Diese Entwicklung hatte vor allem in Großbritannien schon im 18. Jahrhundert begonnen. Die Historikerin Linda Colley hat überzeugend gezeigt, wie der britische König Georg III. als Inbegriff nationaler Stereotypen, z.B. als „*Farmer George*", vorgestellt wurde.[24]

Der Monarch als Landesvater wurde im politischen Diskurs vielfach angesprochen. Gerade im 19. Jahrhundert, in dem Vorstellungen der bürgerlichen Familie mit geschlechtsspezifischen Attributen im Recht eine wichtige Rolle spielten, wurde die Vatermetaphorik attraktiv. Wie im französischen Code civil und im Bürgerlichen Gesetzbuch des Deutschen Reiches wurde dem Familienvater und dem monarchischen Vater die Entscheidungskompetenz zugeordnet. Während der Vater die Familie nach außen, in der Öffentlichkeit vertrat, fungierte der väterliche Monarch als Verkörperung und Symbol der familiär geordneten Gesellschaft. Mit dem Appell an die väterliche Fürsorge wurden aber auch politische Forderungen und Erwartungen geäußert. In den Adressen, die die Abgeordneten der deutschen Landtage regelmäßig an ihre Monarchen richteten, konnte die Sprache der Emotion zur Ausformulierung eines politischen Programms genutzt werden. Die Beschwörung der „Einheit von Fürst und Volk" sollte Gegensätze auch innerhalb der Bürgerschaft harmonisieren.

Monarch als Landesvater

Korrespondierend zum Vatertopos konnte auch Mütterlichkeit zur besonderen royalen Eigenschaft werden. Das Modell eignete sich sowohl für regierende Monarchinnen wie Queen Victoria als auch für die königlichen Gemahlinnen. Die Königin als Landesmutter ließ sich diskursiv mit den geschlechterstereotypen Eigenschaften von Weiblichkeit als „organisierter Mütterlichkeit"

Monarchische Familien

---

**23** M. Weber, Herrschaftssoziologie, zur konsensualen Herrschaft vgl. bes. MWG I, S. 752–56. T. Kroll, Die Monarchie und das Aufkommen der Massengesellschaft: Deutschland und Großbritannien im Vergleich (1871–1914), in: Zeitschrift für Geschichtswissenschaft 61.2013, S. 311–328, hier S. 313.
**24** L. Colley, The Apotheosis of George III: Loyalty, Royalty and the British Nation, in: Past and Present 102.1984, S. 94–129. Am Beispiel Friedrichs II. U. Frevert, Gefühlspolitik. Friedrich II. als Herr über die Herzen?, Göttingen 2012.

ausstatten. Mütterliche Fürsorge wurde auf karitativem Gebiet ausgeübt, sichtbar vor allem nach Krankheitsepidemien, Naturkatastrophen oder im Kriegslazarett. Spendenaufrufe, Wohltätigkeitsbasare und monarchische Besuche komplettierten die Sprache der Liebe durch Praktiken, die Zuneigung und Verantwortung verbanden. In der zweiten Hälfte des 19. Jahrhunderts, als Photographien weite Verbreitung fanden, wurde die Inszenierung der königlichen Familie mit Vater, Mutter und Kindern beliebt. Hier ging es um die Ähnlichkeiten zwischen den Emotionen der monarchischen und der bürgerlichen Familie. Die Emotionalisierung der Sprache reichte dabei weit. Je deutlicher die Stärke des Gefühls betont wurde, desto mehr schien der Monarch seinem Volk ähnlich und an den Willen seines Volkes gebunden. Einzel- und Gruppeninteressen in der sich industrialisierenden Welt traten zumindest im Diskurs zurück.

**Gabentausch**   Der Monarch nicht bloß als Adressat von Loyalitätsbekundungen, sondern als Verkörperung von Patriotismus stand vielfältig im Mittelpunkt der Öffentlichkeit. Besonders an monarchischen Geburtstagen und Jubiläen trat die „Nation" als Gemeinschaft von Schenkenden auf. Kaiser Wilhelm I. erhielt als Geschenke Stickereien, Polster, Wandschirme, Schreibunterlagen, aber auch Blumen, Ostereier und „hausgemachte Würste" – und von jedem in großen Mengen. Für das Hofmarschallamt als höfische Bürokratie entstand die Notwendigkeit, ein Geschenkmanagement zu entwerfen, das sowohl den Bedürfnissen der Bürger nach Schenkungsaktivitäten als auch dem Raumangebot der königlichen Schlösser und dem Fassungsvermögen der Mägen der königlichen Familie und ihres Hofstaats Rechnung trug. Mit der Gründung des Hohenzollern-Museums in Berlin, das Hofgeschenke aufnahm und ausstellte, fand der kaiserliche Thronerbe Friedrich eine geniale Antwort auf das Raum- wie Praxisproblem.[25]

Für die Flut von Glückwünschen, die sich bei einer Vielzahl von Anlässen regelmäßig über den Monarchen ergoss, mussten ebenfalls Regeln gefunden werden. Die Ausdrücke der Liebe, Treue und Wertschätzung waren aber auch mit Bitten, Wünschen

---

25 E. Giloi, Monarchy, Myth and Material Culture in Germany 1750–1950, Cambridge 2011; J. Luh, Eine Erbschaft der Monarchie. Das Hohenzollern-Museum, in: T. Biskup/M. Kohlrausch (Hg.), Das Erbe der Monarchie, Frankfurt a. M. 2008, S. 200–216.

und Petitionen verbunden. Einzelne Bürger erwarteten in vielfältigen persönlichen Krisen finanzielle und institutionelle Hilfe vom Monarchen oder Mitgliedern der königlichen Familie. Der schriftliche oder mündliche Liebesbeweis in den vielfältigen Ausdrücken der „Anhänglichkeit" an den Monarchen erforderte – so gesehen – eine monarchische Gegengabe. Nimmt man die traditionelle Praxis von diplomatischen Geschenken zwischen Herrschern oder von Fürstenhof zu Fürstenhof hinzu, wird deutlich, warum das Gabentauschkonzept des Ethnologen Marcel Mauss für zahlreiche Untersuchungen über die Monarchie so wichtig geworden ist.[26]

Mit der öffentlich bekundeten Treue zum Herrscherhaus wurde der Übergang von traditionellem Patriotismus zum Nationalismus im letzten Drittel des 19. Jahrhunderts fließend. Die Abgrenzung zu anderen Nationen und ein je spezifisches Überlegenheitsgefühl ließen sich als selbstlegitimierendes Gefühl äußern, vor allem dann, wenn, wie im Fall Kaiser Wilhelms II., der Monarch in derselben emotionalisierten Rhetorik antwortete. Die hochemotionalisierte Sprache und der „hohe Ton" wurden jedenfalls zur Alltagsgewohnheit, die Nationalismus und Monarchie gleichermaßen sakralisierte.[27]

*Nationalismus*

Nicht der Erste Weltkrieg generell, sondern die Niederlage zerstörte in Russland, im Deutschen Reich und in der Habsburgermonarchie die Legitimationsgrundlagen der Monarchie. Die traditionelle Berufung auf das Gottesgnadentum wirkte zunehmend unangemessen, wo es um die Parlamentarisierung des politischen Systems ging. In der fundamentalen Existenzkrise wurde der wichtigste Erfolg der Monarchie des 19. Jahrhunderts, zur Verkörperung von Staat und Nation geworden zu sein, in den Verliererstaaten zum zerstörenden Nachteil. Die Beseitigung der Herrscherfigur drückte die Revolution als nicht rückgängig zu machende Zäsur deutlich und für Freunde wie Feinde der Monarchie gleichermaßen verständlich aus. Während die Hohenzollern und die Habsburger-Familie den Krieg überlebten, fanden die Roman-

*Ende der Monarchie im Ersten Weltkrieg*

---

26 M. Mauss, Die Gabe. Form und Funktion des Austauschs in archaischen Gesellschaften, Frankfurt a. M. 2011 (1923).
27 E. Johann (Hg.), Reden des Kaisers. Ansprachen, Predigten und Trinksprüche Wilhelms II., München 1966, M.A. Obst, „Einer nur ist Herr im Reiche". Kaiser Wilhelm II. als politischer Redner, Paderborn 2010; B. Hasselhorn, Politische Theologie Wilhelms II., Berlin 2012.

ows 1918 den Tod. Die Abschaffung der Monarchie scheint dabei wichtiger als die Begründung der Republik, der vor allem im Deutschen Reich große Teile der Eliten von Adel und besitzendem wie gebildetem Bürgertum negativ gegenüberstanden. Der Verlust der Legitimation der monarchischen Staatsform war in allen drei Reichen endgültig. Die Anhänglichkeit an die – ehemalige – Dynastie wurde vom Kern der „treuen" Eliten aus der politischen Sphäre in kulturelle Formen der Erinnerung transportiert. In den 1920er Jahren war „Monarchismus" im Deutschen Reich ein Minderheitenprogramm und der Kaisergeburtstag wurde zur trotzig-melancholischen Bekundung adlig-bürgerlichen Fremdheitsbewusstseins in der Weimarer Republik.[28]

*Monarchie heute* — Der Erste Weltkrieg konnte die Legitimation der Monarchie aber auch stärken. In den Siegerstaaten, in denen kein Bedürfnis nach einer bedeutsamen Zäsur bestand, ließen sich die Monarchenfamilien als Verkörperung von Kontinuität begreifen. In Großbritannien galt das, gerade weil der Weltkrieg innergesellschaftlich einen deutlichen Bruch bedeutete. Dieser Bruch zeigte sich deutlich am Namenswechsel der Dynastie: Georg V. änderte den Namen der Dynastie 1917 vom deutschen „Sachsen-Coburg-Gotha" zum Kunstnamen „Windsor", dem Namen des Schlosses in der Nähe von London, das weit in die Geschichte des Königtums im Mittelalter zurückreichte. Jedenfalls eignete sich die Monarchie überaus gut für eine heroisierende Erinnerung an den Einsatz der britischen Soldaten in der Schlacht an der Somme 1916 und im Weltkrieg überhaupt. Bis heute spielt der Monarch in der Feier des Gedenkens an den Ersten Weltkrieg, vor allem mit der Niederlegung eines Kranzes am Kenotaph in Whitehall, eine wichtige Rolle.[29]

---

[28] A. Hofmann, „Wir sind das alte Deutschland, Das Deutschland wie es war." Der „Bund der Aufrechten" und der Monarchismus in der Weimarer Republik, Frankfurt a. M. 1998, W. Pyta, Hindenburg. Herrschaft zwischen Hohenzollern und Hitler, 3. Aufl. München 2007.
[29] E. Longford, The Royal House of Windsor, London 1974; Royal Proclamation adopting the Name of Windsor (17.7.1917).

## 1.4 Aufbau des Bandes

Der vorliegende Band gliedert sich in zwei einführende sowie zwölf systematisch vorgehende Kapitel. Der Anspruch, sämtliche wichtigen Aspekte der Geschichte der Monarchie im Kontext von „politischer Kultur" in europäischer Perspektive zu behandeln, macht ein exemplarisches Vorgehen notwendig. Implizit besteht daher stets die Aufforderung, die angesprochenen Themen und Thesen mit Blick auf eine in der Historiographie noch nicht behandelte Monarchie bzw. einen anderen Abschnitt des 19. Jahrhunderts zu überprüfen und zu diskutieren. Die ausgewählten Quellen stammen aus pragmatischen Gründen, vor allem für die Lehrpraxis, mehrheitlich, aber nicht ausschließlich aus dem deutschen Sprachraum. Damit wird selbstverständlich nicht behauptet, dass die Verhältnisse in den deutschen Staaten bzw. im Deutschen Reich wichtiger für die Geschichte der Monarchie waren als in anderen europäischen Staaten. Eher soll dazu angeregt werden, die vorgeschlagene Quelle mit Blick auf die Quellengattung durch jeweils andere zu ersetzen. Grundsätzlich werden regionale, nationale und imperiale Monarchien aus einer europäischen Perspektive behandelt. Die Gliederung schlägt einen Katalog von Themen im Schnittfeld von Politik und Kultur vor und reflektiert die aktuelle Forschungslage. In den ersten beiden Kapiteln werden auf breiter Literaturgrundlage die analytischen Möglichkeiten des Themenfeldes erkundet. Im folgenden Kapitel sollen die nationalen, trans- und internationalen Perspektiven des Themas vorgestellt werden. Im Kontext einer europäischen Geschichte ist es unverzichtbar, über die Nation als Referenzgröße hinauszugehen, auch wenn man zumindest die letzten Jahrzehnte des 19. Jahrhunderts und die Vorgeschichte des Ersten Weltkrieges als „nationales Zeitalter" begreifen kann. In diesem Zusammenhang stehen die aktuellen Untersuchungen zur Geschichte von Reichen und Imperien im 19. Jahrhundert im Mittelpunkt. Die Imperiumsforschung hat lange Zeit im Schatten der Nationalstaatsperspektive gestanden, nicht zuletzt, weil man Imperien im Rückblick als besonders anachronistisch empfand. Die differenzierten Untersuchungen der letzten Jahre richten ihr Augenmerk ebenfalls auf die politischen und gesellschaftlichen Chancen und Risiken monarchischer Reichsideen. Dabei kommen den kulturwissenschaftlichen Begriffen von Vergleich, Verflechtung und Kulturtransfer besondere Bedeutung zu.

*Verfassung*

Die einzelnen Kapitel mit engem Themenbezug gliedern sich in die Hauptbereiche Politik und Kultur, wobei Überschneidungen im Zusammenhang des Gesamtkonzepts der „politischen Kultur" gelegentlich unvermeidlich sind. Das dritte Kapitel leitet den Politikteil mit einer verfassungsgeschichtlichen Betrachtung im engeren Sinn ein. Im „Zeitalter der Konstitutionen" hat die französische Charte von 1814 als modellhafte Formulierung des „monarchischen Prinzips" europaweit als Vorbild gewirkt. Man könnte das 19. Jahrhundert in vielen europäischen Staaten auch vor dem Hintergrund permanenter Verfassungsrevisionen betrachten, in denen die Rolle des Monarchen permanent zur Debatte stand. Im Mittelpunkt steht hier das Verhältnis zwischen Monarchie, Regierung und Parlament.

*Einfluss des Monarchen*

Das vierte Kapitel thematisiert den im Vergleich mit dem 20. Jahrhundert großen politischen Einfluss der Monarchen des 19. Jahrhunderts. Als Repräsentanten des Staates konnten sie vielfach die Außenpolitik maßgeblich beeinflussen. Neuere Untersuchungen haben gezeigt, dass Bürokratisierung, Parlamentarisierung und Stärkung der Regierung innenpolitisch die monarchische Macht beschränkten, dass aber vor allem in der Personalpolitik große Einflussmöglichkeiten bestanden. Spitzenämter in Diplomatie, Kirche und Militär waren nur mit der Unterstützung der Krone bzw. des Monarchen persönlich zu erringen.

*Revolution*

Das fünfte Kapitel beschäftigt sich mit der Fundamentalkrise der Monarchie an sich: der Revolution. Das 19. Jahrhundert wies mit 1830 und 1848/49 zwei derartige Krisen auf, die die Monarchien aber mit Ausnahme Frankreichs überstanden. In der Revolution von 1917–1919 verloren die Monarchen Russlands, Österreich-Ungarns und im Deutschen Reich ihre Throne. Während 1848/49 wichtige gesellschaftliche Gruppen, vor allem der Adel und das Militär, gegen die Revolution eingestellt waren und auch die Revolutionsbegeisterung der bürgerlichen Eliten schnell dahinschwand, ließen das politische Vakuum der Niederlage im Weltkrieg und die katastrophale Versorgungslage in den Verliererstaaten der Monarchie keine Chance.

*Republik*

Das sechste Kapitel betrachtet die im 19. Jahrhundert zwar stets präsente, aber insgesamt nicht durchgesetzte Alternative zur Monarchie: die Republik. Einflussreicher als der politische Gegenentwurf des Republikanismus waren andere Formen der Monarchiekritik, die von der Karikatur über Majestätsbeleidigung bis zum politischen Attentat reichen konnten. Die Geschichte der Attentate ist mit der frühen Geschichte des Terrorismus verflochten und schließlich lieferte das Attentat auf den österreichischen Thronfolger Franz Ferdinand den Anlass zum Ausbruch des Ersten Weltkriegs.

Das siebte Kapitel leitet den zweiten Teil des Bandes ein, in dem Themen mit einem Schwerpunkt auf kulturellen Faktoren behandelt werden. Zunächst werden – auch in Anknüpfung an die Erforschung der Frühen Neuzeit – der fürstliche Hof und das Zeremoniell betrachtet. Dabei geht es vor allem um die Personen in der direkten Umgebung des Monarchen (Hofämter) und um das Hofzeremoniell, das die Begegnung mit dem Monarchen formal gestaltete und die Mehrheit der Bevölkerung in großem Abstand hielt. Der Hof als Sozialisationsinstanz und Ort der Fürstenerziehung wird vor allem mit Blick auf die Thronerben thematisiert. In der Monarchieforschung der letzten Jahre hat der Themenkreis der Repräsentation zumindest für das 19. Jahrhundert die zentrale Rolle gespielt; diesem Aspekt widmet sich das achte Kapitel. Je weniger die politische Macht der Könige von Bedeutung schien, desto mehr Gewicht wurde den öffentlichen Auftritten der Monarchen, den Krönungen, Jubiläen und anderen Festen beigemessen. Das denkmalbesessene 19. Jahrhundert wartet auch mit einer besonderen Kultur des „nationalen" Herrscherdenkmals auf, für das die Walhalla in Bayern als Beispiel gelten kann.

*Hof und Repräsenttion*

Monarchische Inszenierung und Reaktionen der Gesellschaft bestimmen auch die Themen des neunten Kapitels. Monarchen unterhielten traditionell eine enge Beziehung zur Kunst und wurden als Mäzene tätig. Sie demonstrierten ihren Herrschaftsanspruch in der Architektur. Seit der Mitte des 19. Jahrhunderts entstand ein Massenmarkt für monarchische Souvenirs, von Photographien königlicher Familien bis zu Sammeltassen. Die Verschränkung von monarchischer Inszenierung und Reflexion in der Massenkultur reicht dabei bis in die Gegenwart. Das zehnte Kapitel schließt den Kulturteil mit dem Thema Medien und Skandale ab. Die immer wichtigere Rolle der Monarchien des 19. Jahrhunderts in der medial geprägten Öffentlichkeit führte nicht nur zu Massenjubel, sondern auch zu Skandalen, die deutlich machten, dass das Überleben der Monarchien von der Akzeptanz der

*Kunst und Alltag*

jeweiligen Öffentlichkeiten abhing. In der Daily Telegraph-Affäre 1908, in der Kaiser Wilhelm II. die britische wie die deutsche Öffentlichkeit massiv irritierte, wurden die modernen Erwartungen an das politische Talent des entpolitisierten Monarchen überdeutlich.

Gesellschaft

Das elfte Kapitel lotet das Verhältnis zwischen der Monarchie und den sozialen Gruppen aus. Traditionell gehörte der Adel mit seinen Privilegien, von denen allerdings im 19. Jahrhundert viele verloren gingen, zu den Unterstützern der Monarchie. Die zunehmende Bedeutung des Bürgertums von Besitz und Bildung machte diese Mittelschichten zum zentralen Publikum. Unterschichten und Arbeiter unterhielten oft ein zwiespältiges Verhältnis zur Monarchie. Einerseits unterstützten sie meist Parteien, die wie die SPD gerade nicht zu den konservativen Bollwerken für die Monarchie zählten, andererseits beteiligten sich viele an einer monarchischen Massenkultur mit hohem Unterhaltungswert. Das zwölfte Kapitel behandelt mit dem Verhältnis von Monarchie und Geschlecht einen Bereich, der in der Forschung der letzten Jahre ebenfalls viel Beachtung gefunden hat. In der Frauengeschichte bieten Herrscherinnen und weibliche Mitglieder königlicher Familien einen Forschungsgegenstand, über den sich generell mehr in Erfahrung bringen lässt als über andere Frauen. Aus der Perspektive der Geschlechtergeschichte interessieren besonders die Stereotypen von Weiblichkeit und Männlichkeit in Bezug auf das männliche konnotierte Feld der Politik.

Literatur

Das dreizehnte Kapitel beschäftigt sich unter der Überschrift Rezeption mit einer spezifischen Literaturgattung: der Herrscherbiographie. Noch im 19. Jahrhundert stellte die Herrscherbiographie eine besonders privilegierte Gattung für die Präsentation historischer Erkenntnis dar. Das ist heute zwar nicht mehr der Fall, aber die Faszination der Persönlichkeit ist weiterhin präsent. Biographien von berühmten Herrschern treffen überdies auch über das engere Fachpublikum hinaus auf Interesse und ihre Rezeption lässt daher Rückschlüsse auf das Geschichtsbewusstsein generell zu. Das letzte Kapitel verbindet das 19. Jahrhundert mit der Monarchie des 20. Jahrhunderts und der Gegenwart: Das 20. Jahrhundert war eher ein Jahrhundert der Diktaturen als der Monarchie. Die Monarchie führt heute im westlichen und nördlichen Europa politisch zwar meist ein Schattendasein, ihre Bedeutung für Öffentlichkeit und Kultur bleibt aber weiterhin groß. Spätestens bei der nächsten royalen Hochzeit werden wir das an den Fernseheinschaltquoten wieder bestätigen können. Die Anziehung der Monarchie reicht dabei auch heute noch über die Nationalstaaten hinaus weit nach Europa und in die gesamte Welt.

## 1.5 Weiterführende Literatur

D. Langewiesche, Die Monarchie im Jahrhundert Europas. Selbstbehauptung durch Wandel im 19. Jahrhundert, Heidelberg 2013 (*Gesamtinterpretation auf der Höhe des Forschungsstandes*).

A. Olechnowicz (Hg.), The Monarchy and the British Nation. 1780 to the Present, Cambridge 2007 (*Wichtiger Sammelband über die britische Monarchie mit zahlreichen Einzelaspekten, bes. zur medialen Perspektive*).

V. Sellin, Gewalt und Legitimität. Die europäische Monarchie im Zeitalter der Revolution, München 2011 (*Monarchie als aus der Revolution geborener europäischer Verfassungstyp*).

# 2 Nation, Kolonialismus und Transnationalität

## 2.1 Nation und Nationalismus

Der Aufstieg des Begriffs „Nation" begann im deutschen Sprachraum im 18. Jahrhundert. Nation und Staat bildeten dabei keineswegs zwangsläufig eine Einheit, sondern die Nation drückte kulturelle und sprachliche Gemeinsamkeiten jenseits von aktueller Staatlichkeit aus. Mit den Befreiungskriegen wurde im frühen 19. Jahrhundert die öffentlich geäußerte Vorstellung einer „deutschen Nation", die sich gegen das napoleonische Frankreich und dessen Herrschaftsansprüche wandte, politisch handlungsleitend. Im Anschluss an Benedict Andersons Formulierung von der „gedachten Nation" muss stets berücksichtigt werden, dass es sich nicht um eine jeweils ‚natürlich gegebene', durch biologische, ethnische oder geographische Begebenheiten endgültig festgelegte Einheit handelt, sondern um politisch-soziale und kulturelle, historisch kontingente Konstruktionen.[1] In der ersten Hälfte des 19. Jahrhunderts waren in Deutschland noch parallele Zuschreibungen möglich. In Bayern bemühten sich Regierung und Landtage um die „bayerische Nation", die der Monarch nach innen wie nach außen verkörpern sollte. Preußen firmierte in der Reformzeit sowohl als Staat als auch als Nation, Königin Luise über das gesamte 19. Jahrhundert hinweg als ideale Verkörperung dieser Identität.[2] In Großbritannien finden sich vier Nationen (Engländer, Schotten, Waliser, Iren) als „Britons" zusammengefasst. Der Nationalismus als dezidiert der Abgrenzung dienende Ideologie und politische Bewegung, für die ein Überlegenheitsgefühl gegen-

Nation als Konstruktion

---

[1] B. Anderson, Die Erfindung der Nation. Zur Karriere eines erfolgreichen Konzepts, Frankfurt a. M. 2005/1983. Eine Definition für Nationalismus in C. Jansen/H. Borggrefe, Nation – Nationalität – Nationalismus, Frankfurt a. M. 2007, S.18: „Erstens ein Konglomerat politischer Ideen, Gefühle und damit verbundener Symbole, das sich zu einer geschlossenen Idee fügen kann (aber nicht muss); und zweitens die politischen Bewegungen, die diese Ideen tragen."
[2] Die „Bayerische Nation" z.B. in M. Wienfort, Monarchie in der bürgerlichen Gesellschaft. Deutschland und England von 1640 bis 1848, Göttingen 1993a, S. 171; zum Luisenkult B. Förster, Der Königin Luise-Mythos. Mediengeschichte des Idealbilds deutscher Weiblichkeit 1860–1960, Göttingen 2011.

über anderen Nationen und Völkern/Ethnien charakteristisch war, bezog sich wegen des partikularen Staatsbewusstseins in Deutschland in diesem Zeitraum noch wenig auf die Monarchie. Im Zweifel taugten die „Nationaldichter" Schiller und Goethe für die Ausformung eines deutschen Nationalbewusstseins besser. Sollte eine „deutsche Monarchie" geschichtspolitisch hervorgehoben werden, musste man weit ins Mittelalter, z.B. auf die Stauferkaiser des Heiligen Römischen Reiches, zurückgreifen.[3]

**Ziele des Nationalismus**

Eine Einheit von Staat und Nation, verkörpert durch eine Gesamtmonarchie, konnte in Deutschland erst mit der Gründung des Kaiserreiches 1870/71 entstehen, wenngleich diese Einheit wegen der föderalen Ordnung niemals total wurde. In der Literatur wird häufig hervorgehoben, dass sich Kaiser Wilhelm I. weniger als deutscher Kaiser denn als preußischer König und als Oberhaupt der Bundesfürsten verstand. Erst sein Enkel Wilhelm II. fühlte sich, schon wegen des unüberbietbaren Ranges, vor allem als Kaiser. Aber gesellschaftlich war nicht so sehr das mehr oder weniger deutlich zu erkennende Selbstverständnis dieser Monarchen ausschlaggebend als die Wahrnehmung im In- und Ausland. Besonders im liberalen Bürgertum, nicht nur in Preußen, erfüllte die Ausrufung des Kaiserreichs lang gehegte Wünsche, die sich wirtschafts- und identitätspolitisch auf die Überwindung der „Kleinstaaterei" richteten. Wilhelm II. trat als Kaiser in der Öffentlichkeit auf und redete als preußischer König, wenn er sich in der preußischen Provinz seinen (preußischen) Untertanen zeigte, während er im Ausland als Kaiser das Reich repräsentierte. Im Bewusstsein der deutschen Wirtschaftskraft und als europäische Großmacht verlangten um 1900 die Monarchie und viele Reichsbürger gleichermaßen nach Weltgeltung: Ein „Platz an der Sonne" sollte – im Vergleich mit Großbritannien und Frankreich: endlich – erreicht werden.[4]

---

3 Zur Rezeption der Stauferkaiser im 19. Jahrhundert vgl. C. Kaul, Friederich Barbarossa im Kyffhäuser. Bilder eines nationalen Mythos im 19. Jahrhundert, Köln 2007, S. 79.
4 Bernhard von Bülow über Deutschlands „Platz an der Sonne" (1896), in: R. vom Bruch/B. Hofmeister (Hg.), Kaiserreich und Erster Weltkrieg. Deutsche Geschichte in Quellen und Darstellung, Bd. 8, S. 268–70; E. Johann (Hg.), Reden des Kaisers. Ansprachen, Predigten und Trinksprüche Wilhelms II., München 1966.

Im Zusammenhang mit dem Aufstieg des Nationalismus im Deutschen Kaiserreich wurde die kaiserliche Monarchie zum wichtigen, wenngleich nicht alleinigen Akteur. Für einen populären Nationalismus im Deutschen Reich, aber auch in Großbritannien und Frankreich, waren öffentliche Auftritte des Monarchen und seiner Familie immer wieder Anknüpfungspunkte, mit denen sich Politik und Unterhaltungsbedürfnis bestens verbinden ließen. Napoleon III. warb auf zahlreichen Reisen bei den französischen Bürgern um Unterstützung für seine Monarchie. Die Ablehnung von öffentlichen Auftritten durch Queen Victoria führte in den 1860er Jahren zu Legitimationsproblemen der britischen Monarchie.[5]

Gesellschaftliche Tätigkeitsfelder

In der Übernahme nationalintegrativer Funktionen wirkte nicht nur der Monarch persönlich in die Gesellschaft, sondern die gesamte monarchische Familie. Royale Männer übernahmen Funktionen beim Militär und engagierten sich in sämtlichen Bereichen des öffentlichen Lebens als Schirmherren und Sponsoren für wissenschaftliche, künstlerische und karikative Aktivitäten. Das in der Öffentlichkeit demonstrierte Interesse Kaiser Wilhelms II. an Naturwissenschaft, Technik und Medizin beförderte das allgemeine Interesse und konnte zur Äußerung von Nationalstolz dienen.[6] Die Frauen der Dynastien konzentrierten sich auf den Bereich der Wohltätigkeit, vor allem als Initiatorinnen des Ausbaus und der Modernisierung der Krankenpflege sowie als oberste Spendensammlerinnen und fügten sich damit einer bürgerlichen Geschlechterideologie ein, die Tugenden der Fürsorge als weiblich klassifizierte. Die Kaiserinnen Augusta und Auguste Victoria übernahmen das Protektorat des Vaterländischen Frauenvereins, des mitgliederstärksten Frauenvereins im Deutschen Kaiserreich.[7]

---

5 V. Sellin, Gewalt und Legitimität. Die europäische Monarchie im Zeitalter der Revolution, München 2011, S. 245; R. Price, The French Second Empire. An Anatomy of Political Power, Cambridge 2001. T. Kroll, die Monarchie und das Aufkommen der Massengesellschaft: Deutschland und Großbritannien im Vergleich (1871–1914), in: Zeitschrift für Geschichtswissenschaft 61.2013, S. 316.
6 J. Petropoulos, The Hessens and the British Royals, in: Urbach 2008, S. 147–159, hier S. 154; Roehl 2001 u. 2008.
7 H. Pakula, An Uncommon Woman. The Empress Frederick, Daughter of Queen Victoria, Wife of the Crown Prince of Prussia, Mother of Kaiser Wilhelm, New York 1995, S. 395.

**Germanisierung und Antisemitismus**

Für die konkreten politischen Projekte des Nationalismus war ein Monarch mit seiner nur beschränkten Kompetenz im Verfassungsstaat dagegen weniger bedeutsam. Die Germanisierungspolitik, die in Preußen bzw. dem Kaiserreich vor allem gegenüber der polnischen Minderheit in der Provinz Posen betrieben wurde, fand ihre Urheber eher in einer teils nationalistischen Öffentlichkeit und in der hohen Bürokratie. Mit dem Nationalismus ging im Kaiserreich der Aufstieg des Antisemitismus als Rassenideologie einher. Auch wenn sich manche Äußerungen Kaiser Wilhelms II. in den 1920er Jahren, nach seiner Abdankung, zweifelsfrei als antisemitisch einordnen lassen, war der persönliche Einfluss der Monarchen auf die Ausprägung moderner Ideologien im Kaiserreich doch begrenzt. In der Öffentlichkeit des Kaiserreichs fiel eher auf, dass Wilhelm II. entgegen den Interessen des preußischen Landadels jüdische Bankiers und Unternehmer an den Hof zog. Der 99-Tage-Kaiser Friedrich III. und seine Ehefrau Victoria, Tochter der Queen Victoria, wandten sich sogar offen gegen die Diskriminierung von Juden.[8]

## 2.2 Soziales Königtum als Idee für Staat und Nation: Lorenz von Stein und Friedrich Naumann

**Idee der Monarchie**

Die Schwächung der traditionellen Legitimationsformeln des Gottesgnadentums und des dynastischen Erbrechts führte in der zweiten Hälfte des 19. Jahrhunderts und bis in den Ersten Weltkrieg zu neuen Ideen. Anstatt einer ländlich-agrarisch geprägten Welt, die die gesellschaftliche Hierarchie analog zum Besitz von Grund und Boden ordnete, herrschte in Teilen West- und Mitteleuropas zunehmend eine industrielle Ordnung, der sich die „soziale Frage" auf neue Weise stellte. Der Philosoph und Nationalökonom Lorenz von Stein erwartete von einem Königtum, das den Staat verkörpern sollte, den gesellschaftlichen Ausgleich zwischen den Besitzenden und den Unterschichten. Die Monarchie sollte sich

---

[8] Zur Germanisierungspolitik gegenüber den Polen vgl. C. Clark, Preußen. Aufstieg und Niedergang 1600–1947, München 2007, S. 658; K. Drewes, Jüdischer Adel. Nobilitierungen von Juden im Europa des 19. Jahrhunderts, Frankfurt a. M. 2013, S. 47–55.

als „Wohlfahrtsmonarchie" auf die Masse der Bevölkerung und nicht auf die alten und neuen Eliten des Adels und der Bourgeoisie stützen. Stein entwickelte seine Vorstellungen am französischen Beispiel des Bürgerkönigtums Louis Philippes, das nichts gegen die zunehmende Verelendung der Arbeiterschaft tat. Steins Ideen zeigten in der zweiten Hälfte des 19. Jahrhunderts in Frankreich und dem Deutschen Kaiserreich Wirkung. Das Kaisertum Napoleons III. entwarf auf der Grundlage eines allgemeinen Männerwahlrechts den Staat als Interventionsstaat, der sich mit Wirtschafts- und Infrastrukturförderung beschäftigte. Der Kaiser förderte die Arbeiterversicherung, die in Frankreich in Gestalt der „Vereine zur wechselseitigen Hilfeleistung" auftrat und die Arbeiter bei Krankheit und im Alter absichern sollte. Im Deutschen Kaiserreich profitierte die Sozialgesetzgebung, die die Arbeiter gegen die Risiken von Krankheit und Alter absichern sollte, von Steins Anregungen.[9]

Eine Versöhnung von Monarchie und Demokratie bestimmte auch die Reformvorstellungen des deutschen Liberalen Friedrich Naumann, der 1900 über die Gegenwart und Zukunft der kaiserlichen Monarchie im Kontext eines mitteleuropäischen, deutsch geprägten Imperiums nachdachte. Naumann unterstütze die „nationale" Rolle der preußischen Monarchie für wirtschaftliches Wachstum und militärische Stärke. Er plädierte für ein „soziales Kaisertum" in Abgrenzung vom konservativen preußischen Adel. Im Kern entwarf Naumann einen Gegensatz zwischen einem sozial konservativen, traditionellen (preußischen) Königtum auf der einen und einem progressiven, liberalen und sozialen Kaisertum auf der anderen Seite. Das Reich als Imperium sollte damit nicht einfach eine andere Form der Monarchie bilden, sondern die in der Gegenwart einzig legitime moderne Staatsordnung, die zur industriellen Welt passte.[10]

Monarchie und Demokratie

---

**9** L. v. Stein, Geschichte der sozialen Bewegung in Frankreich von 1789 bis auf unsere Tage (1850), Darmstadt 1959; Vgl. Sellin 2011, S. 241 f.
**10** F. Naumann, Demokratie und Kaisertum: ein Handbuch für innere Politik, Berlin 3. Aufl. 1904 (1900); M. Hewitson, The Wilhelmine Regime and the Problem of Reform: German Debates about Modern Nation States, in: G. Eley/J. Retallack (Hg.), Wilhelminism and its Legacies. German Modernities, Imperialism, and the Meanings of Reform, 1890–1930, New York 2004, S. 73.

## 2.3 Reich und Imperium

Imperiale Monarchie

Ein Reich oder Imperium bestimmt sich durch „räumliche Größe, ethnische und religiöse Vielfalt, supranationale Herrschaft, Vielzahl heterogener Gebiete mit unterschiedlichem Rechtsstatus als Folge historischer Expansion und Anlagerung, durch unterschiedliche Abhängigkeitsverhältnisse dieser Gebiete zwischen Zentrum und Peripherie sowie durch weiche Grenzen und fluktuierende Grenzräume. Empires grenzen sich tendenziell durch bewegliche *frontiers*, nicht durch genau fixierte *boundaries* und *borders* ab."[11] Räumliche Größe und geographische Vielgestaltigkeit sowie unterschiedliche Bevölkerungsgruppen und Sprachen charakterisierten die globalen Imperien im 19. Jahrhundert. Heterogenität, nicht die Homogenität einer (imaginierten) ethnisch einförmigen Nation kennzeichneten die kontinentalen Reiche Österreich-Ungarns und Russlands. Das Osmanische Reich dehnte sich sogar über drei Erdteile aus. Das britische Empire bildete insofern einen Sonderfall, als die Ausdehnung in einzigartiger Weise global genannt werden konnte. Die britische Herrschaft ergab sich aus der Dominanz auf See, sie war vom Ozean her gedacht und nur über die Weltmeere zu verwirklichen. Demgegenüber bildete das Deutsche Kaiserreich eine Zwitterform: einerseits eine – ethnisch homogen imaginierte – Nationalmonarchie, andererseits ein Reich, das ethnische Minderheiten (Polen, Dänen, Elsässer) einschloss und eine globale Dimension mit einigen überseeischen Kolonien in Afrika und dem Pazifik besaß.[12]

Kolonialismus

In welcher Weise die Monarchie auf die jeweilige Reichsbildung und -entwicklung Einfluss nahm, muss für jeden konkreten Fall separat betrachtet werden. Während die Habsburger weite Gebiete durch dynastisches Erben an sich brachten, war für Russland eher militärische Expansion maßgebend. Für Großbritannien hat die Forschung hervorgehoben, dass die Expansion weniger auf die Aktivitäten von Königen oder Eroberern zurückging als auf private Unternehmungen von Kaufleuten und Händlern. Ob

---

[11] J. Leonhard/U. v. Hirschhausen, Empires und Nationalstaaten im 19. Jahrhundert, Göttingen 2009, S. 10.
[12] J. Osterhammel, Imperien, in: G. Budde (Hg.), Transnationale Geschichte, Göttingen 2006, S. 56–67; H. Münkler, Imperien. Die Logik der Weltherrschaft – vom Alten Rom bis zu den Vereinigten Staaten, Berlin 2005.

die Monarchie oder der Monarch persönlich im Kontext des deutschen Kolonialismus eine besondere Bedeutung besaßen, ist bisher noch nicht hinreichend erforscht. In der Literatur wird häufiger betont, dass weder Bismarck noch Kaiser Wilhelm I. als treibende Kräfte für die koloniale Expansion zu betrachten sind; radikaler Nationalismus und Imperialismus werden als gesellschaftliche Bewegungen vor allem im deutschen Bürgertum gedeutet. Monarchie und Regierung sahen sich eher zum Handeln genötigt als aus eigener Begeisterung zum staatlichen Engagement gedrängt.[13]

Ob die europäischen Imperien eher durch politisch-kulturelle Gemeinsamkeiten oder durch Unterschiede gekennzeichnet sind, wird in der Forschung lebhaft diskutiert. In der angelsächsischen Forschung und darüber hinaus spielt die Debatte über die Beziehungen zwischen Zentrum und Peripherie eine wichtige Rolle. Die Monarchie gehört idealtypisch zum Zentrum, wenn sie es nicht sogar maßgeblich bestimmt. Zumindest im britischen Empire und im Deutschen Reich existierten aber auch „periphere Monarchien", ob in Indien mit den Fürstentümern oder in Bayern und Mecklenburg. Für die Forschung ist dabei von besonderen Interesse, wie die zentralen Monarchien mit den Peripherien in Verbindung traten, z.B. auf Besuchsreisen der Monarchen. Für das britische Empire richtet sich das Interesse der Forschung im globalgeschichtlichen Kontext vor allem auf die überseeischen Kolonien. Da die Zentrum-Peripherie-Perspektive relational, und nicht lokal gedacht ist, können Peripherien auch anderswo gesucht werden: in den englischen Provinzstädten oder in Irland, dem für die britische Herrschaft bis in die Gegenwart problematischsten politischen Raum.[14]

*Zentrum und Peripherie*

Neben der Zentrum-Peripherie-Perspektive richtet sich das Augenmerk der Imperienforschung auf die Grenzräume, die sich regelmäßig als Räume kulturellen Austauschs begreifen lassen. Gerade in der Ausdehnung der Imperien blieben die Grenzen veränderbar. Manche Interpretationen beziehen sich dabei ausdrück-

---

13 D. van Laak, Über alles in der Welt. Deutscher Imperialismus im 19. und 20. Jahrhundert, München 2005; S. Conrad, Deutsche Kolonialgeschichte, München 2008.
14 J. Loughlin, Crown, Spectacle and Identity: The British Monarchy and Ireland under the Union 1800–1922, in: Olechnowicz 2007, S. 108–136.

lich auf die Ergebnisse der Forschung zur *frontier*- und Expansionsgeschichte in Nordamerika. Dabei geht es dann um die konkreten Beziehungen zwischen den Kolonialherren und den indigenen Einwohnern, um Kollaboration, Gewalt und Widerstand.[15]

*Titulatur*

Das Imperium des 19. Jahrhunderts war kein Einheitsstaat, sondern bestand aus unterschiedlichen Ländern mit oft eigenen Gesetzen und politischen Vertretungen (Parlamenten). Die Staatlichkeit eines Reiches war damit in besonderer Weise auf den Monarchen angewiesen, der in Personalunion als symbolische Klammer wirkte. Sichtbares Zeichen waren die oft langen Titulaturen der Monarchen, die einzelne Territorien aufzählten. Kaiser Franz Joseph I. von Österreich führte als „Große Titel" u.a. den des Königs von Ungarn und Böhmen, König der Lombardei und Venedigs, von Dalmatien, Kroatien, Slawonien und Galizien, Herzog von Salzburg und Kärnten sowie Markgraf von Mähren, um nur einige der wichtigsten zu nennen. Unter den Titeln konnten sich auch solche befinden, die nur historische Ansprüche bekundeten. Franz Joseph I. nannte sich z.B. auch König von Jerusalem. Traditionelle, seit langem vorhandene Titel konnten mit Neuschöpfungen verbunden werden. 1876 sorgte der britische Premierminister Benjamin Disraeli für den Kaisertitel der britischen Monarchie: Queen Victoria wurde durch Parlamentsbeschluss „Empress of India". Damit trug man erstens der globalen Rolle des Empires insgesamt Rechnung und befriedigte den Geltungsanspruch der Mehrheit der britischen Bevölkerung, zweitens wurde die britische Monarchie als Erbin der Mogulherrscher inszeniert. Drittens musste die Queen nicht länger mit der Tatsache leben, dass die kontinentalen Monarchen in Deutschland, Russland und Österreich ihr im Rang voraus waren.[16]

*Ethnizität und Hierarchie*

Die Sammlung von Herrschaftstiteln als vormoderne Tradition verhüllte auf den ersten Blick den Umstand, dass die Vielgestaltigkeit des Imperiums zwar Multiethnizität selbstverständlich mit sich brachte, aber keineswegs die politische und gesellschaftliche

---

15 J. Osterhammel, Die Verwandlung der Welt. Eine Geschichte des 19. Jahrhunderts, München 2009, S. 465–564.
16 D. Cannadine, Ornamentalism. How the British saw their empire, Oxford 2001, D. Bell, The Idea of a Patriot Queen? The monarchy, the constitution, and the iconographic order of greater Britain, 1860–1900, in: The Journal of Imperial and Commonwealth History 34.2006, S. 3–22; Osterhammel 1995, S. 57.

Gleichberechtigung der Völker bedeutete. Faktisch existierte überall ein „Hegemonialvolk" und abhängige Völker blieben untergeordnet. Im Habsburger Reich dominierten die Deutschen und die Ungarn gegenüber den Tschechen und Serben, Kroaten und Bosniern. Im Zarenreich setzte eine Entwicklung zur Russifizierung der asiatischen Bevölkerungsgruppen ein. Der Zar jedenfalls verkörperte das Russentum. Im britischen Empire herrschten „weiße" Briten über die indigenen und zwangsweise verschleppten „coloured" Einwohner. Die Übergänge zwischen gesellschaftlicher Privilegierung der weißen Europäer und offenem Rassismus waren oft fließend. John Darwin hat dabei für das britische Empire die auf ethnischem Vorrang beruhende Konstruktion hervorgehoben: „Whiteness" wurde zum entscheidenden Faktor.[17]

Die Inszenierung vom imperialen Festen und Feiern bildet einen Schwerpunkt der Forschung. Neben den integrativen Leistungen der Monarchie durch Pomp und Prunk werden dabei auch die Grenzen zunehmend berücksichtigt. Als 1911 König Georg V. zur Inthronisation als Kaiser nach Indien reiste, um persönlich den Mittelpunkt eines imperialen Spektakels – des „durbar" – zu bilden, äußerte sich in der indische Presse auch kritische Stimmen, die das Fest als Anachronismus begriffen, das mit der Realität Indiens und seiner Gesellschaft nichts zu tun habe. Imperiale Inszenierungen konnten damit durchaus ambivalente Reaktionen hervorrufen. Das Megaereignis *durbar* fand nach dem Ersten Weltkrieg keine Fortsetzung.[18]

## 2.4 Imperialismus und Imperialismustheorien

Am Ende des 19. Jahrhunderts reagierte das gesellschaftliche Denken auf die Bemühungen der Kolonialmächte, sich die endgültig letzten „freien", d.h. die bislang nicht von einer europäischen Macht oder einer stabilen von Europäern dominierten Regierung beherrschten, Gebiete der Welt zu sichern. Besonders der „Scramble for Africa" in den 1880er Jahren hatte eine wichtige

<small>Definition des Imperialismus</small>

---

[17] R.S. Wortmann, Scenarios of Power. Myth and Ceremony in the Russian Monarchy, Princeton 2006, J. Darwin, Unfinished Empire: The Global Expansion of Britain, London 2012, S. 4.
[18] Leonhard/v. Hirschhausen 2009, S. 29.

Rolle in der internationalen Politik gespielt. Die Ideologie, mit der das Ziel eines kolonienübergreifenden Herrschaftskomplexes verfolgt wurde, wurde als Imperialismus identifiziert. Der Historiker Jürgen Osterhammel fasst unter Imperialismus „alle Kräfte und Aktivitäten" zusammen, „die zum Aufbau und zur Erhaltung solcher transkolonialer Imperien" beitragen. Der Historiker John Robert Seeley inspirierte mit seinem Buch über „The Expansion of England" 1883 die britische Version, in der es um die Schaffung und Stabilisierung unauflöslicher Beziehungen zwischen dem britischen Mutterland und den Kolonien in einer überstaatlichen Einheit ging. Für diese imperialen Aktivitäten, die von „Staatskanzleien, Außen- und Kriegsministerien" im Zentrum, also in der Hauptstadt, verfolgt wurden, war die Monarchie als Repräsentant des Reiches von besonderer Bedeutung.[19]

**Motive des Imperialismus** Der Versuch, den Imperialismus zu analysieren und zu kritisieren, führte zeitgenössisch zur Formulierung von Theorien, in denen ökonomische Motive und Wirkkräfte hervorstachen. Entsprechend geringer wurde die Rolle der Monarchie eingeschätzt: Fürsten schienen nur noch als Akteure zweiter Ordnung, die ihren Staatsvölkern die imperiale Politik vermitteln und sie verkörpern sollten. Aus der Sicht J.A. Hobsons, einem Anhänger des britischen Whig-Radikalismus, diente der Imperialismus vor allem den Vermehrungszielen des Kapitals, konkret dem Profit von Bankiers und Kaufleuten der Londoner City, die sich die britische Regierung unterworfen hatten, zum Nachteil der Arbeiterschichten, die auf soziale Reformen verzichten mussten. Insofern hingen in diesem Analyserahmen Kapitalismus und Imperialismus zusammen – eine Annahme, der einige Jahre später auch Lenin folgte. Andere Versuche, den Imperialismus theoretisch zu durchdringen, ergänzten die ökonomischen Motive einer spezifischen Phase des Kapitalismus um politische und kulturelle Motive. Weltmachtstreben und ein nationalistisches Überlegenheitsgefühl, aber auch der Versuch, innenpolitische Spannungen nach außen abzuleiten (Sozialimperialismus) fanden Berücksichtigung. Seit den 1890er Jahren wurde auch das Verhalten der Kolonialisierten, vor allem der indigenen Eliten einbezogen. Dabei kam Kollaboration

---

**19** J. Osterhammel/J.C. Jansen, Kolonialismus. Geschichte – Formen – Folgen, München 1995, S. 27; John Robert Seeley, The Expansion of England. Two Courses of Lectures, New York 2005 (1883).

mit den Europäern vor, nicht zuletzt, um einheimische Rivalen auszuschalten, aber auch mehr oder weniger gewaltsamer Widerstand gegen die Kolonialherrschaft. Beide Verhaltensmuster ließen sich auch dort beobachten, wo, wie in weiten Teilen Indiens oder in Teilen Afrikas, monarchische Regierungsformen vorhanden waren. 1861 trat z.B. König Docemo die Insel Lagos (heute die Hauptstadt Nigerias) unter Bedrohung durch Waffengewalt mittels Vertrag an die Briten ab.[20]

Das Ende der kontinentalen Imperien Russland, Österreich-Ungarn, Deutsches Reich und auch des Osmanischen Reiches steht mit dem Ersten Weltkrieg in engem Zusammenhang. Dabei lässt sich fragen, ob die bolschewistische Revolution 1917 nicht bloß eine neue Form von Imperium im russisch geprägten Europa und in Asien schuf. Das Ende der Monarchien markierte trotzdem eine wichtige Zäsur. Ob sich die Monarchien bei rechtzeitiger Reformbereitschaft hätten erhalten lassen, kann man kaum eindeutig bestimmen. Einerseits können die Zeugnisse für die Anhänglichkeit der Bevölkerungen an die Monarchien der Vorkriegszeit ins Feld geführt werden, andererseits sind die politische Enttäuschung und die existentielle Not in den Verliererstaaten nicht zu unterschätzen. Insofern wurde Kaiser Wilhelm II. in der Dynamik der Oktobertage zu einem negativen Symbol für das Kaiserreich. Aus dem niederländischen Exil bemühte sich Wilhelm II. letztlich erfolglos um die Restauration der Monarchie. Für das Habsburger Reich kann man sicher von Auflösung und Zerfall sprechen: In Ost- und Südostmitteleuropa entstanden neue (National-)staaten, in denen das Ideal ethnischer Homogenität angesichts der verflochtenen Siedlungsgebiete aber nicht erreicht wurde. Der neue Staat Österreich besaß nur noch ein kleines Gebiet. Die ehemalige Herrscherfamilie musste das Land verlassen und lebte von nun an im Exil.[21] *Ende der Imperien*

Im Gegensatz zu den kontinentalen Imperien überdauerte das britische Empire den Ersten Weltkrieg. Mit dem Empire überlebte *Britisches Empire und Commonwealth*

---

**20** J.A. Hobson, Imperialism. A Study, 1902; John Gallagher/Ronald Robinson, The Imperialism of Free Trade, in: The Economic History Review 6.1953, S. 1–15; Darwin 2012, S. 152, 61.
**21** M. Kohlrausch, Der Monarch im Skandal. Die Logik der Massenmedien und die Transformation der wilhelminischen Monarchie, Berlin 2005, S. 302–50; K. Unterreiner, „Meinetwegen kann er gehen". Kaiser Karl und das Ende der Habsburgermonarchie, Wien 2017.

auch die Monarchie, als Symbol für eine Kontinuität, die die tiefen Brüche, die der Erste Weltkrieg auch für die britische Gesellschaft mit sich gebracht hatte, nicht überdecken konnte. Der Monarchie wurden ihre Leistungen für die Mobilisierung der Nation im Weltkrieg zugutegehalten. Das Ende des britischen Empires vollzog sich jedenfalls in Etappen, die bis weit in die zweite Hälfte des 20. Jahrhunderts reichten. Die Unabhängigkeit Indiens 1947 markierte dabei einen Meilenstein. Für die Monarchie wurde die Umformung des Empires zum Commonwealth, eines Staatenbundes, der die Mehrheit der ehemaligen britischen Kolonien umfasst, besonders wichtig. Königin Elisabeth II. empfindet sich bis heute in besonderer Weise als „Haupt des Commonwealth".[22]

*Imperiale Überdehnung*

Unabhängig von der Frage nach der Rolle der Monarchie im imperialen Kontext stellt sich der Forschung generell die Frage nach den Ursachen für den Zusammenbruch von Imperien, angefangen mit dem Römischen Weltreich. Dabei kommt der These von der „imperialen Überdehnung" (*imperial overstretch*) große Bedeutung zu. Im Wesentlichen geht man von der Vermutung aus, dass das Wachstum der Reiche mit den zur Verfügung stehenden Ressourcen wirtschaftlicher, militärischer und administrativer Art zunehmend inkompatibel wurde. Für die Monarchie als Integrationsfaktor scheinen die Grenzen der Leistungsfähigkeit gegenüber den Ideen von politischer Selbstbestimmung und (staatlicher) Unabhängigkeit auf.[23]

## 2.5 Inter- und transnationale Beziehungen der Monarchien, Verflechtung und Kulturtransfer

*Theatralität*

Die politische Kulturgeschichte des 19. Jahrhunderts hat die Monarchie als Thema in besonderer Weise entdeckt. Johannes Paulmanns Untersuchung der Monarchenbegegnungen wirkte für die inter- und transnationalen Perspektiven der Monarchiegeschichte bahnbrechend. Paulmann stellt die „Theatralität" einer Beziehungsgeschichte in den Mittelpunkt, in der höfisches Zere-

---

22 P. Murphy, Monarchy and the End of Empire. The House of Windsor, the British Government, and the Postwar Commonwealth, Oxford 2013.
23 P. Kennedy, Aufstieg und Fall der großen Mächte. Ökonomischer Wandel und militärische Konflikte von 1500 bis 2000, Frankfurt a.M. 1989 (1987).

moniell und persönliche Begegnung in einer immer stärker massenmedial geprägten Öffentlichkeit eine spezifische Verbindung eingingen. Die Monarchen zeigten sich als besonders geeignet, die internationale Politik von Imperien und Nationalstaaten auf eine moderne Weise auszudrücken. Paulmanns Forschungen nehmen Perspektiven auf, die mit der Thematisierung des Wiener Kongresses 1814/15 als eines Begegnungsorts europäischer Monarchen verbunden sind. Die Forschung fragt nach der Rolle des höfischen und diplomatischen Zeremoniells und überprüft Kontinuität und Diskontinuität zur Frühen Neuzeit. In der „Heiligen Allianz" gingen der russische Zar, der preußische König und der österreichische Kaiser ein auf Dauer angelegtes Bündnis ein, das auf der Grundlage eines christlichen Weltverständnisses und monarchischer Autokratie funktionieren sollte. Im höfischen Zeremoniell, bei Staatsbesuchen und bei informellen Treffen der Monarchen wurden im 19. Jahrhundert pragmatische Lösungen für Rangauseinandersetzungen gesucht.[24]

Das Zeremoniell erwies sich dabei einerseits als stabiler Rahmen für den offiziellen Umgang von Staatsoberhäuptern, andererseits aber auch als flexibel genug, um auf neue Anforderungen zu reagieren. Für den geplanten Besuch des britischen Königs Georg IV. in Wien 1821 wurden im Vorfeld verschiedene Programme entworfen, in denen es darum ging, die Gleichrangigkeit der britischen und der österreichischen Krone zeremoniell zu bekräftigen. Dabei waren geänderte politische Rahmenbedingungen genauso zu berücksichtigen wie neue Kulturformen und modische Trends.[25]

Die monarchischen Beziehungen in Europa wurden durch die familiären Beziehungen der dynastischen Familien untereinander strukturiert und in vieler Hinsicht erleichtert. Die Heiratskreise orientierten sich an der Standesgleichheit, verstanden als Angehörige regierender Familien, und der Konfession. Praktisch bildeten sich damit ein katholischer (Österreich, italienische Staaten, Spanien, Portugal, Bayern) und ein protestantischer Kreis (Groß-

*Konnubium*

---

[24] J. Paulmann, Pomp und Politik. Monarchenbegegnungen in Europa zwischen Ancien Regime und Erstem Weltkrieg, Paderborn 2000; W.D. Gruner, Der Wiener Kongress 1814/15, Stuttgart 2014; Brian Vick, The Congress of Vienna. Power and Politics after Napoleon, Cambridge, Mass. 2014.
[25] Paulmann 2000, S. 219–21.

britannien, Preußen, Dänemark, Sachsen-Coburg). Die Zarenfamilie verband sich mit deutschen Prinzessinnen, die für die Heirat zur orthodoxen Kirche konvertierten. Die Rate der Verwandtenehen war dabei insgesamt hoch. Mit dieser Heiratspolitik bildeten die Monarchenfamilien ein transnationales Netzwerk, in der die Beherrschung mehrerer Sprachen, vor allem des Französischen als Sprache der Diplomatie, selbstverständlich war. Auf der anderen Seite hielt die übernationale Verbindung der Familien die Nationalisierung von Politik und Gesellschaft in der zweiten Hälfte des 19. Jahrhunderts nicht auf. Die britische Königin Victoria musste sich in den deutschen Einigungskriegen mit der Tatsache abfinden, dass ihre in Preußen bzw. Hessen verheirateten Töchter auf entgegengesetzten Seiten standen.[26]

In welcher Weise die überstaatlichen und übernationalen Beziehungen der Monarchie und der monarchischen Familien zu Formen des Kulturtransfers führten, muss noch näher untersucht werden. Die Praktiken des höfischen Zeremoniells, zum Beispiel die Öffnung des Hofes für nichtadlige Bevölkerungsgruppen, wurden gegenseitig beobachtet. Die Rolle des überlieferten Spanischen Hofzeremoniells wurde möglicherweise geringer. Während in der Frühen Neuzeit die französische Monarchie und Versailles das allseits anerkannte Modell darstellten, wurden die Bezüge im 19. Jahrhundert vielfältiger. Es wurden zunehmend Freiräume für „weniger offizielle" Treffen geschaffen, die sich als Familienfeiern mit geringerem Aufwand inszenieren ließen. Die Fürsten schufen sich zunehmend Möglichkeiten für eine „private" Lebensgestaltung in Sommerschlössern und Alterssitzen.

*Transnationalität*

Die Geschichte der Monarchie im 19. Jahrhundert eignet sich in besonderer Weise, die Begriffsfelder Nation, Nationalisierung und Nationalismus – wobei jeder Begriff sorgfältig definiert werden muss – einerseits und Imperium, inter- und transnationale Beziehungen in Europa andererseits mit konkreten historischen Fragestellungen zu problematisieren. Im Zusammenhang der aktuellen Entwicklungen in der Historiographie und der Fachdidaktik kommen dabei vielfach nicht-textliche Quellen zum Einsatz. Bekannte Gemälde und typische Karikaturen und Fotographien werden auch in diesem Band als Quellen vorgestellt, weil die

---

[26] D. Schönpflug, Die Heiraten der Hohenzollern. Verwandtschaft, Politik und Ritual in Europa 1640–1918, Göttingen 2013.

Sichtbarkeit der Monarchen für ihre Wahrnehmung und ihre Bedeutung immer wichtiger wurde. Die Monarchen gehören generell zu den am meisten bildlich dargestellten Personen in der Weltgeschichte. Die Spannbreite reicht von traditionellen Herrscherportraits in Gemälden über massenhaft verbreitete Photographien bis zu Filmen im Ersten Weltkrieg. Damit verbindet sich die Monarchiegeschichte auch mit den Fragestellungen einer modernen Mediengeschichte in inter- und transnationaler Perspektive.[27]

## 2.6 Weiterführende Literatur

J. Darwin, The Empire Project. The Rise and Fall of the British World-System 1830–1970, Cambridge 2009 (*Analyse des britischen Empires im 19. und 20. Jahrhundert durch einen der führenden Empire-Historiker*).

J. Leonhard, Imperial Projections and Piecemeal Realities: Multiethnic Empires and the Experience of Failure in the Nineteenth Century, in: M. Reinkowski (Hg.), Helpless Imperialists: imperial failure, fear and radicalization, Göttingen 2013, S. 21–46 (*Vergleichsperspektiven der imperialen Monarchien in Großbritannien, Russland, der Habsburger Monarchie und dem Osmanischen Reich*).

J. Paulmann, Pomp und Politik. Monarchenbegegnungen in Europa zwischen Ancien Régime und Erstem Weltkrieg, Paderborn 2000 (*Neuinterpretation der Geschichte der internationalen Beziehungen im 19. Jahrhundert mit dem Blick auf monarchisches Zeremoniell als Element von Politik*).

R.S. Wortmann, Scenarios of Power. Myth and Ceremony in the Russian Monarchy, Princeton 2006 (*maßgebliches Werk zum Zarentum in englischer Sprache*).

---

[27] F. Windt/J. Luh/ C.Dilba, Der Kaiser und die Macht der Medien, Berlin 2005; D. Petzold, Der Kaiser und das Kino. Herrschaftsinszenierung, Populärkultur und Filmpropaganda im Wilhelminischen Zeitalter, Paderborn 2012; J. Plunkett, Queen Victoria. First Media Monarch, Oxford 2003, J. Richards, The Monarchy and Film 1900–2006, in: Olechnowicz 2007, S. 258–79.

# 3 Konstitution und „monarchisches Prinzip"

**Abb. 1:** Der Halbmondsaal im Stuttgarter Ständehaus 1833 (kolorierte Lithographie von Jakob Heinrich Renz, 1833) In der Bildmitte sieht man Ludwig Uhland, der sich nach hinten umsieht. An der Säule rechts: der Jurist und Schriftsteller Paul Pfizer, links Regierungsdirektor Damian Mosthaf.

Der Halbmondsaal im Stuttgarter Ständehaus wurde 1819 vom Hofbaumeister Georg Barth im klassizistischen Stil umgebaut. Er war der Schauplatz der württembergischen Parlamentsdebatten im Vormärz, in denen die Konstitution des Landes lebendig wurde.

Die württembergische Verfassung von 1819, die Rechte und Pflichten der Monarchie und des Landtags regelte, stellte eine Besonderheit dar. Im Unterschied zu anderen süddeutschen Verfassungen wurde sie nicht vom Monarchen oktroyiert, sondern zwischen König und Ständen vereinbart. Allerdings durfte nur eine Minderheit der Einwohner, die männlichen Steuerzahler der Gemeinden, die Abgeordneten wählen. Der Dichter Ludwig Uhland, der hier als Deputierter (Abgeordneter) abgebildet ist, hatte in den Verfassungskämpfen, die der Vereinbarung vorausgegangen waren, eine wichtige Rolle gespielt. Uhland und andere Abgeordnete wurden im Vormärz zu „Gegenspielern" der Monarchen. Ihre Popularität ergab sich nicht zuletzt aus der Öffentlichkeit der Landtagsverhandlungen. Das Publikum auf der Galerie verfolgte die Debatten, und die Zeitungen druckten Protokolle und Kommentare. Entsprechend selbstbewusst wirken die Abgeordneten. In der Darstellung stehen die bekannten Abgeordneten jedenfalls gegenüber den Ministern eindeutig im Vordergrund. Von besonderer Bedeutung für die schnelle öffentliche Verbreitung der Parlamentsdebatten waren die „Schnellschreiber" (Stenographen).

## 3.1 Monarchie im Verfassungsstaat

*Konstitutionen als Erfindung des späten 18. Jahrhunderts*

Für die Mehrheit der monarchischen Regime in Europa brachte das 19. Jahrhundert die Einführung einer geschriebenen Verfassung (Konstitution) mit sich, d.h. eines einheitlichen Textes, der Rechte und Pflichten von Regierung und Staatsbürgern verbindlich regelte. Solche Konstitutionen traten an die Stelle von Zusammenstellungen von „Landesgrundgesetzen", die in der Frühen Neuzeit das Verhältnis von Monarch und Untertanen (Ständen) bestimmt hatten. Das konstitutionelle Zeitalter begann in den USA 1787 mit einer republikanischen Ordnung und in Frankreich 1791 mit der Einführung einer konstitutionellen Monarchie, die allerdings bald durch eine Republik abgelöst wurde. Bedeutsam war auch Polen, das 1791 eine republikanische Verfassung einführte. In Europa weitete sich das Konstitutionswesen mit der Ausbreitung der französischen Herrschaft aus. In Deutschland wurde das von Napoleon unter seinem Bruder Jerome neugegründete Königreich Westphalen 1807 durch eine Konstitution zum ersten Verfassungsstaat. Andere Staaten unter französischer Oberherrschaft wie Bayern und das Großherzogtum Frankfurt schlossen sich an. Nach dem Ende der Herrschaft Napoleons stellten sich den europäischen Staaten Probleme der Staatsintegration (Staatsfinanzen, Integration neuer Gebiete, Aufstieg von bürgerlichen Gruppen gegen traditionelle Adelseliten), für die die neuen Verfassungen Lösungen bereitstellen sollten.

*Verfassungswellen*

Nach 1800 entwickelte sich geradezu eine Welle von Verfassungen in Europa. In Schweden und Norwegen, in Sizilien und

Sardinien-Piemont, Bayern, Baden, Württemberg, Sachsen, in Hessen und Hannover traten bis in die 1820er Jahre (neue) Verfassungen in Kraft. Allerdings verschlossen sich Preußen und das Habsburgerreich dieser Entwicklung noch. Von besonderer Bedeutung war dabei einerseits die französische Charte, die 1814 die Wiederbegründung der Bourbonenherrschaft begleitete. Diese Verfassung mit ihrer starken Position des Monarchen in der Verankerung des „monarchischen Prinzips" wurde für viele deutsche Verfassungen zum Vorbild. Aus der Perspektive der Monarchien erleichterte sie den Übergang zum Verfassungsstaat, weil sich die Monarchen großen politischen Einfluss in der Legislative bei Zugriff auf die Exekutive sichern konnten. Aus der Sicht der bürgerlichen und frühliberalen Bewegung stellten diese Verfassungen einen ersten Schritt der Emanzipation aus der ständischen Welt dar. Bildete die Charte eine konservative Variante von Verfassung, so entstand mit der spanischen Verfassung von 1812 (Verfassung von Cadiz) gleichsam ein Alternativmodell, das zwar noch nicht von Volkssouveränität sprach, aber die Nation in den Mittelpunkt stellte und die Rolle des Parlaments (der Cortes) stärkte. Man kann die spanische Verfassung daher als ein liberales Vorbild der folgenden Verfassungsstiftungen in Europa betrachten. Die Revolution von 1830 in Frankreich brachte den Thronwechsel zu Louis Philippe I. und eine Verfassungsrevision, die einen „populären Thron" mit republikanischen Ideen verbinden sollte. Erst in den letzten Jahren ist in der Verfassungsgeschichtsforschung die belgische Verfassung von 1830 stärker beachtet worden, mit der die Rechte des Parlaments als Verkörperung der „Nation" gegenüber dem Monarchen deutlich gestärkt wurden (Goujon 2012, S. 229–32, Späth 2012).

Verfassungswellen

Die historische Erforschung von Verfassungen arbeitet für das 19. Jahrhundert vielfach vergleichend. Im deutschen Zusammenhang ist die nationale Verfassung der Paulskirche als große Errungenschaft der Revolution von 1848/49 zentral, auch wenn sie nie wirksam wurde. Wichtige Themen der vergleichenden Verfassungsforschung sind einerseits die Kompetenzen von Monarch, Regierung und Parlament, andererseits die staatsbürgerlichen oder Grundrechte der Bürger und Bürgerinnen. Dabei bildet der Vergleich von Verfassungsurkunden regelmäßig nur den Ausgangspunkt. Neben der Regelung der Norm muss die Praxis, die Verfassungswirklichkeit, einbezogen werden. Spätestens damit

Verfassung und Politik

weitet sich die Verfassungsgeschichte zur Politikgeschichte, in der vor allem die Entstehung, Programmatik und Organisation von politischen Parteien untersucht werden. Für die deutschen Staaten kann man festhalten, dass sich vor 1848 kaum von Parteien im modernen Sinn sprechen lässt. In den vormärzlichen Parlamenten saßen – meist den staatsnahen Berufen angehörende – Honoratioren, die ihr Mandat einer nur kleinen Wählerschaft verdankten, die durch ein mehr oder weniger restriktives Zensuswahlrecht bestimmt wurde. Überall in Europa verfügte in der ersten Hälfte des 19. Jahrhunderts nur ein geringer Teil der erwachsenen männlichen Bevölkerung über ein Wahlrecht auf gesamtstaatlicher Ebene. Damit wurde politische Partizipation auf gebildete und besitzende Eliten beschränkt (Fahrmeir 2010, S. 188–191; von Hippel/Stier 2012, S. 372).

## 3.2 Legitimation und Praxis monarchischer Herrschaft im 19. Jahrhundert

*Gottesgnadentum und Volkssouveränität*

Für die Verfassungsforschung ist auch die Frage nach der Legitimation von Herrschaft bedeutsam. Mit jeder Form von geschriebener Verfassung wurde die Ablösung von Gottesgnadentum und dynastischem Erbanspruch als alleinigen Legitimationsgründen von monarchischer Herrschaft unübersehbar. Die konstitutionellen Monarchen legten einen Eid auf die Verfassung ab und bestätigten damit – formal freiwillig, aber dennoch unabweisbar –, dass Volk und Nation an der Herrschaft teilhatten. Seit der Französischen Revolution von 1789 war die Idee von der Volkssouveränität Wirklichkeit geworden, hierhinter führte kein Weg zurück. Es war daher bezeichnend, dass Louis Philippe I. 1830 zum „roi des Français par la grace de Dieu et la volonté nationale" (König der Franzosen durch die Gnade Gottes und den nationalen Willen) proklamiert wurde und damit Gottesgnadentum und (revolutionärer) Volkswille verbunden und versöhnt schienen. Die bourbonischen Lilien verschwanden, und die Trikolore wurde erneut zum französischen Staatssymbol (Goujon 2012, S. 229ff.; Sellin 2011; Langewiesche 2013).

*Kompetenzen*

In der Regierungspraxis kam es zunehmend weniger auf die Monarchen als auf die Regierungsmitglieder, vor allem den

Premierminister oder Ministerpräsidenten an. Die Minister waren oft gemäß „monarchischem Prinzip" dem Monarchen, nicht dem Parlament verantwortlich und konnten vom Monarchen ins Amt berufen und entlassen werden. Damit war das wesentliche Charakteristikum einer parlamentarischen Regierung, die von der Mehrheit des Parlaments abhängig ist, hier noch nicht verwirklicht. Die Kompetenzen des Monarchen betrafen aber auch die Gesetzgebung. Es machte einen wichtigen Unterschied, ob das Gesetzesinitiativrecht (das Recht, dem Parlament Gesetzentwürfe vorzuschlagen) beim Monarchen allein lag oder ob aus dem Parlament selbst Vorschläge gemacht werden konnten. Während das Gesetzesinitiativrecht durchaus auch den Monarchen persönlich betreffen konnte, kreierte das Thema Grundrechte weit eher eine Beziehung zwischen dem Staat insgesamt und seinen Bürgern. In der Garantie von Freiheitsrechten der Versammlungs- und Pressefreiheit, der Eigentumsrechte oder justiziellen Rechte gegen willkürliche Verhaftung etc. stand dem Einzelnen in der Praxis weniger der Monarch als die staatliche Bürokratie gegenüber (Klippel 2014; Ishay 2008). Diese Entwicklung lässt sich auch daran ablesen, dass in der Politik wie in der administrativen Praxis immer häufiger von der „Krone" die Rede war. Damit konnten der Monarch als Person oder ein persönliches Einwirken des Monarchen gemeint sein, aber auch die monarchische Regierung, die ihre Ziele unter einem Monarchen verwirklichte, der seinerseits den Einzelheiten und der „Politik als Beruf" fernblieb. Damit würde der Monarch nach der Formulierung des französischen Politikers Adolphe Thiers „herrschen, aber nicht regieren". Für die konkrete Gestaltung der monarchischen Herrschaftspraxis ergab sich so ein großer Spielraum, der von Fall zu Fall betrachtet werden muss (Stahl 1845 zum „monarchischen Prinzip"). Krone

Während sich insgesamt also eher der Handlungsspielraum der leitenden Minister wandelte, blieb das monarchische Verfassungssystem für Versuche der Monarchen, „persönlich" zu regieren, anfällig. Für konstitutionslose Staaten wie das Habsburger Reich bis 1867 und das Russische Reich bis 1906 stand „Autokratie" als Herrschaft ohne einflussreiches Parlament immer noch auf der Tagesordnung. Das bekannteste Beispiel für monarchischen Regierungswillen im Verfassungsstaat ist Kaiser Wilhelm II., der seine politische Dominanz als „persönliches Regiment" verwirklichen wollte. Über die Realisierung dieses Anspruchs ist Persönliches Regiment die Forschung allerdings uneins. Wilhelm II. fehlte es schon an Fleiß, um die Regierungsakten zu studieren und sich das nötige „Herrschaftswissen" im Detail anzueignen, von seinen erratischen öffentlichen Auftritten zu schweigen. Jedenfalls lässt sich vom Selbstverständnis eines Fürsten nicht umstandslos auf die politische Praxis schließen. Die zunehmende Bedeutung eines immer umfangreicher werdenden Staatsapparats und die Komplexität der Regierungsarbeit trugen nicht dazu bei, den Anspruch auf „persönliche Herrschaft" zu stützen. Allerdings lassen sich Politikbereiche ausmachen, in denen der Monarch stets Möglichkeiten der Einflussnahme besaß: Die Ämterbesetzung funktionierte im Regelfall unter (formaler) Beteiligung des Monarchen. Für die Bekundung persönlicher Sympathie oder Antipathie gegenüber einem Kandidaten für ein höheres Staatsamt benötigte der Monarch kein Aktenstudium. In der Außenpolitik, die der Monarch unübersehbar repräsentierte, ließ sich zumindest die Atmosphäre bei bilateralen Treffen maßgeblich prägen. Und auch in der Kirchenpolitik, für die viele Monarchen aufgrund ihrer Rollen in der Staatskirche bzw. der traditionellen Konfession bedeutsam waren, konnten politische Entscheidungen kaum ohne den Monarchen getroffen werden (Röhl Bd. 2, 2012; Bentley 2007).

## 3.3 Quellen und Vertiefung

### 3.3.1 Französische Charte von 1814, Präambel und Art. 13–23 (Formen der Regierung)

| Charte constitutionnelle du 4 juin 1814 | Verfassung des Königreichs Frankreich vom 4. Juni 1814 |
|---|---|
| Louis, par le grâce de Dieu, Roi de France et de Navarre, A tous ceux qui ces présentes verront, SALUT. La divine Providence, en nous rappelant dans nos Etats après une longue absence, nous a imposé de grandes obligations. La paix était le premier besoin de nos sujets: nous nous en | Wir, Ludwig von Gottes Gnaden König von Frankreich und Navarra. Allen denen, welchen Gegenwärtiges zu Gesichte kommt, Unsern Gruß zuvor. Die göttliche Vorsehung legt Uns, indem sie Uns nach einer langen Abwesenheit in Unsere Staaten zurückrief, schwere Pflichten auf. Der Friede war |

sommes occupés sans relâche ; et cette paix si nécessaire à la France comme au reste de l'Europe, est signée.

Une Charte constitutionnelle était sollicitée par l'état actuel du royaume, nous l'avons promise, et nous la publions. Nous avons considéré que, bien que l'autorité tout entière résidât en France dans la personne du roi, ses prédécesseurs n'avaient point hésité à en modifier l'exercice, suivant la différence des temps ; que c'est ainsi que les communes ont dû leur affranchissement à Louis le Gros, la confirmation et l'extension de leurs droits à Saint Louis et à Philippe le Bel ; que l'ordre judiciaire a été établi et développé par les lois de Louis XI, de Henri II et de Charles IX ; enfin, que Louis XIV a réglé presque toutes les parties de l'administration publique par différentes ordonnances dont rien encore n'avait surpassé la sagesse.

Nous avons dû, à l'exemple des rois nos prédécesseurs, apprécier les effets des progrès toujours croissants des lumières, les rapports nouveaux que ces progrès ont introduits dans la société, la direction imprimée aux esprits depuis un demi-siècle, et les graves altérations qui en sont résultées: nous avons reconnu que le voeu de nos sujets pour une Charte constitutionnelle était l'expression d'un besoin réel ; mais en cédant à ce voeu, nous avons pris toutes les précautions pour que cette Charte fût digne de nous et du peuple auquel nous sommes fiers de commander. Des hommes sages, pris dans les premiers corps de l'Etat, se sont réunis à des commissions de notre Conseil, pour travailler à cet important ouvrage.

En même temps que nous reconnais-

das erste Bedürfnis Unserer Untertanen. Wir haben Uns ohne Unterlass mit demselben beschäftigt, und nun ist dieser Friede, dessen Frankreich so sehr als das übrige Europa bedurfte, unterzeichnet.

Der dermalige Zustand des Königreichs forderte eine neue Staatsverfassung, Wir versprachen sie, und sie wird hier öffentlich bekannt gemacht. Wir haben erwogen, dass, obgleich in Frankreich alle öffentliche Gewalt auf der Person des Königs beruht, Unsere Vorfahren dennoch keinen Anstand nahmen, deren Ausübung nach den verschiedenen Zeitbedürfnissen zu modifizieren, dass solchergestalt die Gemeinen unter Ludwig dem Dicken die Befreiung von der Leibeigenschaft erhielten, dass unter dem heiligen Ludwig und Philipp dem Schönen diese Befreiung bestätigt und vermehrt war, dass durch Ludwig XI., Heinrich II., und Karl IX. die Gerichtsverfassung gegründet, und entwickelt worden ist, und dass endlich Ludwig XIV. durch mehrere Verordnungen, deren Weisheit noch unübertroffen blieb, beinahe alle Zweige der öffentlichen Administration reguliert hat.

Wir glaubten nun auch, nach dem Beispiele der Könige Unserer Vorfahren, die Wirkungen der immer zunehmenden Aufklärung, die neuen Verhältnisse, welche diese Fortschritte in der bürgerlichen Gesellschaft hervorgebracht haben, die dem menschlichen Geiste seit einem halben Jahrhunderte dadurch gegebene Richtung, und die tief greifenden Veränderungen, welche daraus hervorgegangen sind, würdigen zu müssen. Wir erblickten in dem Wunsche Unserer Untertanen nach einer neuen Verfassungsurkunde den Ausdruck eines wesentlichen Bedürfnisses. Allein,

sions qu'une Constitution libre et monarchique devait remplir l'attente de l'Europe éclairée, nous avons dû nous souvenir aussi que notre premier devoir envers nos peuples était de conserver, pour leur propre intérêt, les droits et les prérogatives de notre couronne. Nous avons espéré qu'instruits par l'expérience, ils seraient convaincus que l'autorité suprême peut seule donner aux institutions qu'elle établit, la force, la permanence et la majesté dont elle est elle-même revêtue ; qu'ainsi lorsque la sagesse des rois s'accorde librement avec le voeu des peuples, une Charte constitutionnelle peut être de longue durée ; mais que quand la violence arrache des concessions à la faiblesse du gouvernement, la liberté publique n'est pas moins en danger que le trône même.

Nous avons enfin cherché les principes de la Charte constitutionnelle dans le caractère français, et dans les monuments vénérables des siècles passés. Ainsi, nous avons vu dans le renouvellement de la pairie une institution vraiment nationale, et qui doit lier tous les souvenirs à toutes les espérances, en réunissant les temps anciens et les temps modernes.

Nous avons remplacé, par la Chambre des députés, ces anciennes Assemblées des Champs de Mars et de Mai, et ces Chambres du tiers-état, qui ont si souvent donné tout à fois des preuves de zèle pour les intérêts du peuple, de fidélité et de respect pour l'autorité des rois. En cherchant ainsi à renouer la chaîne des temps, que de funestes écarts avaient interrompue, nous avons effacé de notre souvenir, comme nous voudrions qu'on pût les effacer de l'histoire, tous les maux qui ont affligé la patrie du-

indem Wir diesem Wunsche nachgeben, haben Wir zugleich alle Maßregeln ergriffen, diese Verfassung sowohl Unserer als des Volkes würdig zu machen, auf dessen Beherrschung Wir stolz sind. Mit Kommissarien Unseres Conseils haben sich weise Männer aus den ersten Staatskörpern vereinigt, um an diesem wichtigen Werke zu arbeiten.

Indem Wir den Grundsatz anerkannten, dass eine freie und monarchische Verfassung den Erwartungen des aufgeklärten Europas entsprechen müsse, durften Wir zugleich nicht vergessen, dass Unsere erste Pflicht gegen Unsere Völker darin bestand, die Rechte und Vorzüge Unserer Krone in ihrer ganzen Reinheit aufrecht zu erhalten. Wir hoffen, dass Unsere Völker, von der Erfahrung belehrt, sich davon überzeugt haben werden, dass die höchste Staatsgewalt allein den von ihr getroffenen Einrichtungen jene Kraft, jene Dauer und jene Majestät verleihen kann, womit sie selbst bekleidet ist, dass daher nur dann, wenn die Weisheit der Könige mit den Wünschen ihrer Völker im zwanglosen Einklange steht, eine solche Verfassungsurkunde von langer Dauer sein kann, und dass dagegen dort, wo Trotz und Gewalttätigkeit einer schwachen Regierung Bewilligungen abzwingen, die öffentliche Freiheit in ebenso großer Gefahr schwebt, als der Thron selbst.

Wir suchten endlich, die Grundlagen Unserer neuen Verfassungsurkunde in dem französischen Charakter, und in den ehrwürdigen Denkmälern der vergangenen Jahrhunderte auf. Daher erblickten Wir in der Wiederherstellung der Pairswürde eine wahrhafte Nationaleinrichtung, wodurch jene Erinnerung der Vergangenheit mit al-

rant notre absence. Heureux de nous retrouver au sein de la grande famille, nous n'avons su répondre à l'amour dont nous recevons tant de témoignages, qu'en prononçant des paroles de paix et de consolation. Le voeu le plus cher à notre coeur, c'est que tous les Français vivent en frères, et que jamais aucun souvenir amer ne trouble la sécurité qui doit suivre l'acte solennel que nous leur accordons aujourd'hui.

Sûrs de nos intentions, forts de notre conscience, nous nous engageons, devant l'Assemblée qui nous écoute, à être fidèles à cette Charte constitutionnelle, nous réservant d'en juger le maintien, avec une nouvelle solennité, devant les autels de celui qui pèse dans la même balance les rois et les nations.

A CES CAUSES – NOUS AVONS volontairement, et par le libre exercice de notre autorité royale, ACCORDÉ ET ACCORDONS. FAIT CONCESSION ET OCTROI à nos sujets, tant pour nous que pour nos successeurs, et à toujours, de la Charte constitutionnelle qui suit :

len Hoffnungen verknüpft und die alte und neue Zeit mit Einem Bande umschlossen wird.

Durch die Kammer der Deputierten wollten Wir jene alten Versammlungen des März- und Maifeldes, so wie die Kammer des dritten Standes, ersetzen, welche insgesamt so viele Proben von ihrem Eifer für das Wohl des Volkes und ihrer Treue und Verehrung gegen ihre Könige abgelegt haben. Indem Wir auf diese Weise bemüht waren, die Kette der Zeiten, welche traurige Verirrungen zerrissen hatten, wieder zusammen zu knüpfen, bestrebten Wir Uns, das Andenken an alle die Übel, welche das Vaterland während Unserer Abwesenheit erlitten hat, in Unserem Gedächtnisse zu verlöschen, und wünschten, dass dieses in dem Buche der Weltgeschichte ebenso zu bewerkstelligen wäre. Durch Unsere Zurückkunft in den Schoß Unserer großen Familie beglückt, glauben Wir den vielfältigen Beweisen, die Wir von ihrer Liebe empfangen, nur dadurch entsprechen zu können, dass Wir Worte des Friedens und des Trostes an sie zu richten bemüht sind. Der teuerste Wunsch Unseres Herzens besteht darin, dass sich alle Franzosen als Brüder lieben, und dass kein bitteres Andenken jene Ruhe und Sicherheit trüben möge, die ihnen die feierliche Urkunde gewähren soll, welche Wir ihnen am heutigen Tage bewilligen.

Unserer guten Absichten gewiss, und stark durch die Reinheit Unsers Gewissens, verpflichten Wir Uns hiermit im Angesichte der gegenwärtigen Versammlung, dieser neuen Verfassungsurkunde treu zu sein, und behalten Uns vor, deren Aufrechthaltung bei einer neuen feierlichen Handlung vor dem Altare desjenigen

| | zu beschwören, welcher die Könige und die Nationen in der nämlichen Waagschale abwiegt. |
|---|---|
| | Aus diesen Gründen haben Wir freiwillig und in freier Ausübung Unserer königlichen Gewalt sowohl für Uns, als für Unsere Nachfolger, auf ewige Zeiten Unsern Untertanen diese Verfassungsurkunde, so wie sie hier folgt, zugestanden, übergeben und bewilligt. |
| (...) | (...) |
| Formes du gouvernement du roi | Formen der Regierung des Königs |
| Article 13. La personne du roi est inviolable et sacrée. Ses ministres sont responsables. Au roi seul appartient la puissance exécutive. | Art. 13. Die Person des Königs ist unverletzlich und heilig. Seine Minister sind verantwortlich. Dem König allein steht die vollziehende Gewalt zu. |
| Article 14. Le roi est le chef suprême de l'Etat, il commande les forces de terre et de mer, déclare la guerre, fait les traités de paix, d'alliance et de commerce, nomme à tous les emplois d'administration publique, et fait les règlements et ordonnances nécessaires pour l'exécution des lois et la sûreté de l'Etat. | Art. 14. Der König ist höchstes Oberhaupt des Staates; er befehligt die Land- und Seemacht, erklärt Krieg, schließt Friedens-, Allianz- und Handelstraktate, ernennt zu allen Stellen der öffentlichen Verwaltung, und erlässt die zur Vollziehung der Gesetze und zur Sicherheit des Staates nötigen Verfügungen und Verordnungen. |
| Article 15. La puissance législative s'exerce collectivement par le roi, la Chambre des pairs, et la Chambre des députés des départements. | Art. 15. Die gesetzgebende Gewalt wird gemeinschaftlich von dem Könige, der Kammer der Pairs und der Kammer der Deputierten der Departemente ausgeübt. |
| Article 16. Le roi propose la loi. | Art. 16. Der König schlägt das Gesetz vor. |
| Article 17. La proposition de la loi est portée, au gré du roi, à la Chambre des pairs ou à celle des députés, excepté la loi de l'impôt, qui doit être adressée d'abord à la Chambre des députés. | Art. 17. Der Vorschlag eines Gesetzes geschieht, nach Gutbefinden des Königs, in der Kammer der Pairs oder in der Kammer der Deputierten; das die Auflagen betreffende Gesetz ausgenommen, welches zuerst vor die Kammer der Deputierten gebracht werden muss. |

| | |
|---|---|
| Article 18. Toute la loi doit être discutée et votée librement par la majorité de chacune des deux chambres. | Art. 18. Jedes Gesetz fordert freie Beratung und Zustimmung von Seiten der Mehrheit jeder der beiden Kammern. |
| Article 19. Les chambres ont la faculté de supplier le roi de proposer une loi sur quelque objet que ce soit, et d'indiquer ce qu'il leur paraît convenable que la loi contienne. | Art. 19. Die Kammern haben das Recht, den König zu bitten, über irgendeinen Gegenstand ein Gesetz vorzuschlagen, und anzugeben, was sie glauben, dass das Gesetz enthalten solle. |
| Article 20. Cette demande pourra être faite par chacune des deux chambres, mais après avoir été discutée en comité secret : elle ne sera envoyée à l'autre Chambre par celle qui l'aura proposée, qu'après un délai de dix jours. | Art. 20. Ein solcher Vorschlag kann von jeder der beiden Kammern gemacht werden; jedoch muss er im geheimen Ausschuss beraten werden. Er darf von der vorschlagenden Kammer erst nach einer Frist von 10 Tagen der andern Kammer zugefertigt werden. |
| Article 21. Si la proposition est adoptée par l'autre Chambre, elle sera mise sous les yeux du roi; si elle est rejetée, elle ne pourra être représentée dans la même session. | Art. 21. Wird der Vorschlag von der andern Kammer angenommen, so wird er dem König vorgelegt. Wird er verworfen, so kann er in der nämlichen Session nicht wiederholt werden. |
| Article 22. Le roi seul sanctionne et promulgue les lois. | Art. 22. Der König allein sanktioniert und promulgiert die Gesetze. |
| Article 23. La liste civile est fixée pour toute la durée du règne, par la première législature assemblée depuis l'avènement du roi. | Art. 23. Die Zivilliste wird durch die erste Legislatur nach der Thronbesteigung des Königs für die ganze Regierungsdauer festgesetzt. |

Quelle: http://www.verfassungen.eu/f/fverf14.htm (Übersetzung dort, hier mit Verbesserung offensichtlicher Fehler und angepasster Rechtschreibung)

Die Verfassung des Königreichs Frankreich von 1814 (*Charte constitutionelle*) berief sich auf die „göttliche Vorsehung" und gestand dem Monarchen besonders umfangreiche Kompetenzen in der Exekutive und Legislative zu. Für die Umsetzung der Gesetze und die Verwaltung war der König allein zuständig. In der Präambel, die stets die Absichten und Ziele der Gesetzgeber vorstellt, machte König Ludwig XVIII. deutlich, dass er die Monarchie als

Quelle aller Gesetze ansah, die Verfassung inbegriffen, die einseitig vom König erlassen und verkündet wurde. Im historischen Rückblick stellte sich Ludwig ausdrücklich in die Tradition der französischen Könige, die „absolut" regiert hatten, und verwies auf ihre legislative Kompetenz. Der Monarch betonte, die Verfassung freiwillig gewährt zu haben, allerdings unter Wahrung der „Rechte und Vorzüge unserer Krone". Immerhin versprach der Monarch für sich und seine Nachkommen, die Verfassung zu achten. In der Praxis der Verfassung genoss der König vor allem durch das Gesetzesinitiativrecht Vorrang, d.h. nur der König konnte Gesetzentwürfe zur Beratung und Beschluss in den Kammern einbringen. Den Abgeordneten blieb nur das Recht, den Monarchen um die Einbringung eines Gesetzentwurfes zu bitten.

### 3.3.2 Fragen und Anregungen

- Was versteht man unter „Monarchischem Prinzip"? In welchen Verfassungsbereichen macht es sich besonders geltend?
- Wie wirkten Monarch und Parlament laut Charte constitutionelle bei der Gesetzgebung zusammen?
- Welche Konsequenzen hat dieses Zusammenspiel für den Einfluss des Parlaments bzw. der Parteien?
- In der europäischen Verfassungsgeschichtsschreibung ist viel von Vorbildern und Rezeption die Rede. Finden Sie Beispiele für das 19. Jahrhundert.
- Wie reagierten die Bevölkerungen in Europa (Medienöffentlichkeiten) auf Verfassungsstiftungen? Welche Gruppen lassen sich als Unterstützer identifizieren? Welche Gruppen blieben sprachlos?

### 3.3.3 Lektüreempfehlungen

Quellen  Verfassungsurkunde für das Königreich Bayern (26.5.1818), in: E. R. Huber (Hg.), Dokumente zur deutschen Verfassungsgeschichte, Bd. 1, Stuttgart 3. Aufl. 1978, S. 155–171.
F. J. Stahl, Das monarchische Prinzip. Eine staatsrechtlich-politische Abhandlung, Berlin 1845.

O. Brunner, Vom Gottesgnadentum zum monarchischen Prinzip. Der Weg der europäischen Monarchie seit dem Hohen Mittelalter, in: ders., Neue Wege der Verfassungs- und Verwaltungsgeschichte, 2. Aufl. Göttingen 1968, S. 160–186 (*Einflussreiche Interpretation des Verfassungswandels in der longue duree*).

Forschung

W. Daum (Hg.), Handbuch der europäischen Verfassungsgeschichte im 19. Jahrhundert, Bd.1, Um 1800, Bonn 2006, und Bd. 2, 1815–1847, Bonn 2012 (*Grundlagenwerk und umfassende Darstellung der europäischen Verfassungsverhältnisse. Ausgangspukt ist ein „weiter" Verfassungsbegriff, in dem auch Strukturen der Verwaltung nicht nur auf der zentralen staatlichen Ebene und Formen der Verfassungskultur einbezogen werden*).

E. R. Huber, Deutsche Verfassungsgeschichte seit 1789, Bd. 1, Reform und Restauration 1789–1830, Stuttgart 1975 (*umfassende Darstellung mit wichtigen Dokumenten; ausführlichste Darstellung auch mit heute relativ selten betrachteten Themen wie dem Staatskirchenrecht*).

M. Kirsch, Monarch und Parlament im 19. Jahrhundert. Der monarchische Parlamentarismus als europäischer Verfassungstyp – Frankreich im Vergleich, Göttingen 1999 (*Verfassungsvergleich Frankreich, deutsche Staaten, Belgien*).

W. Reinhard, Geschichte der Staatsgewalt: eine vergleichende Verfassungsgeschichte Europas von den Anfängen bis zur Gegenwart, München 1999 (*europäische Geschichte des Staates und Geschichte der europäischen Staaten mit Schwerpunkt in der Neuzeit, ausführlich zum Verhältnis von Monarchie und Staatsgewalt. Standardwerk*).

# 4 Kompetenzen und Handlungsspielräume

**Abb. 2:** Konrad Siemenroth, Wilhelm I. und Bismarck im Gespräch (Aquarell, 1887).

Das Aquarell des Berliner Genre- und Historienmalers Konrad Siemenroth (1854–1916) zeigt Kaiser Wilhelm I. und Bismarck (rechts) im Eckzimmer des Königlichen Palais Unter den Linden in Berlin. Kaiser Wilhelm erschien regelmäßig am Fenster dieses Arbeitszimmers und sah bei der Wachablösung zu. Das Arbeitszimmer war für die zeitgenössische Öffentlichkeit leicht zu erkennen, in der Bildmitte sind eingerollte Landkarten sichtbar. Die Ausstattung des Zimmers ist üppig, folgt dem Zeitgeschmack, mit Kronleuchter, Bildern und einem Vorhang, wirkt allerdings nicht in abschreckender Weise prunkvoll. Der Reichskanzler Bismarck erscheint zum Vortrag beim Kaiser. Beide tragen preußische Uniformen, Bismarck auch einen Säbel. Bismarck hält eine Mappe in der Hand, es handelt sich um einen Arbeitsbesuch. Der Reichskanzler überragt dabei den Monarchen, dagegen lehnt Wilhelm in entspannter Haltung am Schreibtisch. Das Reich, so suggeriert die Darstellung, wird von diesen beiden alten Männern in vertrauensvoller Zusammenarbeit regiert.

Mit der Reichsgründung von 1870/71 erfüllte die preußische Monarchie eine Doppelfunktion: Der Titel „Deutscher Kaiser" wurde an das preußische Königtum gebunden; das Reich stellte den König als Kaiser in den Mittelpunkt. Bis 1890 amtierte Bismarck als Reichskanzler, der vom Kaiser ernannt wurde. Die überlieferte Anekdote, Wilhelm I. habe einmal gesagt, „Es ist nicht leicht, unter einem solchen Kanzler Kaiser zu sein", klang für den Liberalen Ludwig Bamberger glaubhaft, auch wenn das Herrschaftsverständnis der Hohenzollern eine solche Umkehrung der Hierarchie eigentlich nicht zuließ und Bismarck sich konsequent als „Untertan" seines Monarchen stilisierte (Bamberger 1899, S. 8; Odenwald-Varga 2009, S. 305).

## 4.1 „Bürokratische", „konstitutionelle" und „parlamentarische" Monarchie

*Typen der Monarchie*

Das vorherrschende Modell des europäischen Verfassungsstaats im 19. Jahrhundert bestand in der konstitutionellen Monarchie. In den süddeutschen Staaten schon seit der napoleonischen Zeit durchgesetzt, wurden Preußen und Österreich erst nach der Revolution von 1848/49 zu Verfassungsstaaten. Für die Jahrzehnte vor 1848 ist hier meist vom „bürokratischen Absolutismus" gesprochen worden, um die Bedeutung der Beamten herauszustellen. Nur für Großbritannien lässt sich im 19. Jahrhundert bereits von einer parlamentarischen Monarchie sprechen, jenem Verfassungstyp, der nach 1918 in den verbleibenden europäischen Monarchien vorherrschend wurde. Grundsätzlich sind in der konstitutionellen Monarchie die Machtbefugnisse des Monarchen definiert und damit eingeschränkt. Allerdings ergab sich für Befugnisse wie Einschränkung ein relativ großer Spielraum, der für jeden Staat genauer beschrieben werden muss. In jedem Fall spielt in einer konstitutionellen Monarchie der Monarch eine zentrale Rolle, sein politischer Einfluss bleibt groß. Von einer parlamentarischen Monarchie spricht man dagegen, wenn das Parlament und eine aus ihm hervorgehende Regierung politisch dominant sind. Ein Blick in die Verfassungstexte allein reicht meist nicht aus. Die Annäherung an die Verfassungswirklichkeit und ihre öffentliche Wahrnehmung erfordert vielmehr die Hinzuziehung anderer Quellentypen, die Einblick in die politische Praxis geben können: Regierungsakten, Erinnerungen von Politikern und Zeitungsartikel geben Auskunft über die Konflikte und das „Aushandeln" von Verfassungswandel (Holtz 2002; Bogdanor 1995; Kirsch 2007).

## 4.2 Der preußische Verfassungskonflikt 1859–1866

Nachdem auch Preußen in der Folge der Revolution von 1848/49 zum Verfassungsstaat geworden war, entwickelte sich hier am Ende der 1850er Jahre ein Konflikt, der für die konstitutionelle Monarchie charakteristisch ist. Auf der einen Seite behauptete der preußische König bedeutende Kompetenzen vor allem in der Außen- und Militärpolitik, denn schließlich beanspruchte der Monarch auch die persönliche Kommandogewalt über das Militär. Auf der anderen Seite verfügte das Preußische Abgeordnetenhaus wie andere zeitgenössische Parlamente über das Budgetrecht, bestimmte also in der für jede Politik zentralen Frage der Ausgabenpolitik und des Staatshaushaltes mit. Pointiert gesprochen konnte die monarchische Regierung die Richtung der Politik vorgeben, musste aber für die Finanzierung die Mitspracherechte des Parlaments in Kauf nehmen. Faktisch war damit Kompromissbereitschaft und Zusammenarbeit zwischen Monarchie und Parlament gefordert. Als in Italien 1859 ein Krieg zwischen dem Habsburger Reich und den verbündeten Sardinien-Piemont und französischem Kaiserreich ausbrach, der die nationale Einigung voranbringen sollte, bot das auch in Preußen für den neuen Monarchen König Wilhelm I. den Anlass, die eigene militärische Leistungskraft vor allem mit Blick auf die selbstbewusste Politik Napoleons III. in Frankreich zu prüfen. Das Projekt einer Heeresreform, welche die besonders vom Bürgertum sehr geschätzte Landwehr gegenüber dem Linienheer schwächen sollte, rief die Liberalen und Demokraten zur Opposition auf. Dabei ging es nicht um die Ablehnung einer Stärkung des preußischen Heeres an sich, die auch von vielen Liberalen im Zusammenhang einer nationalen Einigungspolitik begrüßt wurde. Eher standen der Weg zu einer solchen Stärkung und die Frage, welche Kräfte im Militär

Regierung und Parlament

davon profitieren würden, zur Debatte. In Preußen wurde das Linienheer eher mit einem konservativen und monarchietreuen adligen Offizierskorps assoziiert, während die Landwehr dem Modell einer Volksmiliz folgte (Jansen 2011, S. 141ff.).

*Militär und Verfassung*

Der preußische Heeres- und Verfassungskonflikt wurde auf Seiten des Königs von dem neuen Ministerpräsidenten Otto von Bismarck ausgetragen, der von 1862 bis zu seiner Entlassung als Reichskanzler 1890 zum bedeutendsten deutschen Politiker und nationalen Idol schlechthin aufstieg. Im Preußischen Abgeordnetenhaus positionierte sich der linke Liberalismus (die Fortschrittspartei) vor allem mit der Forderung, auf die Verlängerung des Wehrdienstes zu verzichten. Mit den Wahlen 1861 war eine deutliche Polarisierung feststellbar. Die Konservativen erlitten eine Niederlage, Liberale und Linksliberale verfügten über eine Mehrheit im Abgeordnetenhaus. Von nun an ging es um die Reichweite der „königlichen Prärogative" in Bezug auf den Militärhaushalt. Der „Heereskonflikt" weitete sich zum „Verfassungskonflikt", da sich selbst die Ministerverantwortlichkeit nicht durchsetzen ließ. Bismarck verfolgte als Ministerpräsident einen konsequenten Kurs der Verschärfung der politischen Gegensätze, der in der sog. „Lückentheorie" gipfelte, mit der er ein Ausgabenrecht der Krone für eine Phase ohne vom Parlament bewilligten Haushalt behauptete. Bis 1866 amtierte die preußische Regierung ohne ein vom Abgeordnetenhaus bewilligtes ordentliches Budget. Otto von Bismarck begründete damit seinen Ruf als kompromissloser Streiter für die Vormacht der Krone in Preußen. Das in den Einigungskriegen begründete Deutsche Kaiserreich von 1870/71 gestaltete sich damit als ein monarchisches Kanzlerreich (Steinberg 2011; Gall 1980; Raithel 2007).

## 4.3 Der „Cäsarismus" in Frankreich und das Deutsche Kaiserreich

*Plebiszit*

Beinahe zeitgleich mit dem monarchisch geprägten nachrevolutionären Preußen entstand auch in Frankreich ein politisches System, das den Monarchen mit großer Macht ausstattete. Napoleon III. festigte seine Herrschaft mittels Staatsstreich vom 2. Dezember 1851 und erhob den Anspruch, gemäß dem Willen des Volkes zu handeln. Sein Kaisertum wird als „Cäsarismus" charakterisiert: Der Monarch regiert im Wesentlichen selbst, die Verfassung macht die Minister ausschließlich vom Monarchen abhängig. Napoleon III. legitimierte seine Herrschaft durch ein allgemeines Männerwahlrecht, das vor allem im Plebiszit wirksam werden sollte. Man kann von einer signifikanten Schwächung des Parlaments zugunsten der direkten Beziehung zwischen Kaiser und „Nation" sprechen. Das Plebiszit war bestenfalls als Akklamation gedacht. Napoleon III. hat nach seiner Durchsetzung 1852 nur ein Plebiszit tatsächlich abgehalten. Insofern gehörte es eher zur symbolischen als zur praktischen Politik des napoleonischen Cäsarismus (Groh 2004; Sellin 2011, S. 116, 179 ff.).

Auch die Verfassung des Deutschen Kaiserreichs von 1871 stellte den Monarchen in den Mittelpunkt. Wegen der föderalen Ordnung war zu berücksichtigen, dass sich das Reich als Bundesstaat gründete, der Kaiser also als ein Fürst unter anderen als Präsidium agierte. Für die Verfassungspraxis lässt sich aber feststellen, dass – je länger das Kaiserreich bestand, und zumal unter einem so selbstbewussten und selbstbezogenen Monarchen wie Kaiser Wilhelm II. – das Kaisertum politisch und in der öffentlichen Wahrnehmung die nationale Monarchie verkörperte. Dazu hat das allgemeine Männerwahlrecht für den Reichstag, das dem Reich auch bei der Arbeiterschaft Legitimation verschaffte, mit Sicherheit beigetragen. Die übrigen deutschen Monarchien wurden zu regionalen Phänomenen und verloren mit dem Einflussgewinn einer „Reichsinnenpolitik" an Bedeutung.

*Zentralmonarchie*

Mit den Kompetenzen des Reichs vor allem in der Außen- und Militärpolitik waren die Rechte der Monarchie in Preußen von Beginn an untrennbar verbunden. Die Hegemonie Preußens stützte unter Bismarcks Kanzlerschaft die Positionierung des Reichs vor allem in der internationalen Politik. Als Reichskanzler und meist preußischer Ministerpräsident in Personalunion konnte Bismarck somit die monarchischen Regierungskompetenzen gegenüber dem Reichstag nutzen. Der Kaiser wiederum ernannte den Reichskanzler und die Regierungsmitglieder, leitete die Exekutive, bestimmte über das Militär und über den Kriegsfall. Schließlich blieb die Diplomatie in den Händen von Kaiser und Kanzler. Als erster Kaiser stieg Wilhelm I. neben seinem Reichskanzler und unterstützt durch sein hohes Lebensalter zunehmend zur personalen Verkörperung des Reiches auf (Spitzemberg 1960).

*Internationale Politik im Wilhelminismus*

Formale Kompetenzen und realer Handlungsspielraum blieben aber unterschiedliche Dinge. Kaiser Wilhelm II. versuchte zwar ein „monarchisches Regiment" und hielt sich besonders in der Außenpolitik nach 1900 für ungebunden. Der gescheiterte Vertrag von Björkö 1905, mit dem Wilhelm II. und Zar Nikolaus II. die zunehmenden Gegensätze zwischen ihren Ländern moderieren wollten, zeigt aber, dass der Einfluss der Monarchen immer begrenzter wurde. Selbst die verwandtschaftliche Verbundenheit der europäischen Monarchen konnte daran nichts ändern. Sowohl der deutsche Reichskanzler von Bülow als auch die russische Regierung lehnten den Vertrag ab. Eine politische Annäherung der beiden Reiche kam vor dem Ersten Weltkrieg nicht mehr zustande (Paulmann 1999; McLean 2001; McLean 2003). Dennoch stellt sich die Frage, wie bedeutsam das „monarchische Regiment" Kaiser Wilhelms II. für die deutsche Politik war. Die öffentlichen Reden Wilhelms II., etwa die sog. „Hunnenrede" 1900 oder die Daily Telegraph-Affäre, wurden im Reichstag und in der publizistischen Öffentlichkeit im Kontext der Überschreitung der Kompetenzen des Monarchen verhandelt, vor allem mit Blick auf die negativen Schlagzeilen im Ausland. Einerseits lassen sich solche öffentlichen Stellungnahmen als „Politik" begreifen, die sehr wohl Wirkung zeigte. Auf der anderen Seite aber gaben letztlich der Reichskanzler und der Reichstag, orientiert an der Öffentlichkeit und dem Militär, den Ausschlag für die Bündnispolitik des Kaiserreiches, die in den Ersten Weltkrieg führte.

## 4.4 Großbritannien im viktorianischen Zeitalter

*Parlamentarische Monarchie in der Praxis*

Im Vergleich mit den konstitutionellen Monarchien des Kontinents bildet Großbritannien im 19. Jahrhundert einen Sonderfall. Schon in den 1830er Jahren wurde es für den Monarchen unmöglich, einen Premierminister zu ernennen, der nicht das Vertrauen der Unterhausmehrheit besaß. Trotz dieser vom Vorrang des Parlaments geprägten Verfassungswirklichkeit wäre es aber verfehlt anzunehmen, dass die Monarchie nur noch repräsentative Funktionen ausgefüllt hätte. Die politischen Kompetenzen und Einflussmöglichkeiten Königin Victorias waren zwar begrenzt; so hatte sie etwa keine Möglichkeit, den von ihr wenig geschätzten liberalen Premierminister William Gladstone loszuwerden. Umgekehrt bemühten sich aber die Parteien, bei der Regierungsbildung auf die Vorlieben und Abneigungen der Königin Rücksicht zu nehmen. Die energische Persönlichkeit und das Herrschaftsverständnis der Queen ließen Neutralität und Überparteilichkeit im modernen Sinn kaum erwarten. Victoria mischte sich ein, und die Politiker mussten damit zurechtkommen. Nicht jedem gelang das so gut wie Benjamin Disraeli, der sehr genau wusste, welche Form der Höflichkeit und Bewunderung bis hin zur Schmeichelei bei der Monarchin ankam. In einem Parlament, in dem sich im Wesentlichen zwei Parteien gegenüberstanden, konnte die Monarchin einzelne Politiker der einen wie der anderen Seite unterstützen, nach Situation verschieden und meist unvorhersehbar. Ihr Einfluss beruhte dabei nicht auf einer schlichten Folge von Befehl und Gehorsam, sondern folgte eher einer Vorstellung von „teile und herrsche" (Bogdanor 1995; Kuhn 1996; Sellin 2011, Fulford 1964).

Ein besonders geeignetes Beispiel für den politischen Einfluss der Monarchin bietet die Personalpolitik, die die anglikanische Kirche betraf. Die Queen war wie jeder britische Monarch bis in die Gegenwart das nominelle Oberhaupt der „Church of England" und jederzeit bereit, ihre Bevorzugung bestimmter theologischer Richtungen bei der Auswahl neuer Bischöfe zur Geltung zu bringen. Victoria machte sich auch das gesellschaftliche Prestigestreben der Eliten zunutze. Die Erhebung in den Adelsstand galt in der britischen Klassengesellschaft als höchst erstrebenswert, eine Peerswürde als Gipfel aller Aufstiegsträume. Solange „große Politik" und höfische Gesellschaft eng verbunden blieben, besaß der britische Monarch einen zwar nur schwer genau zu definierenden, aber insgesamt nicht zu bestreitenden politischen Einfluss. Es wäre jedenfalls nicht angebracht, von der britischen Verfassungswirklichkeit des 21. Jahrhunderts auf die Regierungszeit Victorias zu schließen (Bentley 2007).

## 4.5 Quellen und Vertiefung

### 4.5.1 Der preußische Verfassungskonflikt

**Schreiben des Preußischen Staatsministeriums an das Präsidium des Abgeordnetenhauses vom 11. Mai 1863**

In der heutigen Sitzung hat der mitunterzeichnete Kriegs-Minister sich genöthigt gesehen, persönlich verletzende Äußerungen einzelner Mitglieder des Hauses der Abgeordneten, nachdem dieselben von dem Präsidenten nicht gerügt worden waren, seinerseits zurückzuweisen.

Er ist dabei vom Präsidentenstuhl aus unterbrochen worden; seine Bitte, ihn nicht zu unterbrechen, und seine Berufung auf das verfassungsmäßige Recht der Minister haben kein Gehör gefunden; es ist ihm sogar vom Präsidentenstuhle aus Schweigen geboten worden.[1]

Die Sitzung wurde demnächst vertagt.

Das Staats-Ministerium glaubt, dieses Verfahren des Präsidiums seiner prinzipiellen Bedeutung wegen zum Gegenstande einer Erörterung machen zu sollen.

Nach Art. 60 der Verfassungs-Urkunde müssen die Minister auf ihr Verlangen zu jeder Zeit gehört werden, jede Kammer kann die Gegenwart der Minister verlangen.

Nach den Art. 78 und 84 regelt jede Kammer ihren Geschäftsgang und ihre Disciplin durch eine Geschäfts-ordnung, und können die Mitglieder der Kammer für ihre ausgesprochenen Meinungen nur innerhalb der Kammer auf Grund der Geschäfts-Ordnung zur Rechenschaft gezogen werden.

Diese Bestimmungen der Verfassungs-Urkunde – und sie sind die einzig maßgebenden – unterwerfen nur die Häuser des Landtages der durch ihre Geschäfts-ordnung geregelten Disciplin, stellen die strenge Handhabung derselben aber auch in Aussicht, indem sie im Hinblick auf diese die Anwendung der allgemeinen Strafgesetze auf etwaige ungesetzliche Äußerungen der Abgeordneten ausschließen. Den Ministern steht das gleiche Privilegium nicht zur Seite; dagegen sind sie auch der Disciplin des Hauses durch keine Bestimmung unterworfen.

Mit diesen verfassungsmäßig festgestellten Grundsätzen steht das heute vom Präsidentenstuhle aus beobachtete Verfahren im Widerspruch. Das Präsidium hat, unter Berufung auf die ihm angeblich zustehenden Disciplinarbefugnisse, einen Minister unterbrochen und ihm Schweigen auferlegt.

Wenn der Art. 60 der Verfassung den Kammern das Recht beilegt, die Gegenwart der Minister zu verlangen, so ist das Correlat der daraus sich ergebenden Verpflichtung der Minister deren Anspruch auf Gewährung

---

[1] Nämlich durch den Vizepräsidenten v. Bockum-Dolffs.

des ihnen zustehenden Rechts, zu jeder Zeit gehört zu werden. Dieses Recht wird aber illusorisch gemacht, wenn das Präsidium die Befugniß in Anspruch nimmt, nach eigenem Ermessen den Umfang und das Maß der Redefreiheit der Minister zu beschränken.

So lange dieser dem heutigen Verfahren des Präsidiums zu Grunde liegende Anspruch aufrecht erhalten wird, glaubt das Staats-Ministerium der ihm nur unter der Voraussetzung der vollen Gewährung seiner Rechte auferlegten Verpflichtung, in den Kammern auf Verlangen gegenwärtig zu sein, ohne Preisgebung der den Räthen der Krone verfassungsmäßig gebührenden Stellung nicht nachkommen zu können. Das Staats-Ministerium muß sich vielmehr der Theilnahme an den Berathungen des Abgeordnetenhauses so lange enthalten, bis ihm durch das Präsidium die hierdurch erbetene Erklärung zugeht, daß eine Wiederholung des heutigen, der gesetzlichen Begründung entbehrenden Verfahrens gegen ein Mitglied des Staats-Ministeriums nicht in Aussicht steht.

v. Bismarck. v. Bodelschwingh. v. Roon
(Graf) Itzenplitz. v. Mühler. Graf zur Lippe
v. Selchow. Graf zu Eulenburg.

in: Verhandlungen des preußischen Abgeordnetenhauses 1863, Bd. 2, S. 1207.

**Erklärung des Abgeordnetenhauses vom 15. Mai 1863**

Das Haus der Abgeordneten erklärt:
1) daß der Präsident vermöge des ihm allein zustehenden Rechts, die Verhandlungen zu leiten und die Ordnung im Hause aufrecht zu erhalten – Art. 78 der Verfassungs-Urkunde, § 11 der Geschäfts-Ordnung – jeden Redner – auch die Minister und deren Vertreter – unterbrechen kann;
2) daß durch eine solche Unterbrechung das verfassungsmäßige Recht der Minister, zu jeder Zeit gehört zu werden, nicht beeinträchtigt wird;
3) daß es hingegen verfassungswidrig ist, wenn die Minister ihre Gegenwart im Hause willkürlich von Vorbedingungen abhängig machen;
4) daß sich demnach das Haus nicht veranlaßt findet, auf das in dem Schreiben des Königlichen Staats-Ministeriums vom 11 d. Mts. ausgesprochene Verlangen einzugehen[2].

in: Verhandlungen des preußischen Abgeordnetenhauses 1863, Bd. 2, S. 1235.

---

[2] Die Erklärung wurde beschlossen mit 295 Stimmen der Altliberalen, des linken Zentrums und der Fortschrittspartei gegen 20 Stimmen der Konservativen und der katholischen Fraktion. (Zusatz des Herausgebers)

Beide Quellen abgedr. in: E. R. Huber Hg., Dokumente zur deutschen Verfassungsgeschichte Bd. 2, Stuttgart ³1986, S. 65 f.

### 4.5.2 Fragen und Anregungen

- Im preußischen Verfassungskonflikt standen sich unterschiedliche Vorstellungen von der politischen Rolle des Parlaments gegenüber, die wiederum in der Frage nach den Kompetenzen der Monarchie wurzelten. Beschreiben und analysieren Sie die zentralen Unterschiede.
- Der Handlungsspielraum der Monarchen im 19. Jahrhundert hing von den sich wandelnden Verfassungsbedingungen ab. Reformen der Verfassung standen dabei in vielen Staaten häufig auf der Agenda. Vergleichen Sie verschiedene Staaten mit konstitutionellen Monarchien und sehen Sie dabei auf die Kompetenzverteilung zwischen Monarch, Regierung und Parlament. Als Beispiele eignen sich die süddeutschen Staaten, Preußen und Österreich.
- Großbritannien bildet als parlamentarische Monarchie ohne geschriebene Verfassung einen Sonderfall. Hier wurden die Richtlinien der Politik vom Premierminister bestimmt, der wiederum den Rückhalt einer Parlamentsmehrheit benötigte. Betrachten Sie unter diesem Aspekt das politische Verhalten der Monarchin.
- Die Handlungsspielräume des Monarchen lassen sich visuell nur bedingt darstellen. Im Herrscherporträt werden aber die Ansprüche der Monarchen dargestellt. Herrschaftsabzeichen wie Krone und Schwert, Kleidung und Haltung, Kulisse und Hintergrund geben Aufschlüsse. Vergleichen Sie das berühmte Porträt König Ludwigs XIV. von Frankreich des Malers Hyacinthe Rigaud (1701) mit Herrscherporträts des 19. Jahrhunderts und suchen Sie nach Gemeinsamkeiten und Unterschieden. Wählen Sie auch Herrscherdarstellungen aus, die den Monarchen mit anderen Personen (Fürsten, Minister, Bevölkerung) zeigen.

## 4.5.3 Lektüreempfehlungen

Quellen

W. Bagehot, The English Constitution, Cambridge 1867 (*klassisches Werk zum britischen Verfassungsverständnis im 19. Jahrhundert mit Einfluss bis in die Gegenwart. Allerdings war der Autor Journalist und kein Verfassungsjurist*).

Briefe Wilhelms II. an den Zaren 1894–1914, hg. v. W. Goetz, Berlin 1920 (*Quellen zum deutsch-russischen Verhältnis auf der Ebene der eng verwandten Monarchen*).

J. Schlumbohm (Hg.), Der Verfassungskonflikt in Preußen 1862–1866, Göttingen 1970.

Forschung

V. Bogdanor, The Monarchy and the Constitution, Oxford 1995 (*Standardwerk von einem der führenden Verfassungsexperten in Großbritannien*).

H. Boldt, Art. Monarchie V-VI, in: Geschichtliche Grundbegriffe Bd. 4, Stuttgart 1978, S. 189–214 (*Darstellung der Semantik der Monarchie in der Neuzeit bis ins 19. Jahrhundert*).

C. Clark, Wilhelm II. Die Herrschaft des letzten deutschen Kaisers, München 2008 (*Interpretation des Verfassers des wichtigsten Werkes zur Geschichte Preußens in den letzten beiden Jahrzehnten*).

H. Gollwitzer, Ludwig I. von Bayern. Königtum im Vormärz, München 1986 (*Beispiel eines konstitutionellen Monarchen mit dezidiert politischem Gestaltungswillen*).

H.-C. Kraus, Monarchischer Konstitutionalismus. Zu einer neuen Deutung der deutschen und europäischen Verfassungsentwicklung im 19. Jahrhundert, in: Der Staat 43.2004, S. 595–620 (*europäisch-vergleichende Perspektive auf die konstitutionelle Monarchie als Verfassungstyp*).

# 5 Monarchie und Revolution

**Abb. 3:** Gustav Kühn, Sr. Majestät Friedrich Wilhelm IV. König v. Preußen, verkündet in den Straßen seiner Hauptstadt die Einheit der deutschen Nation (kolorierte Zeichnung, 1848).

Die Revolution 1848/49 war eine „Kommunikationsrevolution". Mit ihrem Ausbruch verschwand die Pressezensur, und eine Vielzahl von unterschiedlichen Publikationen meldete Wissen und Meinungen über den Fortgang der revolutionären Ereignisse. Die Revolution verbreitete sich nicht nur über schriftliche Mitteilungen in Zeitungen und Flugblättern, sondern auch in Bildern, die sich besonders an die Analphabeten in der Bevölkerung richteten. Die Gattung des kolorierten Einblattdrucks, des „Bilderbogens", wurde sehr populär, weil sich die Öffentlichkeit für einen visuellen Eindruck der Schlüsselmomente der Revolutionsereignisse interessierte. Der „Neuruppiner Bilderbogen" des Kupferstechers Gustav Kühn gehörte zu den bekanntesten Unternehmungen. Die Serie „Europäische Freiheitskämpfe" 1848 zeigt im fünften Bild den Umritt des preußischen Königs Friedrich Wilhelms IV. auf den Straßen Berlins am 21. März 1848. Als Reaktion auf die Barrikadenkämpfe vom 18./19. März hatte der Monarch politische Zugeständnisse machen müssen, vor allem die Einberufung einer preußischen Nationalversammlung. Sein Bekenntnis zur deutschen Nation fiel am Ende anders aus, als die Revolutionäre es erwartet hatten. Der König (in der Bildmitte, von den Offizieren kaum zu unterscheiden) trägt eine schwarz-rot-goldene Armbinde. Im Original überwiegen farblich die nationalen Fahnenfarben. Das Volk, die Männer vor allem mit dem bürgerlichen Zylinder, jubelt dem König zu. Die Darstellung bezieht den Monarchen und seine Offiziere bildlich in die Revolution ein.

## 5.1 Revolution als Bedrohung der Monarchie

Sowohl in der Amerikanischen Revolution seit 1776 als auch in der Französischen Revolution von 1789 ging es auch um eine neue Verfassungsordnung. Die Monarchie wurde von der Republik abgelöst. Für das 19. Jahrhundert stand damit endgültig eine grundlegende Alternative zur monarchischen Regierungsform bereit. Für die europäischen Monarchien hieß das: Die Revolution war grundsätzlich eine Gefahr für die Monarchie, sie wurde nicht nur selbstverständlich abgelehnt, sondern auch als herrschafts- wie lebensgefährdend gefürchtet. Damit waren aber der Charakter der Abwehr und die Eigenschaften der „Gegenrevolution" zwischen politischer Anpassung und Einsatz von Gewalt nicht automatisch festgelegt.

*Thronwechsel*     In der Revolution von 1830 wechselte in Frankreich die Krone zum Haus Orléans und damit zu einer Nebenlinie der Bourbonen. Die Verfassung von 1815 (*Charte constitutionelle*) wurde in wichtigen Punkten verändert, so dass dem Parlament mehr Rechte zukamen. Auch in Deutschland zeigten die Ereignisse in Frankreich Wirkung: Im Herzogtum Braunschweig musste Herzog Karl II. abdanken und wurde durch seinen Bruder Wilhelm ersetzt. Obwohl sich die Unruhen auch auf Sachsen und Hannover ausweiteten und neue Verfassungen erlassen wurden, blieb der große Sturm in den deutschen Staaten dennoch aus. Allerdings versuchte die polnische Nationalbewegung einen Aufstand gegen die Herrschaft des russischen Imperiums, der aber niedergeschlagen wurde. Im Westen Europas wurde eine neue konstitutionelle Monarchie mit einer liberalen Verfassung gegründet: Nach der Abspaltung vom Königreich der Niederlande wurde Belgien unabhängig. Den

Thron bestieg mit König Leopold I. ein Mitglied der Familie Sachsen-Coburg, die in zahlreiche europäische Monarchien einheiratete (Langewiesche 2013; Sellin 2011; Sellin 2014).

## 5.2 Revolutionen in Europa

In der Revolution von 1848/49, die zahlreiche Staaten auf dem Kontinent erfasste, konnten sich die Monarchien im Wesentlichen behaupten, auch wenn der Verfassungswandel auf längere Sicht unübersehbar war. Preußen und das Habsburger Reich wurden in der zweiten Hälfte des 19. Jahrhunderts Verfassungsstaaten. Dagegen gab es 1917 in Russland und 1918 in denjenigen Staaten, die den Ersten Weltkrieg verloren hatten, keine Rettung für die Monarchie. Eine lineare Entwicklung lässt sich aber nicht erkennen: Die Monarchie erlebte nach 1848 in Deutschland und Italien im Zuge der nationalen Einigung eine neue Blüte. 1917/18 wurde zur größten Zäsur der europäischen Monarchiegeschichte in der Moderne. Nur die Monarchien in Nord- und Westeuropa gingen als parlamentarische Monarchien stabilisiert ins 20. Jahrhundert (Werner 2010; Mehrkens 2008; Gollwitzer 1986).

*Blütezeit der Monarchie und revolutionäres Ende*

Nach dem Auftakt der Revolution in Italien rief die französische Februarrevolution von 1848 Erinnerungen an 1789 und an 1830 wach. Definiert man „Revolution" als fundamentalen politischen Systemwechsel, so trifft der Begriff für Frankreich auf den ersten Blick zu. Die Julimonarchie, das „Bürgerkönigtum" Louis Philippes mit seinem Partizipationsmonopol für eine sehr kleine wohlhabende Elite ging nicht zuletzt im gewalthaften Widerstand der Pariser Kleinbürger und Unterschichten unter. Die revolutionäre Erregung breitete sich auf dem Kontinent schnell nach Osten aus. Besonders die größeren deutschen Staaten von Preußen über Bayern, Baden, Sachsen und Württemberg wurden ergriffen. Auch das Habsburgerreich wies mit Wien, Prag und Budapest zentrale Schauplätze auf. Zwei wichtige Ausnahmen sind klar erkennbar: In Großbritannien blieb es trotz vorangegangener Proteste und einer großen Wahlrechtsbewegung 1848 ruhig und auch in Russland fand keine Revolution statt. Hier fehlte schon die soziale Basis für die politische Bewegung (Botzenhart 1998).

*Revolutionen 1848/49*

## 5.2.1 Revolution in den deutschen Staaten 1848/49

Monarchie und Märzforderungen

In den deutschen Staaten fand die Revolution in den Märztagen 1848 eine breite Anhängerschaft vor allem in den bürgerlichen und unterbürgerlichen Schichten in Stadt und Land. In Berlin bauten Handwerksgesellen, Tagelöhner und Studenten Barrikaden und in Schlesien erhoben sich Bauern und ländliche Unterschichten gegen ein immer noch feudales Besitz- und Abgabensystem. Von Beginn an stellten die bürgerlichen Führungsgruppen der Revolution, Bildungs- wie Besitzbürger, ihre Ziele heraus: Einerseits ging es um politische Mitsprache in Parlamenten, andererseits um den deutschen Nationalstaat, mit anderen Worten: um Freiheit und Einheit. Beides ließ sich durchaus mit der Monarchie in Einklang bringen, und in den süd- und mitteldeutschen Verfassungsstaaten war das in der ersten Hälfte des 19. Jahrhunderts bereits politische Praxis geworden. Damit stand weniger die Monarchie als Staatsform an sich zur Debatte, sondern die Ausgestaltung einer liberalen oder demokratischen Verfassung für ein geeintes Deutschland. Republikaner im eigentlichen Sinn blieben in der deutschen Revolution 1848/49 in der Minderheit (Siemann 1985). Für die deutschen Staaten insgesamt wurde mit Blick auf den Wunsch nach nationaler Einheit die preußische Monarchie zentral. Preußen war bei weitem der größte deutsche Staat und spielte daher auch bei der grundlegenden Frage nach groß- oder kleindeutscher Einigungsperspektive (unter Einschluss oder ohne Österreich) eine Schlüsselrolle. Bereits der gewalthafte Auftakt der Revolution mit Barrikadenkämpfen in Berlin hatte eine Perspektive für die zumindest temporäre Koexistenz von Monarchie und Revolution eröffnet: König Friedrich Wilhelm IV. hatte sich vor den im Barrikadenkampf getöteten Revolutionsanhängern verneigt, als der Beerdigungszug am Berliner Schloss vorbeizog. Dies symbolisierte Ehrung und Anerkennung, jedenfalls keinen unversöhnlichen Antagonismus. Nach kurzer Zeit schienen die Ziele der Revolution zumindest teilweise verwirklicht: In Berlin konstituierte sich die preußische Nationalversammlung und Preußen wurde auf Dauer Verfassungsstaat. In Frankfurt am Main trat die deutsche verfassungsgebende Nationalversammlung („Paulskirche") zusammen, um an einer Verfassung für die deutsche Nation zu arbeiten (Kroll 1990; Blasius 1992; Hachtmann 1998).

Die Eintracht zwischen den revolutionären Parlamenten und dem preußischen König blieb allerdings vordergründig. Das Paulskirchenparlament entwarf eine Nationalverfassung, in der der preußische Monarch die Kaiserkrone tragen sollte. Friedrich Wilhelm IV. wiederum erklärte gegenüber seinem vertrauten Ratgeber Christian Karl Josias von Bunsen, dass eine Krone, die ihm von einem gewählten Parlament und damit vom Volk angetragen würde, für ihn gewiss nicht infrage käme. Der preußische König empfand sich als Monarch „von Gottes Gnaden", eine Kaiserkrone aus der Paulskirche verstand er als Ausdruck der Volkssouveränität. Mit der Ablehnung der Kaiserkrone durch Friedrich Wilhelm IV. geriet die Revolution in die letzte Phase der existentiellen Krise.

*Ablehnung der Kaiserkrone*

Das Erstarken der Monarchie als politischer Faktor seit dem Herbst 1848 war auch darauf zurückzuführen, dass sich mit dem Militär und der staatlichen Verwaltung zwei zentrale Machtbereiche praktisch unverändert auf ihrer Seite befanden. Hinzu kam, dass sich ein Teil des zu Anfang revolutionsbegeisterten Bürgertums aus Sorge vor einer sozialen Revolution den alten Mächten stetig annäherte. Dennoch spielte am Ende der Revolution auch militärische Gewalt eine Rolle: In Wien und in Baden machte der Einsatz des Militärs der Revolution ein Ende. Vielen Liberalen, Demokraten und Republikanern blieb nur die Emigration (Botzenhart 1998).

*Deutsche Nationalversammlung 1848/49*

## 5.2.2 Revolution und Erster Weltkrieg

Während sich 1848 ein Zeitfenster von mehreren Monaten aufgetan hatte, das der Mehrzahl der europäischen Monarchien eine Anpassung an die gemäßigten Forderungen der Revolution erlaubte, war dies in Russland 1917 und in der deutschen Revolution von 1918/19 nicht der Fall. Die Katastrophe des Ersten Weltkrieges betraf Menschen in beinahe sämtlichen europäischen Staaten und hatte auch zahlreiche Schauplätze außerhalb Europas. Für das Deutsche Reich, Österreich-Ungarn und ihre Verbündeten war die militärische Lage im Herbst 1918 aussichtslos. Der Krieg war verloren, die Versorgung der Bevölkerung mit Lebensmitteln weiterhin schwierig. Die Machtübernahme durch die Arbeiter- und Soldatenräte und die Ausrufung der Republik für das

*Ende der Monarchie 1918*

Deutsche Reich waren unmittelbar verbunden, um nicht bloß den politischen Wandel, sondern den totalen Bruch mit der herrschenden Ordnung deutlich zu machen. Dabei spielte es keine Rolle mehr, dass spätestens seit 1917 weniger der Deutsche Kaiser Wilhelm II. und die Zivilregierung als vielmehr die Oberste Heeresleitung unter Hindenburg und Ludendorff die Macht bis hin zur Militärdiktatur ausübten. Die Monarchie stand im Deutschen Reich wie in Österreich für das alte System, den Obrigkeitsstaat, der in die Katastrophe geführt hatte. Im Vielvölkerstaat Österreich-Ungarn kam hinzu, dass die Beseitigung der Monarchie als Integrationssymbol die Voraussetzung für die Gründung neuer Nationalstaaten darstellte. Dass nicht mehr der durch Jahrzehnte gewöhnte Kaiser Franz Joseph I., sondern sein junger Neffe Karl seit 1916 auf dem Thron saß, der als Person noch kein ehrwürdiges Symbol sein konnte, erleichterte den Bruch. Insofern baute die territoriale Neuordnung in Ost- und Südostmitteleuropa auf dem Ende des Kaisertums auf (Neuhaus 1991; Röhl 2008).

**Parlamentarisierung**

Die Forschungsliteratur beschäftigt sich mit der Abschaffung der Monarchie und den entthronten Monarchien vergleichsweise wenig. Für Russland liegt der Blick auf den Bolschewisten, die in dem riesigen Agrarland von St. Petersburg aus einen kommunistischen Staat aufbauten. Für das Deutsche Reich interessiert eher das Verhältnis zwischen dem revolutionären Rätesystem und den im 19. Jahrhundert entstandenen politischen Parteien, namentlich der SPD, dem Zentrum und den Liberalen, welche die Revolution in eine stabile parlamentarische Ordnung überführen wollten. Einerseits kann für das undramatische und schnelle Ende der deutschen Monarchien eine schon im Kaiserreich bestehende Distanz zwischen dem dynastischen Adel und weiten Teilen der Bevölkerung verantwortlich gemacht werden. Die Anhänger der SPD und der liberalen Parteien, die eine vollständige Parlamentarisierung des politischen Systems forderten, aber auch Katholiken, Mitglieder der Frauenbewegung oder Vertreter der künstlerischen Avantgarde konnten mit kaiserlichem Herrschaftsanspruch und kostspieligem Pomp wenig anfangen oder lehnten die Monarchie deutlich ab. In Preußen hat die lange verweigerte Abschaffung des Dreiklassenwahlrechts, das eine gleiche Repräsentation der Wählerstimmen im Wesentlichen zugunsten der Konservativen im Preußischen Abgeordnetenhaus verhinderte, die Legitimität der Monarchie untergraben. In der fundamentalen Enttäuschung über die Kriegsniederlage und der elementaren Notsituation 1918 fanden auch diejenigen, denen das monarchische Spektakel nicht zuwider gewesen war, keine Gründe für eine Beibehaltung. Unter dem Eindruck der sog. „Dritten Wilsonnote", in der der US-Präsident Woodrow Wilson am 23. Oktober 1918 umfassende Regierungsreformen und die Entmachtung des Monarchen gefordert hatte, verbreitete sich auch im konservativen Lager die Ansicht, der Kaiser müsse abdanken. Konkret erhoffte man sich davon und von der Abschaffung der Monarchie zumindest eine Annäherung an einen „Wilsonfrieden" – gegen die erwartbar härteren Friedensbedingungen, die vor allem Frankreich forderte. Die Dynamik der letzten Oktobertage bis zur Novemberrevolution schuf Tatsachen und war unumkehrbar.

Am 7. November stürzte der erste deutsche Thron in Bayern, am 9. November rief der SPD-Politiker Philipp Scheidemann von einem Fenster des Berliner Reichstages die deutsche Republik aus. Die Notlage des besiegten Deutschen Reiches ließ auch keine Möglichkeit für ein Überleben der einzelstaatlichen Monarchien, zumal mit Preußen der wichtigste Resonanzraum praktisch ausfiel. In der Revolution 1918 fand sich jedenfalls weder politisch noch militärisch ein „weißes" Lager zusammen, das die Monarchie verteidigt hätte. Die staatliche Kontinuität des Reiches wurde von nun an ohne monarchisches Oberhaupt für konservative wie gemäßigt revolutionäre Gruppen zum vorrangigen politischen Ziel (Machtan 2008). In der Kriegsniederlage von 1918 blieben die deutschen Landesmonarchien an das Kaisertum gebunden. Die Abdankung schien schnell unausweichlich, obwohl sich die gesellschaftliche Rolle der deutschen Monarchien auch noch über die Revolution hinaus nicht überall als marginal erwies. Die Mehrzahl der deutschen Monarchen verlebte in den 1920er Jahren einen „Ruhestand" als Privatleute auf ländlichen Schlössern ihrer ehemaligen Staaten (Weiß 2007).

*Deutsche Regionalmonarchien*

## 5.3 Quellen und Vertiefung

### 5.3.1 König Friedrich Wilhelm IV. von Preußen an Christian Karl Josias v. Bunsen über die Ablehnung der Kaiserkrone

Brief König Friedrich Wilhelms IV. an den Gesandten Freiherrn von Bunsen vom Dezember 1848, Auszug in: Ernst Rudolf Huber Hg., Dokumente zur deutschen Verfassungsgeschichte, Bd. 1, Stuttgart ³1978, S. 402–403

[...] Ich will weder der Fürsten Zustimmung zu *der* Wahl, noch *die* Krone. Verstehen Sie die markierten Worte? Ich will Ihnen das Licht darüber so kurz und hell als möglich schaffen. Die Krone ist erstlich keine Krone. Die Krone, die ein Hohenzoller nehmen dürfte, *wenn* die Umstände es möglich machen *könnten*, ist keine, die eine, wenn auch mit fürstlicher Zustimmung eingesetzte, aber in die revolutionäre Saat geschossene Versammlung *macht*, (...) sondern eine, die den Stempel Gottes trägt, die den, dem sie aufgesetzt wird, nach der heiligen Ölung „von Gottes Gnaden" macht, weil und wie sie mehr denn 34 Fürsten zu Königen der Deutschen von Gottes Gnaden gemacht und den letzten immer der alten Reihe gesellt. Die Krone, die die Ottonen, die Hohenstaufen, die Habsburger getragen, kann natürlich ein Hohenzoller tragen; sie ehrt ihn überschwenglich mit tausendjährigem Glanze. *Die* aber, die Sie – leider – meinen, verunehrt überschwenglich mit ihrem Ludergeruch der Revolution von 1848, der albernsten, dümmsten, schlechtesten, wenn auch gottlob nicht bösesten dieses Jahrhunderts. Einen solchen imaginären Reif, aus Dreck und Letten gebacken, soll ein legitimer König von Gottes Gnaden und nun gar der König von Preußen sich geben lassen, der den Segen hat, wenn auch nicht die älteste, doch die edelste Krone, die niemand gestohlen worden ist, zu tragen (...). Ich sage es Ihnen rund heraus: Soll die tausendjährige Krone deutscher Nation, die 42 Jahre geruht hat, wieder einmal vergeben werden, so bin *ich* es und meinesgleichen, die sie vergeben werden; und wehe dem, der sich anmaßt, was ihm nicht zukommt!

(in: Leopold v. Ranke: Aus dem Briefwechsel Friedrich Wilhelms IV. mit Bunsen, Leipzig 1873, S. 235)

## 5.3.2 Dritte Note des Präsidenten Wilson an den Reichskanzler Prinz Max von Baden

**vom 23. Oktober 1918 (Auszug)**

Staatsdepartement, 23. Oktober 1918

Mein Herr! Unter Berücksichtigung der von Ihnen übermittelten Note der deutschen Regierung vom 20. Oktober beehre ich mich, Sie zu benachrichtigen, daß der Herr Präsident mich beauftragt hat, folgendes darauf zu antworten:

Nachdem der Präsident der Vereinigten Staaten die feierliche und deutliche Erklärung der deutschen Regierung erhalten hat, daß sie rückhaltlos die Vorbedingungen für den Frieden, welche er in seiner Botschaft vom 8. Januar 1918 an den Kongreß der Vereinigten Staaten niedergelegt hat, sowie die Grundsätze einer Friedensregelung, welche in seinen folgenden Botschaften und namentlich in der vom 27. September verkündet wurden, annimmt, und daß sie wünscht, über die einzuleitenden Schritte und deren Anwendungen Besprechungen zu eröffnen, und daß dieser Wunsch und dieses Ziel nicht seitens derjenigen ausgesprochen wurde, die bisher Deutschlands Politik diktierten und im Namen Deutschlands den gegenwärtigen Krieg führten, sondern seitens eines Ministeriums, das für die Mehrheit des Reichstages und für eine überwältigende Mehrheit des deutschen Volkes spricht, und nachdem weiter der Präsident gleichfalls das weitere Versprechen der deutschen Regierung erhalten hat, daß die Gesetze der Menschlichkeit und der zivilisierten Welt sowohl zu Wasser wie zu Lande durch die deutschen Streitkräfte werden beachtet werden, empfindet der Präsident, daß er sich nicht mehr weigern könne, den Regierungen, mit denen die Vereinigten Staaten verbündet sind, mit der Frage eines Waffenstillstands näherzutreten.
(...)
Der Präsident fühlt, daß er nicht aufrichtig wäre, wenn er nicht, und zwar in möglichst klarer Form betonen würde, warum außerordentliche Sicherungen verlangt werden müssen. So bedeutungsvoll und wichtig die Verfassungsänderungen zu sein scheinen, von denen der deutsche Staatssekretär des Äußern in seiner Note vom 20. Oktober spricht, so geht daraus doch nicht hervor, daß die Grundsätze einer dem deutschen Volke verantwortlichen Regierung jetzt bereits vollständig angenommen sind, oder daß eine Bürgschaft besteht oder erwogen wird, damit die Systemänderung und die Durchführung der Maßregeln, über die jetzt teilweise eine Einigkeit erzielt worden ist, dauernd sein werden. Außerdem tritt nicht hervor, daß der Kern der gegenwärtigen Schwierigkeit erreicht worden ist. Es mag sein, daß künftige Kriege unter die Kontrolle des deutschen Volkes gestellt worden sind, aber der gegenwärtige Krieg war es nicht, und mit dem gegenwärtigen Krieg haben wir es zu tun. Es liegt auf der

Hand, daß das deutsche Volk keine Mittel besitzt, die Unterwerfung der Militärbehörden des Reiches unter den Volkswillen zu erzwingen; daß die Macht des Königs von Preußen die Politik des Reiches zu bestimmen und zu lenken unvermindert ist; daß die entscheidende Initiative noch immer bei denen liegt, die bisher die Beherrscher Deutschlands waren. In dem Gefühl, daß der ganze Weltfriede jetzt davon abhängt, daß klar gesprochen und aufrichtig und gerade gehandelt wird, betrachtet es der Präsident als seine Pflicht, ohne irgendeinen Versuch, Worte, die schroff klingen mögen, zu mildern, auszusprechen, daß die Völker der Welt kein Vertrauen in die Worte derjenigen setzen und setzen können, die bisher die Beherrscher der deutschen Politik gewesen sind, und noch einmal darauf hinzuweisen, daß beim Friedensschluß und bei dem Versuch, die unendlichen Schäden und Ungerechtigkeiten dieses Krieges gutzumachen, die Regierung der Vereinigten Staaten mit keinen anderen als wahrhaftigen Vertretern des deutschen Volkes verhandeln kann, denen eine echte konstitutionelle Stellung als den wirklichen Beherrschern Deutschlands gesichert ist. Wenn sie mit den militärischen Beherrschern und monarchischen Autokraten Deutschlands jetzt verhandeln muß, oder der Wahrscheinlichkeit nach noch später mit ihnen zu verhandeln haben wird, in bezug auf die internationalen Verpflichtungen des Deutschen Reiches, dann muß sie nicht Friedensverhandlungen, sondern Übergabe fordern. Nichts kann dadurch gewonnen werden, daß man diese wesentlichen Dinge unausgesprochen ließe.

Empfangen Sie, mein Herr, die erneute Versicherung meiner Hochschätzung.

Robert Lansing

(in: E.R. Huber (Hg), Dokumente zur deutschen Verfassungsgeschichte, Bd. 2, 1851–1918, Stuttgart 1964, S. 492 f.)

### 5.3.2 Fragen und Anregungen

- Die Ablehnung der deutschen Kaiserkrone durch König Friedrich Wilhelm IV. stellt eine Zäsur dar, die das „Scheitern" der Revolution bedeutete. Skizzieren Sie die Vorstellungen, die die Delegation der Nationalversammlung einerseits und der preußische König andererseits von einem „deutschen Kaisertum" hatten.
- 1848/49 zeigten die deutschen Monarchen durchaus Anpassungsbereitschaft an die geänderten politischen Verhältnisse. Prüfen Sie die Zugeständnisse, aber auch die Beharrungskraft der deutschen Fürsten.

- In der Revolution von 1918 entstand eine Dynamik, die die Monarchen ohne gesellschaftlichen Rückhalt ließ. Dazu trugen auch die politischen Vorgaben der Alliierten bei. Analysieren Sie die Äußerungen des US-Präsidenten mit Blick auf die Monarchie in Deutschland.
- In der Revolution von 1918/19 schafften die „Verliererstaaten" des Ersten Weltkrieges die Monarchie ab, während sie in den Siegerstaaten, soweit vorhanden, erhalten blieb. Welche Rolle spielte die nun vergangene Monarchie für die Entstehung der Weimarer Reichsverfassung?

### 5.3.3 Lektüreempfehlungen

W. Baumgart (Hg.), König Friedrich Wilhelm IV. und König Wilhelm I. Briefwechsel 1840–1858, Paderborn 2013 (*Privater Briefwechsel zwischen dem preußischen Monarchen und Thronfolger auch in der Revolution von 1848/49*).

E. R. Huber (Hg.), Dokumente zur deutschen Verfassungsgeschichte, Bd. 3, Stuttgart 3. Aufl. 1990 (*zur Novemberrevolution 1918, u.a. die Abdankungserklärungen der deutschen Bundesfürsten 1918*).

Quellen

D. Barclay, Anarchie und guter Wille. Friedrich Wilhelm IV. und die preußische Monarchie, Berlin 1995 (*Biographie des preußischen Königs, der im März 1848 zu Konzessionen bereit war, aber die deutsche Kaiserkrone ablehnte*).

M. Horn, Zwischen Abdankung und Absetzung. Das Ende der Herrschaft der Bundesfürsten des Deutschen Reichs im November 1918, in: S. Richter/D. Dirbach (Hg.), Thronverzicht. Die Abdankung in Monarchien vom Mittelalter bis in die Neuzeit, Köln 2010, S. 267–290 (*Betrachtet die relative Gewaltlosigkeit der Revolution gegenüber den Bundesfürsten*).

Forschung

# 6 Monarchiekritik und Republikanismus

**Abb. 4:** „Es ginge wohl, aber es geht nicht" (Lithografie, 1849).

Mit dem Wegfall der Zensur in der Revolution 1848, die eine „Kommunikationsrevolution" ermöglichte, nahm auch die Anzahl der Karikaturen, die politische Kritik durch zum Lachen anreizende Übertreibung übten, massiv zu. Auch wenn die Karikaturen wohl nur für einen Teil der Bevölkerung verständlich waren, weil einige Kenntnisse des aktuellen politischen Geschehens vorhanden sein mussten, ließen sich diese Bilder auch von denjenigen ansehen, die nicht lesen konnten. Die übertreibenden Elemente waren jedenfalls erkennbar. Der preußische König Friedrich Wilhelm IV., der für die Verfassung eines einheitlichen deutschen Reiches eine Schlüsselrolle spielte, wurde besonders häufig karikiert. Am 3. April 1849 empfing der preußische König die von dem Präsidenten der Nationalversammlung Eduard Simson angeführte Deputation der Abgeordneten der Paulskirche, die ihm die Kaiserkrone antrug. Der Karikaturist stellt den dicklich gezeichneten preußischen Monarchen (in der Bildmitte) als gesichtslosen Zauderer dar, der vom körperlich größer dargestellten russischen Zaren Nikolaus und dem österreichischen Kaiser Franz Joseph gestützt wird. Auch die Monarchen der deutschen Mittelstaaten

Württemberg, Sachsen, Bayern und Hannover stehen auf der Seite Friedrich Wilhelms. Der preußische König wendet sich von der ihm vom Parlament angebotenen Kaiserkrone ab. Die Parlamentarier als Vertreter der Deutschen Nation ähneln „unzivilisierten" Germanen (Brückmann 1983).

## 6.1 Monarchie in der Karikatur

Großbritannien

Bereits im 18. Jahrhundert waren Karikaturen in Großbritannien, wo die Presse eine anderswo kaum vorstellbare Freiheit genoss, zu einem bevorzugten Ausdrucksmittel der Monarchiekritik geworden. In Karikaturen wurden tatsächliche oder vermeintliche Eigenschaften regelmäßig übersteigert und die Protagonisten der Lächerlichkeit preisgegeben. In Großbritannien wurde König Georg III. als „John Bull" gezeichnet. Damit ließ sich einerseits eine nationale Integrationsfigur entwerfen, andererseits aber auch ein visuell einprägsames Motiv für die Kritik an beliebigen politischen Gegenständen entwickeln. Für die britische Politik in Nordamerika, die zur Unabhängigkeit der USA führte, wurde so „John Bull" verantwortlich gemacht. Anfang des 19. Jahrhunderts drückte sich die Unbeliebtheit der beiden Nachfolger Georgs III., denen vor allem Verschwendung und moralische Verfehlungen vorgeworfen wurden, in sarkastischen Karikaturen aus (Colley 1984).

Deutsches Kaiserreich

Um 1900 setzte sich diese Tradition fort: Der in München erscheinende „Simplicissimus", die wichtigste satirische Zeitschrift des späteren Kaiserreichs, druckte Spottgedichte Frank Wedekinds und Karikaturen, die Kaiser Wilhelm II. zeigten (z.B. „Friedrich der Kleine", „Wilhelm der Schweigsame" 1898). Die Satire bettete ihre Kritik an Kaiser Wilhelm II. dabei in ein gesellschaftliches Panorama ein, das sämtliche Institutionen, namentlich die Kirchen und das Militär, betraf. In diesem Sinn ging es weniger um direkte politische Kritik an der Monarchie als um ein Medium, das gesellschaftliche und politische Kritik für sämtliche Einwohner nachvollziehbar transportieren konnte (Rebentisch 2000).

## 6.2 Monarchiekritik von Bürgern und Arbeitern

Die Monarchiekritik des 19. Jahrhunderts setzte Traditionen der Aufklärung des 18. Jahrhunderts fort. Dabei ging es meist nicht um eine generelle Abschaffung der Monarchie, sondern um Vorzüge und Mängel einer „republikanischen", d.h. hier auf das politische Gemeinwesen bezogenen, Ordnung. In der zeitgenössischen Fürstenkritik wurden Willkür und Einseitigkeit monarchischer Herrschaft in den Mittelpunkt gestellt und vielfach gesellschaftliche Ansprüche auf politische Mitsprache formuliert. Dabei übten bürgerliche Gruppen, z.B. Gelehrte, Schriftsteller und Journalisten, vor allem Kritik am Adel, der im Rahmen monarchischer Staatsordnungen in landständischen Verfassungen herausragende politische Rechte besaß. Monarchiekritik war daher oft mit der Forderung nach dem Ende der ständischen Ordnung verbunden, die Privilegien und Lebenschancen im Wesentlichen nach geburtsständischen Kriterien zuwies. Kritiker der bestehenden Verhältnisse nutzten als Mittel zum Zweck die Propagierung einer Einheit von Fürst und Volk und bezogen damit gegen das aristokratische Prinzip Stellung (Mager 1984; Wienfort 1993a).

Politische Kritik an der Monarchie kam im Deutschen Kaiserreich von der Sozialdemokratie, aber auch allgemein aus der Arbeiterschaft. In den „Stimmungsberichten der Hamburger Politischen Polizei" um 1900, die Richard J. Evans veröffentlicht hat, berichteten Polizeispitzel über mitgehörte Gespräche in den Hamburger Arbeiterkneipen. Die Gespräche kreisten um sämtliche Themen von Arbeit und Alltag, und in den politischen Äußerungen der Arbeiter spielte die Monarchie keine besonders herausgehobene Rolle. Von Monarchenkult waren die Arbeiter aber weit entfernt, die Kritik äußerte sich vor allem in sarkastischen Formulierungen (Cattaruzza 1991).

*Kritik aus der Arbeiterschaft*

## 6.3 Transnationalität der Monarchiekritik

Die Beziehung der europäischen Monarchien zu Kolonien und Empire lässt sich kaum auf einen Nenner bringen. In Großbritannien wurde die Erhebung der Queen Victoria zur Kaiserin von Indien jedenfalls nicht primär zum Ausgangspunkt für Monarchen-

*Kolonialkritik*

kritik. Im Deutschen Kaiserreich galten bürgerliche Vereine und Teile der militärischen Eliten als Träger der Kolonialbewegung und der Suche nach einem „Platz an der Sonne" als Weltmacht, weniger der Kaiser persönlich, von den übrigen deutschen Monarchen zu schweigen.

Leopold II., König der Belgier, zog in den letzten Jahrzehnten des 19. Jahrhunderts in besonderer Weise Kritik auf sich. Als Anhänger der europäischen Kolonialbewegung begründete er in Zentralafrika den Kongo-Staat, den er als privater Eigentümer und absoluter Monarch beherrschte. Die Verbrechen an der einheimischen Bevölkerung, die für den Kautschukexport arbeiten musste und mit grausamen Strafen drangsaliert wurde, wurden um 1900 europaweit diskutiert. Weitgehend blieb das Gebiet ohne Rechtssystem, Machtmissbrauch war an der Tagesordnung. Heutige Schätzungen gehen von Millionen Opfern der Kolonialisierung in der einheimischen Bevölkerung aus. Die Kritik, die sich in Büchern und Zeitungsartikeln äußerte, kam vor allem von US-amerikanischen Schriftstellern und Journalisten wie Joseph Conrad und Mark Twain. 1908 verstaatlichte Belgien das Kongo-Gebiet (Clark 2004; Urbach 2011; Marx 2004; S. 35–37; Hochschild 2000).

## 6.4 Republikanismus

Radikalismus und Frühsozialismus

Republikanismus, verstanden als dezidierte Forderung nach Abschaffung der Monarchie und Errichtung einer staatlichen Ordnung ohne erbliches Staatsoberhaupt, wurde in den deutschen Staaten seit der ersten Hälfte des 19. Jahrhunderts von Demokraten vorgetragen, denen es um die Durchsetzung der Volkssouveränität in Gestalt des allgemeinen Männerwahlrechts ging. In der Revolution von 1848/49 blieben die Vertreter solcher Forderungen aber in der Minderheit, auch wenn sie, wie z.B. der Dichter Georg Herwegh, berühmt wurden. Die radikalen Vorstellungen etwa derjenigen, die wie Karl Marx aus dem Exil eine fundamentale Umgestaltung des politischen Systems im Sinne des Frühsozialismus forderten, spielten in der Revolution 1848 praktisch noch keine bedeutsame Rolle. Mit dem Aufstieg der SPD in den deutschen Staaten des Kaiserreichs wurde eine im Grundsatz republikanische Vorstellung zur Massenbewegung, wenngleich der politische Alltag im Reich eher Wahlrechtsreformen in Preußen, eine Stärkung des Parlaments, soziale Reformen oder den Kampf gegen die Sozialistengesetze auf die Tagesordnung brachte (Mager 1984; Grebing 2007).

In Großbritannien blieb ein Radikalismus, der die Abschaffung der Monarchie beinhaltete, ebenfalls eine Minderheitenposition. Auch hier richtete sich die Monarchiekritik des 19. Jahrhunderts weit eher auf die Verbindung zwischen Monarchie und aristokratischem Establishment. Dabei war zu berücksichtigen, dass in Großbritannien die Verbindung von staatlicher Politik und Adel eng blieb. Bis zum Aufstieg der Labour-Partei zu Beginn des 20. Jahrhunderts gehörten zahlreiche Politiker einschließlich der Premierminister zum Adel. Das Oberhaus übte bis 1911, als sein Vetorecht gegen Gesetze, die im Unterhaus verabschiedet worden waren, drastisch beschnitten wurde, entscheidenden politischen Einfluss aus. Mit dem königlichen Hof gingen in der Monarchie politisches Machtzentrum und gesellschaftlicher Mittelpunkt beinahe ununterscheidbar ineinander über.

Großbritannien

In der radikalen Wahrnehmung standen Monarchie und Aristokratie gemeinsam gegen das Volk. Trotzdem hatte es der Republikanismus schwer gegenüber einer zeremonialen Monarchie, die erfolgreich nationale Einheit und Größe des Imperiums verkörperte. Populärer wurde er vor allem dann, wenn sich der Monarch, wie in den 1860er und frühen 1870er Jahren Königin Victoria nach dem Tod ihres Ehemanns Albert, aus den öffentlichen Funktionen der Monarchie zurückzog und gleichzeitig die finanziellen Kosten in den Blick gerieten. Überhaupt entzündeten sich an den Kosten der monarchischen Repräsentation, und das gilt bis in die Gegenwart und für sämtliche Monarchien in Europa, wiederholt Forderungen nach Abschaffung. Sehr häufig ging es dabei weniger um die Kosten des Monarchen als Staatsoberhaupt als um die als unnötig angesehenen Summen, die für die Ausstattung der Mitglieder der königlichen Familie angesetzt werden mussten. Die britische Monarchie geriet in den 1860er Jahren in eine Krise, als die Öffentlichkeit sich zunehmend über den Lebenswandel des Prince of Wales erregte und die Königin kaum öffentlich auftrat. Queen Victoria zeigte sich wieder bereit, öffentliche Staatsfunktionen zu erfüllen, als das Parlament Ausstattung und Mitgift für ihre zahlreichen Nachkommen bewilligte (Taylor 2007).

Phasen des Republikanismus in Großbritannien

## 6.5 Reynolds's Newspaper

Reynolds's Newspaper wurde von dem Journalisten und aktiven Chartisten G.W.M. Reynolds gegründet und erschien in London seit 1850 einmal wöchentlich. Seit 1864 mit einem Preis von einem Penny pro Ausgabe erreichte es eine Auflage von ca. 350.000 Exemplaren und gehörte damit zu den am meisten verbreiteten Zeitungen im viktorianischen England. Zur Leserschaft gehörten vor allem Handwerker und die Industriearbeiter in den großen Städten. Zeitgenossen und Historiker notierten das Eintreten der Zeitung für die demokratischen und republikanischen Ziele der britischen „Radicals" am linken Rand des Liberalismus. Die Zeitung kritisierte die etablierten Institutionen Großbritanniens, die Privilegien der Oberschichten und die Monarchie. Ihren Erfolg verdankte sie auch der Mischung aus Sensation und Sport, Sex and Crime, die sie zum Vorläufer der Yellow Press der Jahrhundertwende machte.[1]

Die Autoren von Reynolds's Newspaper liebten es, sich über die britische Aristokratie zu mokieren. Sie sparten daher nicht an Sarkasmus. Zahlreiche Artikel kritisierten die Monarchie. Nachdem sich Königin Victoria aus Trauer um Prinz Albert aus der Öffentlichkeit zurückzogen hatte, wurde die Kritik besonders vehement. Wieso sollten die britischen Steuerzahler für eine Monarchin aufkommen, die ihre königlichen Pflichten in der Öffentlichkeit nicht erfüllte? Da die Königin vor allem in den Mittelschichten beliebt war und die Monarchie als zentrale Institution der britischen Verfassung für viele Briten selbstverständlich akzeptiert wurde, konzentrierte sich der Radikalismus nicht selten auf die übrigen Mitglieder der königlichen Familie, die eben keine Verfassungsinstitutionen waren, die Steuerzahler aber dennoch Geld kosteten, besonders die Kinder Victorias und die übrigen Angehörigen der königlichen Familie. Die Zeitung stellte der nationalen Aufgabe der Krone die internationale Verwandtschaft der königlichen Familie gegenüber.

---

[1] Reynolds News, in: www.100objectsbradford.wordpress.com. Special Collection at the University of Bradford, UK

## 6.6 Majestätsbeleidigung und Hochverrat

Die traditionelle Formulierung von der Unverletzbarkeit des Monarchen und die Vorstellungen von Hochverrat fanden im 19. Jahrhundert ihren Ausdruck in den Strafgesetzen. Majestätsbeleidigung konnte dabei einerseits politische Kritik bedeuten, die vor allem durch presserechtliche Maßnahmen geahndet wurde. Das Strafgesetzbuch für das Deutsche Reich von 1871 befand Majestätsbeleidigung für strafbar, und die deutsche Justiz strengte zahlreiche Verfahren vor allem gegen Vertreter der Presse an. Damit zeigte ein klassisches Beispiel die Grenzen der von vielen Verfassungen garantierten Meinungs- und Pressefreiheit in Bezug auf die Monarchie auf.

Strafrecht

Die Majestätsbeleidigung umfasste unter den politischen Delikten die „Angriffe auf die Ehre und das Ansehen" der Monarchen. Das Reichsgericht gab für dieses Delikt nur einen geringen Ermessensspielraum vor. War das Strafverfahren eingeleitet und der Tatbestand festgestellt, mussten die Angeklagten verurteilt werden, auch wenn es sich tatsächlich kaum um „politische" Delikte im engeren Sinn handelte. Die Strafkammer Holzminden verurteilte 1884 einen jungen Bauern zu zwei Monaten Gefängnis, weil er „in angeheitertem Zustand" das Lied „Wir lustigen Braunschweiger" in einen Schmähgesang auf den König von Preußen abgewandelt hatte. Dabei war allerdings zu berücksichtigen, dass der Delinquent aus der Provinz Hannover stammte, die 1866 von Preußen annektiert worden war und durchaus zu den „welfisch Gesinnten" gehörte, die am angestammten Herrscherhaus Hannovers hingen (Bernhardt 2011, S. 286).

Deutsches Kaisereich

Für das Habsburger Reich in der zweiten Hälfte des 19. Jahrhunderts ist ebenfalls festgestellt worden, dass sich Verfahren wegen Majestätsbeleidigung vornehmlich gegen Bauern oder andere Mitglieder der Unterschichten richteten. Solche Beleidigungen bezeichneten etwa den Kaiser als „Spitzbuben" und zeigten eher Unzufriedenheit mit Behördenentscheidungen an als dass sie sich tatsächlich gegen die Person des Kaisers richteten. Die Äußerungen spiegelten allgemein Kritik am Herrschaftssystem, das durch den Kaiser vertreten wurde. Da es sich bei den Beschuldigten oft um Angehörige der Unterschichten handelte, die den Behörden kaum gefährlich erschienen, blieben viele Strafen

Unterschichtendelikt

mit „schwerem Kerker" bis zu einem Jahr unter der gesetzlichen Mindeststrafe (Czech 2010).

## 6.7 Politisches Attentat

*Monarchen als Ziele*   In den meisten Monarchien wurde zwischen Majestätsbeleidigung und Hochverrat strafrechtlich unterschieden. Hochverrat betraf dabei einen Angriff auf den Staat, aber auch auf die Person und Gesundheit des Kaisers. Attentate und Attentatsversuche wurden in der zweiten Hälfte des 19.Jahrhunderts zum Zeichen radikaler politischer Kritik, die in eine „revolutionäre Tat" münden sollte. Die Liste der Staatsoberhäupter und Politiker, die von solchen Versuchen betroffen waren, ist lang und reicht über Queen Victoria, König Friedrich Wilhelm IV. von Preußen, Königin Isabella II. von Spanien, Napoleon III., Abraham Lincoln, Bismarck, König Umberto I. von Italien zu Kaiser Wilhelm I. Seit der Mitte des 19. Jahrhunderts zeigten erfolgreiche wie gescheiterte Attentate den Übergang vom politischen Mord im Sinn des Tyrannenmords zum terroristischen Anschlag, dem es nicht bloß um die Beseitigung eines führenden Politikers, sondern um die Mobilisierung einer revolutionären Aufstandsbewegung ging. Nicht zuletzt mit den zahlreichen gescheiterten Attentaten, z.B. dem Anschlag des revolutionären Italieners Felice Orsini auf Napoleon III., rechtfertigten europäische Regierungen Einschränkungen der Pressefreiheit, Verhaftungen politischer Gegner und Verschärfungen des Asylrechts (Dietze 2016, S. 164).

*Terrorismus*   Der russische Zar Alexander II. wurde 1881 von revolutionären Studenten ermordet, die österreichische Kaiserin Elisabeth (Sisi) wurde 1898 Opfer eines Messerattentats durch einen italienischen Anarchisten und der portugiesische König Karl kam 1908 gemeinsam mit seinem Sohn durch Pistolenschüsse von Republikanern ums Leben. Die Angst vor Attentaten auf monarchische Staatsoberhäupter verschwand nicht mehr. Monarchen, die einen Anschlag überlebten, nutzten das Mitgefühl und den Abscheu der Öffentlichkeit zur Werbung um neue Beliebtheit bei der Bevölkerung. Im 19. Jahrhundert wurden Attentate und Attentatsversuche meist mit der Todesstrafe geahndet, gleichgültig, ob es sich bei den Tätern um geistig verwirrte Einzeltäter oder um politische Taten aus Gruppen heraus handelte. Im Kontext der Frage nach den historischen Ursprüngen des modernen politischen Terrorismus im Zusammenhang von Anarchismus und militantem Republikanismus stoßen Attentate auf Monarchen heute vermehrt auf wissenschaftliches Interesse (Ramos 2006).

Das Attentat auf den österreichischen Thronfolger Franz Ferdinand am 28. Juni 1914 lieferte schließlich den unmittelbaren Anlass zum Ausbruch des Ersten Weltkrieges. In der Planung durch den serbischen Nationalisten Gavrilo Princip mit Unterstützung des serbischen Geheimdienstes wurde Franz Ferdinand als Symbol der Habsburgermonarchie, aber auch wegen seiner politischen Pläne für Verfassungsreformen zum Attentatsziel. Dabei ist sich die Forschung darüber einig, dass das Attentat nicht die Ursache des Ersten Weltkrieges gewesen ist, sondern dass in diesem Ereignis zahlreiche Motivbündel kulminierten (Clark 2013).

Ausbruch des Ersten Weltkriegs

## 6.8 Quellen und Vertiefung

### 6.8.1 Bericht des Informanten Graumann, 23.6.1894

Am 22. dieses Monats, abends von 8.15 bis 8.45 Uhr, besuchte Unterzeichneter die Wirtschaft von Dämel, Spaldingstraße 75. Daselbst waren fünf Personen anwesend. Dieselben sprachen zunächst nur von gleichgültigen Dingen. Nachdem wurde von einem Gast, der leicht angetrunken zu sein schien, folgendes Glaubensbekenntnis vorgetragen: „Ich glaube an Kaiser Wilhelm, den mächtigen Schöpfer des neuen Kurses, und an Caprivi, seinen treuen und ergebenen Diener, welcher geschaffen hat den Militarismus, und gelitten hat unter Bismarck und dem ‚Hamburger Fremdenblatt', und dafür erhoben wurde in den Grafenstand." Das hierauf Folgende wurde unverständlich gesprochen, so daß Unterzeichneter nur einzelne Worte verstehen konnte, welche sich auf die vielen Steuern und Abgaben sowie die Einführung der Gummischläuche und am Schluß auf ein ewiges Soldatenleben bezogen. Dieser Vortrag fand bei den übrigen Gästen großen Anklang und wollten sich dieselben den Vortrag gern aufschreiben, da ersterer denselben geschrieben bei sich führte, wurde aber von diesem nicht hergegeben, weil er befürchtete, daß man ihm hierfür etwas anhaben könnte.

Erläuterungen in den Kapiteleinleitungen, S. 326: Beim *Hamburger Fremdenblatt* handelte es sich um eine liberale Zeitung, die Caprivis Heereserweiterung 1893 kritisch betrachtete, bzw. mehr parlamentarische Kontrolle wünschte.

In: R. Evans (Hg.), Kneipengespräche im Kaiserreich. Stimmungsberichte der Hamburger Politischen Polizei 1892–1914, Reinbek 1989, Nr. 262, S. 330.

In den Gesprächen der Arbeiter wurde Kaiser Wilhelm II. zwar als „Schöpfer" spöttisch „gottähnlich", aber in einem Atemzug mit den Reichskanzlern genannt. Der konkrete politische Einfluss der Monarchie blieb dabei auch unter den Arbeitern, wohl abhängig von persönlichen Sympathien, umstritten.

### 6.8.2 Bericht des Informanten Erxleben, 8.6.1898

(...) ‚Das beste Blatt bleibt doch das ‚Echo', das kriecht wenigstens nicht den Fürsten in den A...'Seinetwegen brauche es überhaupt keine Fürsten zu geben, seine Überzeugung sei so weit, dass sich das Volk ohne Fürsten regieren kann. ‚Der 16. Juni wird ja zeigen, mit welcher Majorität die Sozialdemokratie siegen wird. In Berlin ist der bisher freisinnige Kurs auch unserer'.

Der erstere: ‚Was nützt es auch, wenn die Sozialdemokratie mit großer Majorität erscheint? Der Kaiser ist ein energischer Fürst, und wenn ihm der Kram zu viel wird und ihm das Wühlen der Sozialdemokraten nicht mehr passt, dann schmeißt er den ganzen Kram um und regiert vielleicht mit acht Personen'. (Anmerkung der Polizei: richtig!) (...)

in: R. Evans (Hg.), Kneipengespräche im Kaiserreich. Stimmungsberichte der Hamburger Politischen Polizei 1892–1914, Reinbek 1989, Nr. 263, S. 330.

### 6.8.3 The British Monarchy – Is it Practically Dead?

A few evenings since, Viscount Cranborne, astounded, and even horrified, a great number of respectable old women of both sexes, by asserting, in his place in the House of Commons, that in this country "monarchy was practically dead."
(...)
Actuated by this profound deference due to the extraordinary intellectual perspicacity of Lord Cranborne, we have carefully examined his assertion with respect to the virtual demise of the British monarchy, and though, for the sake of the monarchy, we rejoice exceedingly, for the sake of his lordship's credit as a sapient politician we deeply regret to find that he is completely mistaken. British monarchy is not dead. It is, on the contrary,

all alive, and – if we may apply so vulgar a phrase to so sacred a subject – kicking as hard as ever against the pricks of democracy.

(...)

Now, every subject of these realms knows that the British monarchy does devour an enormous amount of the substance of the British people. It, therefore, follows that the British monarchy is not dead, as Lord Cranborne stated – or, if dead, its voracious achievements must be regarded as a startling illustration of the vampire stories by which so many good British boys and girls have been made so delightfully miserable through the long, dark, winter nights. But as in this most enlightened age no grown-up man or woman believes in vampires, it necessarily follows that the British monarchy is not dead, but on the contrary, lives, eats, drinks, and breeds as vigorously as ever.

In proof of the continued and unabated vitality of the British monarchy, we have only to look at the fact that the Queen still continues to draw the whole of her annual income – close upon £400.000. The same also with regard to the Prince of Wales, who with the Princess's (his wife's) income and his revenues as Colonel-General and owner of the Duchies of Lancaster and Cornwall, has an annual income not much, if any, short of £200.000. Then there is his brother, Prince Alfred, with his £15.000 a-year and a palace; the Princess Royal, with her £10.000 a-year; Princess Louisa of Hesse, and Princess Helena, wife of Prince Christian; the Duchess of Cambridge and her son, the "illustrious", and her daughter, the plump and portly Princess Mary Adelaide of Teck – together with the shoal of German and English parasites of Royalty – whose aggregate incomes, taken in conjunction with the cost of the Queen, and her children, cousins, and other relations, amount to at least a million sterling. For, be it borne in mind, the annual incomes attached to the several individual members of the royal family are but a small portion of the annual cost of the monarchy. Distinct from these personal incomes, there are some dozen royal palaces, the maintenance of which cost about £200.000 a-year.

(...)

But the incidental expenses of the British monarchy form no inconsiderable item in the national balance-sheet. Thus, Prince Alfred's pleasure-trip round the world is estimated to cost £100.000. Then the voyages to and from Germany of all the German visitors to the Queen are paid for, not out of the pockets of these royal and serene beggars, nor out of the privy purses of the Queen or her children, but out of the produce of the taxes extorted by a servile and rapacious class parliament from the earnings of a hard-worked, toil-crushed, and, in myriad instances, starved and ragged working-Class.

As a specimen of the way in which the British monarchy, said to be "practically dead", continues to waste the substance of the people, we may take the scaffolding erected in Hyde-park, to enable privileged persons to witness a review which never did, and probably never will, take place. This scaffolding is now being taken down, after having cost more than

£2.600 in its construction. The review was put off because tidings arrived that the usurper Maximilian, the cold-blooded murderer of disarmed prisoners, had died a felon's death. Our German royal family have the distinguished honour of being related to every dirty little potentate and red-handed royal and imperial ruffian in Europe. Therefore, the news of the righteous death of the arch-felon Maximilian cast a gloom over our Court, and it was deemed better that thousands of British gold should have been wasted, and thousands of English men and women disappointed, than that the Hapsburgh usurper, the wholesale murderer of captured Republicans, should not be formally mourned.

Clearly, then, Viscount Cranborne is mistaken. The British monarchy is not practically dead – not, at least, as far as its powers of swallowing and absorption are concerned – whatever may be the case with regard to its long-disused functions of political beneficence.

Quelle: Reynold's Newspaper, 21.7.1867.

### 6.8.4 Fragen und Anregungen

- Die Ablehnung der Monarchie fand sich im 19. Jahrhundert bei Demokraten und im radikalen Liberalismus. Welche Argumente waren dabei besonders wichtig?
- Die Karikatur ist generell ein wichtiges Medium politischer Kritik. Das gilt besonders für die Revolution von 1848/49. Wie präsentierten die Karikaturen die Beziehungen zwischen den europäischen Monarchen?
- Die Kritik des britischen Radikalismus betraf besonders die Staatsausgaben für die Monarchie. Wie wurde die königliche Familie präsentiert und wessen Interessen vertraten die Radikalen demgegenüber? Welche Rolle spielte die transnationale Verwandtschaft der dynastischen Familien?
- Unter denjenigen, denen im 19. Jahrhundert „Majestätsbeleidigung" vorgeworfen wurde, finden sich sowohl Angehörige der Unterschichten als auch Journalisten und Autoren. Welche Unterschiede gibt es?
- Im 19. Jahrhundert wurden zahlreiche Attentate auf Staatsoberhäupter und Mitglieder dynastischer Familien verübt. Diskutieren Sie die These, dass es sich hier um die „Erfindung" des modernen Terrorismus handelt.

## 6.8.5 Lektüreempfehlungen

P. Czech, „Der Kaiser ist ein Lump und Spitzbube". Majestätsbeleidigung unter Kaiser Franz Joseph, Wien 2010 (*Majestätsbeleidigung und ihre strafrechtliche Ahndung im Zusammenhang von Unzufriedenheit mit der Obrigkeit und Alkoholkonsum*).

C. Dietze, Die Erfindung des Terrorismus in Europa, Russland und den USA 1858–1866, Hamburg 2016 (*Vergleichende Untersuchung zu Attentaten auf Monarchen und Spitzenpolitiker im 19. Jahrhundert*).

A. Taylor, "Down with the Crown". British Anti-Monarchism and Debates about Royalty since 1790, London 1999 (*Zur Monarchiekritik vor allem in der viktorianischen Zeit, besonders zur Belastung der britischen Steuerzahler*).

# 7 Hof und Zeremoniell

Hofrangordnung für den Königlich Preußischen Hof 1903 (Auszug)

**Hofrangordnung**, Bestimmung über die Reihenfolge der Personen, die bei Hof Zutritt haben oder dort erscheinen. Diese Bestimmungen finden sich gewöhnlich in besonderen Hofrangordnungen oder Hofrangreglements niedergelegt. Die umfangreichste H. ist die preußische (vgl. das „Zeremonialbuch für den königlich Preußischen Hof", X, neueste Ausg., Berl. 1903), die nicht weniger als 62 Rangstufen enthält:

1) der Oberstkämmerer
2) die Generalfeldmarschälle
3) der Ministerpräsident
4) der Oberstmarschall
5) der Obersttruchseß
6) der Oberstschenk
7) der Oberst-Jägermeister
8) die Ritter des Ordens vom Schwarzen Adler
9) die Kardinäle
10) die Häupter gewisser (10) fürstlichen und ehemals reichsständischen gräflichen Familien
11) der Vizepräsident des Staatsministeriums
12) die aktiven Generale der Infanterie u. der Kavallerie
13) der Minister des königlichen Hauses und die aktiven Staatsminister
14) die ersten Präsidenten beider Häuser des Landtags
15) die inaktiven patentierten Generale der Infanterie und der Kavallerie
16) die inaktiven Staatsminister im Ministerrang
17) die inaktiven (nicht patentierten) Generale der Infanterie und der Kavallerie
18) die aktiven Generalleutnants
19) die Wirklichen Geheimen Räte (Exzellenzen)
20) die Erzbischöfe und die gefürsteten Bischöfe
21) die inaktiven patentierten Generalleutnants
22) die mit dem Exzellenzprädikat begabten Oberhofchargen
23) die Oberhofämter im Königreich Preußen
24) die inaktiven nicht patentierten Generalleutnants
25) die sonst mit dem Exzellenzprädikat begabten Personen
26) die Nachgebornen der unter 10) aufgeführten Häuser
27) die Vizepräsidenten beider Häuser des Landtags
28) die Oberpräsidenten
29) die aktiven Generalmajors

30) die Räte erster Klasse
31) die Bischöfe beider Konfessionen
32) die Oberhofchargen ohne Exzellenzprädikat
33) die inaktiven Generalmajors
34) die Vizeoberhofchargen
35) die Obersten
36) die Räte zweiter Klasse
37) die Generalsuperintendenten
38) die Feldpröpste beider Konfessionen
39) der Oberbürgermeister von Berlin
40) die Dompröpste und Dechanten der Stifter
41) die Schloßhauptleute
42) die übrigen königlichen Hofchargen
43) die königlichen Kammerherren
44) die Flügeladjutanten des Königs
45) die Inhaber der Erbämter in de Provinzen
46) die Oberhof- und Domprediger
47) die Rektoren der Universitäten, die ständigen Sekretäre der Akademie der Wissenschaften, der Präsident und der Direktor der Akademie der Künste
48) die Oberstleutnants
49) die Räte dritter Klasse
50) die Landesdirektoren
51) die General-Landschafts- und Haupt-Ritterschafts-Direktoren
52) die Domherren
53) die Ritterschafts- und Landschafts-Direktoren
54) die Majore
55) die Räte vierter Klasse
56) die Landesältesten u. Landschaftsräte
57) die bei Hofe vorgestellten Herren
58) die Mitglieder beider Häuser des Landtags
59) die Hauptleute und die Rittmeister
60) die Kammerjunker und Hofjagdjunker
61) die Oberleutnants
62) die Leutnants

Die genannten Rangstufen 1–3, 5–7, 12 u. 13, 18 bis 20, 29–32, 35–38, 48–51, 54 u. 55 haben je gemeinsamen Rang. Unter Inhabern der gleichen Rangstufe entscheidet das Datum der Ernennung. Die Reichsbeamten rangieren mit den preußischen Beamten des gleichen Ranges, nur der Reichskanzler und ihm sich anschließend der Statthalter von Elsass-Lothringen gehen bei Festen auch dem Oberstkämmerer vor. Der Rang der hoffähigen verheirateten Damen richtet sich nach dem Rang ihrer Männer, nur geht die Oberhofmeisterin der Kaiserin allen Damen vor. Die Palastdamen der Kaiserin und die Inhaberinnen des Luisenordens 1. Klasse 2. Abteilung mit goldener Krone rangieren mit, die mit silberner Krone sowie die Oberhofmeisterin der Kronprinzessin und die Hofdamen der Kaiserin unmittelbar nach den Exzellenzen. Die Oberhofmeisterin der andern Prinzessinnen, die Hofdamen der Kronprinzessin sowie die Äbtissinnen und Vorsteherinnen adliger Stifte rangieren vor den Gemahlinnen der Obersten. Die Hofdamen der übrigen Prinzessinnen und die Damen des Luisenordens schließen sich an die Gemahlinnen der Kammerherren und die Damen adliger Stifte an die Gemahlinnen der Majore an. Die Witwen folgen in jeder Rangstufe den verheirateten Frauen.

(Meyers Lexikon 1905 http://www.zeno.org/Meyers-1905/I/090435a)

Im 19. Jahrhundert existierte an jedem europäischen Fürstenhof eine Hofrangordnung, die das Regelwerk für die zeremoniellen Ereignisse bildete. Zwar stellten die Rangordnungen ein Erbe der Frühen Neuzeit dar, waren aber in den einzelnen Staaten nicht unveränderlich. Für das 19. Jahrhundert ist besonders interessant, die Rangfestlegungen für die unterschiedlichen Akteursgruppen zu beobachten. Einerseits ist die privilegierte Position des Adels unübersehbar, andererseits positionierten die Hofrangordnungen die staatstragenden Gruppen: die Politiker als Amtsträger, die hohen Beamten und die Offiziere. Überdies kann die gesellschaftliche Bewertung wichtiger gesellschaftlicher Institutionen, z.B. der Kirchen oder Universitäten, untersucht werden. Auch für die Geschlechtergeschichte stellen die Hofrangordnungen eine wichtige Quelle dar. Der Status der Hofdame bot adligen Frauen eine der wenigen Möglichkeiten, unabhängig von der Familie zu leben. Der Rang der Frauen am Hof richtete sich auch nach ihrem Familienstatus, verheiratete Frauen rangierten vor Witwen und ledigen Frauen.

## 7.1 Grundbegriffe der Hofforschung: Ritual, Zeremoniell und Präzedenz

Während der Fürstenhof als Zentrum der Politik in der Geschichtsschreibung des Mittelalters und der Frühen Neuzeit selbstverständlich einen wichtigen Platz einnimmt, hat das 19. Jahrhundert in der Hofforschung lange Zeit vergleichsweise wenig Interesse gefunden. Die Verlagerung der politischen Macht in der konstitu-

*Höfe als Forschungsthema*

tionellen Monarchie hin zu Regierung, Parlamenten und Parteien ist im 19. Jahrhundert zwar eindeutig, aber das heißt nicht, dass Fürstenhof und Residenz als politisch-kulturelle Zentren grundsätzlich vernachlässigt werden können.

*Definition: Ritual*   Barbara Stollberg-Rilinger definiert den Begriff „Ritual" folgendermaßen: „Als Ritual im engeren Sinne wird hier eine menschliche Handlungsabfolge bezeichnet, die durch Standardisierung der äußeren Form, Wiederholung, Aufführungscharakter, Performativität und Symbolizität gekennzeichnet ist und eine elementare sozial strukturbildende Wirkung besitzt." (Stollberg-Rilinger 2013, S. 9). Zahlreiche Rituale der Monarchie hatten ihren Ursprung im Mittelalter und damit im 19. Jahrhundert schon eine lange Geschichte hinter sich. Thronwechsel und Herrschereinsetzungen riefen nach Ritualen des Übergangs, um die neue Herrschaft zu legitimieren und zu stabilisieren. Während im Mittelalter und in der Frühen Neuzeit häufig neue Herrschaft, die sich nicht aus dem Erbrecht ergab, akzeptiert werden musste, war das im 19. Jahrhundert in Europa weniger der Fall. Hier bietet sich der Blick auf Frankreich an, wo im 19. Jahrhundert sowohl die Rückkehr der Bourbonen auf den Thron (1815) als auch die Herrschaft Napoleons III. unter Rückgriff auf Formen der Vergangenheit gefeiert wurden. Regelmäßig sollten die Rituale des Herrscherwechsels die Herrschaft mit einer sakralen Aura umgeben, z.B. mit der Salbung. Zum Herrscherwechsel gehörten auch die Herrschaftsinsignien, die bei dieser Gelegenheit benutzt und zur Schau gestellt wurden. Krone und Schwert, Zepter und Krönungsornat, die Kronjuwelen der Monarchin aus eigenem Recht oder der Gemahlin konnten jahrhundertealt, aber auch Neuschöpfungen sein.

Selten konnte auch der demonstrative Verzicht auf ein Ritual legitimatorische Kraft entwickeln: Den preußischen Königen kam es im 18. Jahrhundert darauf an, die Autonomie ihrer Krone zu behaupten. Sie verzichteten entsprechend auf eine Krönung. König Wilhelm I. bestand 1861 darauf, sich und seine Gemahlin in Königsberg selbst zu krönen, die preußischen Könige und Deutsche Kaiser Friedrich III. und Wilhelm II. kehrten aber zur krönungslosen preußischen Tradition zurück.

*Vorbilder*   Thronwechsel gehörten überall zu denjenigen monarchischen Ereignissen, die zahlreiche Rituale mit sich brachten: Herrschereid, feierliche Einzüge, Huldigungen der „Untertanen", Festgottesdienste und Hoffeste gehörten dazu. Für die Erforschung der monarchischen Rituale des 19. Jahrhunderts ist vor allem die Frage interessant, in welchen Elementen die Rituale mittelalterlichen und frühneuzeitlichen Vorbildern folgten und wo sie abwichen. Damit verbindet sich für viele europäische Länder die Frage nach der Auswirkung moderner Konstitutionen auf die traditionellen Rituale. Dabei ist stets zu bedenken, dass es sich bei den meisten ritualen Vorgaben nicht um Gesetze handelte, sondern um Sammlungen von Unterlagen zu den Bräuchen bei früheren Gelegenheiten.

## 7.2 Das Hofzeremoniell

Im monarchischen Zeremoniell wurden die Regeln für den Umgang der europäischen Monarchen miteinander und das Verhalten sämtlicher sozialer Gruppen am Hof und in der Gesellschaft gegenüber dem Monarchen geregelt. Eine Abgrenzung zum Ritual ist gelegentlich schwierig, beides wird auch synonym gebraucht. Manche Forscher unterscheiden Rituale als transformative und Zeremonien als konfirmative Akte. In diesem Zusammenhang wirken Zeremonien nur bestätigend, während Rituale den rechtlichen Status verändern, z.B. in dem der Thronfolger zum Monarchen aufsteigt. Allerdings findet sich dieser klare Unterschied in der Praxis des 19. Jahrhunderts nicht durchgängig. In den Quellen ist oft von „Zeremoniell" die Rede, auch wenn rechtsverändernde Ereignisse beschrieben werden. In den meisten Staaten wurde der Thronfolger verfassungsrechtlich im Moment des Todes des alten Herrschers zum Monarchen („The King never dies"), eines Rituals bedurfte es dafür nicht (Stollberg-Rilinger 2013, S. 14).

Unterschied Ritual und Zeremoniell

### 7.2.1 Das Spanische Hofzeremoniell

Das seit dem 15. Jahrhundert in Burgund entwickelte Spanische Hofzeremoniell galt im 19. Jahrhundert als das strengste höfische Regelwerk mit deutlichen Hierarchien, das den Zugang zum Hof wesentlich dem Adel vorbehielt. Es enthielt Vorschriften für sämtliche zeremoniellen Anlässe (Hochzeiten, Taufen, Beerdigungen, Audienzen, Hofbälle) und zeigte den Monarchen als überhöhtes

Regelwerke in der Frühen Neuzeit

Zentrum, dem stets besondere Reverenz entgegengebracht werden musste. Bei Nennung seines Namens hatten die Untertanen sich tief zu verbeugen, selbstverständlich unter Beugung eines Knies (auch im Hofknicks). Dass man der Majestät nie den Rücken zuwenden durfte, machte persönliche Begegnungen zusätzlich schwierig. Die persönliche Umgebung des Monarchen wurde den Regeln der verschiedenen Ämter unterworfen. Welche Tätigkeit von welchem Hofadeligen ausgeführt werden durfte, war genauestens festgelegt. Im 19. Jahrhundert orientierte man sich vor allem in Spanien und im Habsburger Reich am Spanischen Hofzeremoniell, während man an anderen Höfen etwas schlichtere Formen bevorzugte.

*Präzedenz*

Unter „Präzedenz" versteht man den Vorrang einer Person gegenüber einer anderen. Im Wesentlichen regelte die Präzedenz die Reihenfolge, in der bestimmte Handlungen am Hof durch die verschiedenen Akteure ausgeführt wurden. Es war von zentraler Bedeutung, wer den Vortritt hatte bzw. wer zu einem Ereignis zu welchem Zeitpunkt erscheinen musste. Dabei folgte man dem Grundsatz, dass die hochrangigen Teilnehmer als letzte auftraten. Die Präzedenz bildete den Versuch, Rangordnungen festzulegen und damit Rangkonflikte in der internationalen Diplomatie und in der Hofgesellschaft zu begrenzen oder zu moderieren.

### 7.2.2 Norbert Elias: Die höfische Gesellschaft

*Domestizierung des Adels*

Auch die Hofforschung des 19. Jahrhunderts kann von Norbert Elias' berühmter Analyse profitieren. Der Soziologe hat 1969 das Werk „Die höfische Gesellschaft" vorgelegt, in dem er das Verhältnis zwischen dem Monarchen und dem höfischen Adel am Beispiel der französischen Monarchie Ludwigs XIV. untersucht hat. Elias kam zu dem Schluss, dass der Hof dem absoluten Monarchen zur „Domestizierung" des Adels diente. Sein Begriff des „Königsmechanismus" hat den Fürstenhof als einen Ort vorgestellt, an dem der Monarch die Interessen der sozialen und politischen Gruppen stets gegeneinander ausspielt und sich die Rolle eines Entscheiders und Schiedsrichters vorbehält, was sowohl Macht als auch Ehre einbringt. Elias' Werk hat vor allem auf die frühneuzeitliche Hofforschung sehr anregend gewirkt, ist aber auch deutlich kritisiert worden. Die jüngere Forschung betont weit stärker die autonomen Interessen der Mitglieder des Hofadels, die am Hof für die eigene Karrieren und das Fortkommen der Familie sorgten (Schleuning 2016).

Für das Deutsche Kaiserreich hat John C. G. Röhl die Rolle des Kaisers Wilhelm II. ebenfalls mit dem Begriff des „Königsmechanismus" beschrieben. Im Kaiserreich als Verfassungsstaat übte Kaiser Wilhelm II. nach Röhls Ansicht einen bedeutsamen politischen Einfluss aus, weil es vielen politischen Akteuren darauf ankam, seine Gunst zu gewinnen. Der Einfluss des Kaisers lässt sich demnach nicht bloß durch die Betrachtung seiner Rolle im Verfassungsgefüge bestimmen, sondern durch seine Rolle in der höfischen Gesellschaft, in der gesellschaftliche Anerkennung erfahren, aber auch verweigert werden konnte. Auch im Kontext des Kaiserreichs ist die Vorstellung von einer überaus bedeutsamen politischen Rolle Wilhelms II. kontrovers diskutiert worden. Es erscheint aber lohnenswert, den Fürstenhof als Ort gesellschaftlicher Anerkennung in den Blick zu nehmen (Asch 2005; Duindam 1998).

<small>Königsmechanismus</small>

In der empirischen Analyse treten neben das Zeremoniell und seine Vorgaben das persönliche Umfeld des Monarchen, die Fürstenfamilie und die Inhaber der Hofämter. Persönliche Freunde, die außeramtlich als Ratgeber fungierten, spielten bei einigen Herrschern eine besondere, im Regelfall in der Öffentlichkeit und den Parlamenten mit Misstrauen betrachtete Rolle. Hier ist der Begriff der „Kamarilla" wichtig, mit dem die Umgebung des preußischen Königs Friedrich Wilhelm IV. oder Kaiser Wilhelms II. beschrieben werden. Den Mitgliedern der Kamarilla wurde vorgeworfen, Einfluss auf die staatliche Politik zu nehmen, obwohl sie nicht über entsprechende Regierungsämter verfügten. Die Reichweite des „Kamarilla"-Begriffs weist übrigens über die monarchische Herrschaft hinaus und ist z.B. für das Umfeld des Reichspräsidenten Hindenburg in der Weimarer Republik benutzt worden (Barclay 1990; Blasius 1992, S. 80–83)

<small>Kamarilla</small>

## 7.3 Hoffähigkeit

Die ständische Prägung der sozialen Ordnung der Gesellschaft ließ die Hoffähigkeit als Bestätigung der Zugehörigkeit zur gesellschaftlichen Elite auch im 19. Jahrhundert wichtig erscheinen. Der

<small>Adel</small>

Fürstenhof blieb in den monarchischen Staaten der zeremonielle Ort der internationalen Diplomatie. Nur zögernd öffneten sich die zeremonialen Rangordnungen für bürgerliche Gruppen, vor allem für Amtsträger aus Regierung, Verwaltung und Militär, und weiterhin war der Adel deutlich bevorzugt. Aber auch der Adel wurde im Hofzeremoniell einer minutiösen Abstufung von Ehre unterworfen, die nicht selten zu Konflikten führte. Vielfach traten hofnahe Familien hervor, in denen die Übernahme von Hofämtern und die Nähe zum Monarchen gleichsam erblich wurde. An den Hofrangordnungen und den Vorgaben des höfischen Zeremoniells lassen sich die Erfordernisse monarchischer Repräsentation, aber auch die Statuskonflikte zwischen (bürgerlichen) Amtsträgern und den verschiedenen Gruppen des Adels gut beobachten (Möckl 1990a; Ponsonby 1951).

Die Monarchen des 19. Jahrhunderts interpretierten das Hofzeremoniell als Zeichen der generationenübergreifenden Kontinuität. Tagesabläufe, individuelles Verhalten der Höflinge und die jeweils erforderliche Hofkleidung schufen ein festes Gerüst, das an den Hof in der Frühen Neuzeit, wenngleich meist nicht an den Aufwand Ludwigs XIV. in Versailles erinnerte. Die Betonung der Tradition führte z.B. in Großbritannien dazu, dass die männlichen Hofmitglieder im Dienst noch am Ende des 19. Jahrhunderts Kniehosen und Strümpfe statt Anzug trugen. Mit dieser Kostümierung ähnelte der Hof einmal mehr dem Theater (Daniel 1995).

*Deutscher Kaiserhof*   Der Bedeutungsgewinn monarchischer Repräsentation im und durch den Hof ist für das wilhelminische Kaiserreich häufig hervorgehoben worden. Kaiser Wilhelm II. baute den preußischen Königshof durch erhöhten Aufwand zum prunkvollen Kaiserhof aus. Seine Berater und Freunde bemühten sich, den Kaiser auch politisch zu beeinflussen.

Ein besonders interessantes Forschungsgebiet stellen dabei die Hofdamen dar. Die Übernahme eines Hofamtes bedeutete für adlige Frauen eine der wenigen Möglichkeiten für eine wirtschaftlich unabhängige Lebensführung. Die Aufgaben bezogen sich vor allem auf die Begleitung eines weiblichen Mitglieds der monarchischen Familie. Das Amt einer Oberhofmeisterin stellte eine adlige Frau an eine herausgehobene Position in der höfischen Rangordnung. Monarchische Repräsentation konnte zum Beruf werden, allerdings blieb die Mehrzahl der Hofdamen –

meist als junge Erwachsene vor der Eheschließung – nur wenige Jahre in einer solchen Position. Die vergleichsweise gute Quellenlage wird besonders von den Tagebüchern, Briefsammlungen und Erinnerungen von Hofdamen des 19. Jahrhunderts geprägt (Bülow 1924; Spitzemberg 1960; Diemel 1998).

## 7.4 Fürstenerziehung am Hof

Wie in der Frühen Neuzeit richtet sich der Blick der Forschung auf die Erziehung des monarchischen Nachwuchses. Dabei geht es um den Wandel von Sozialisationsbedingungen und die Versuche, zukünftige Monarchen auf ihr Amt in einem „bürgerlicher" werdenden Jahrhundert vorzubereiten. Auch in diesem Zusammenhang ist die Beziehung des künftigen Kaisers Wilhelm II. zu seinem Erzieher Georg Hinzpeter besonders gewürdigt worden. Der junge Wilhelm wehrte sich früh gegen das anspruchsvolle Bildungsprogramm seiner Eltern und fand auch in der strengen Behandlung durch Hinzpeter wenig Selbstbestätigung. *Kaiser Wilhelm II.*

Dabei konnten sich die Erziehungsmodelle in den dynastischen Familien durchaus unterscheiden. Moritz Seebeck, Erzieher des künftigen Herzogs Georg II. von Sachsen-Meiningen, nahm seinen Zögling in die eigene Familie auf und fungierte damit praktisch als „Ersatz-Vater". Damit erreichte ein „bürgerliches" Erziehungsprogramm für die Fürstensöhne, das sich an die Inhalte und Themen der akademischen Beamtenausbildung anschloss, eine neue Dimension. Seebeck war nicht unwesentlich dafür verantwortlich, dass sich der junge sächsische Herzog als Unterstützer des preußischen Reichseinigungsanspruchs verstand. Übrigens reichte die politisch-kulturelle Wirkung dieses Erziehers weit über die Jugendjahre des künftigen Herzogs hinaus. Seebeck wurde Kurator der Universität Jena und übte damit auf das Bildungssystem der thüringischen Staaten einen nachhaltigen Einfluss aus (Gerber 2015).

Bis in die zweite Hälfte des 19. Jahrhunderts wurden die Fürstensöhne meist durch Privatlehrer unterrichtet, an deren Spitze der Erzieher stand. Das preußische Kronprinzenpaar Friedrich Wilhelm und Victoria entschied sich, ihren Sohn Wilhelm (II.) für längere Zeit in einem öffentlichen Gymnasium unterrichten zu lassen. An den privaten und/oder öffentlichen Schulbesuch schloss *Privater Unterricht* sich aber für die Söhne meist ein Universitätsbesuch für einige Semester an, der allerdings nicht der Erreichung eines akademischen Abschlusses diente.

Für Fürstentöchter stand öffentlicher Unterricht übrigens bis ins 20. Jahrhundert nicht zur Debatte. Noch die britische Monarchin Elisabeth II. wurde ausschließlich privat unterrichtet.

## 7.5 Quellen und Vertiefung

### 7.5.1 Sophie Wilhelmine Gräfin von Voß, Neunundsechzig Jahre am preußischen Hofe, Berlin 1930 (1876), S. 149

Über den Besuch des preußischen Königspaares in St. Petersburg 1809

13. Januar: Um elf Uhr fand in der Schloßkirche die große Zeremonie der Verlobung der Großfürstin Catherine statt, die Verlobten standen auf einer mit rotem Sammet beschlagenen Estrade, mit den brennenden Kerzen in der Hand; der Großalmosenier in seinem bischöflichen Ornat vollzog die Zeremonie, natürlich alles in russischer Sprache. Er segnete die Kerzen der Brautleute, und beide küßten das Kruzifix und die Hand des Priesters; dann wechselte die Kaiserin-Mutter die Ringe. Es war schön und feierlich, alle Menschen in der Kirche wohnten die ganze Zeit über stehend der Handlung bei; dann kam die heilige Messe; alle Herrschaften schienen mir sehr andächtig zu sein. Wir trugen alle die russische Hoftracht, welche der Kaiser uns gegeben hatte. Nachher großes Diner, Dienst der Hofchargen, Kanonendonner. Abends großer Ball, der höchst elegant war.

14. Januar: Früh zehn Uhr hatten wir Gratulationscour bei der Großfürstin Catherine, in Schleppen; sie empfing uns, d.h. die Moltke und mich, ehe es anfing, zuerst in ihrem Schlafzimmer, was eine große Auszeichnung und Artigkeit für uns war. Familiendiner bei der Kaiserin-Mutter. Der Kaiser kam nur auf einen Augenblick zum Diner, weil das schöne Haus des Prinzen Gagarin brannte und er beim Löschen sein wollte; aber man konnte es leider nicht retten. Abends große Oper.

### 7.5.2 Paula von Bülow, Aus verklungenen Zeiten. Lebenserinnerungen 1833–1920, Leipzig 1924, S. 76

(Über einen Besuch des Großherzogspaares von Mecklenburg-Schwerin in Wien 1870)

Als wir uns Wien näherten, „entstaubten" wir uns. Die Kleider wurden aber nicht gewechselt, was mich um so mehr in Erstaunen versetzte, als der Großherzog Reisezivil trug und auch meine Großherzogin sehr einfach gekleidet war. Ich fragte, ob wir uns nicht alle „schöner machen" müßten? Der Großherzog antwortete verneinend, er habe sich allen Empfang verbeten. Ich erlaubte mir daher einzuwenden, daß, da Ihre Königlichen Hoheiten als Gäste des Kaisers Franz Joseph unter seinem Dach wohnen würden, es selbstverständlich sei, daß der Kaiser die Frau Großherzogin persönlich empfangen würde. Mein sonst so einsichtsvoller Großherzog wollte das nicht glauben, und so fuhren wir im Reise-sans-gêne an der Burg, der Kaiserlichen Residenz, vor.

Die erste Person, deren wir hier ansichtig wurden, war Kaiser Franz Joseph in eigener Person unter dem Portal stehend in weißer Generalsuniform! Und wir allesamt bestaubt und der Großherzog en bourgeois und seine Gemahlin ureinfach ausstaffiert. Da war die Tragik der Hofetikette und ihre Komik dicht nebeneinander! Ich sehe ihn noch deutlich vor mir, den Kaiser Franz Joseph, mit seiner immer noch geschmeidigen, schlanken Figur; nur die Gesichtszüge hatten sich vergröbert.

### 7.5.3 Fragen und Anregungen

– Der Ablauf von zeremoniellen Ereignissen am Fürstenhof lässt sich mit dem Begriff der „Performanz" (Fischer-Lichte 2003) beschreiben. Nehmen Sie unter dieser Vorstellung des Aufführungscharakters zeitgenössische Zeitungsberichte über höfische Ereignisse in den Blick.
– Die Hofrangordnungen des 19. Jahrhunderts geben Auskunft über die gesellschaftlichen Eliten. Betrachten Sie unter diesem Gesichtspunkt den „Aufstieg" des Bürgertums.
– Die Erziehung von zukünftigen Monarchen sollte in der Frühen Neuzeit wie im 19. Jahrhundert im Ideal auf das Amt vorbereiten. Suchen Sie nach Quellen, die die Fürstenerziehung in den Kontext allgemeiner Erziehungsziele und Bildungsideale stellen.
– Inwieweit unterschied sich der Fürstenhof aus der Perspektive der Frauen- und Geschlechtergeschichte vom bürgerlichen Haushalt? Welche Geschlechterstereotypen waren wirksam?

### 7.5.4 Lektüreempfehlungen

Quellen
M. Gräfin v. Keller, Vierzig Jahre im Dienste der Kaiserin. Ein Kulturbild aus den Jahren 1881–1921, Leipzig 1935.
Königlich-Württembergisches Hof- und Staatshandbuch auf die Jahre 1807ff.
Neunundsechzig Jahre am Preußischen Hofe. Aus den Erinnerungen der Oberhofmeisterin Sophie Marie Gräfin von Voss, hg. v. W. Giebel, Berlin 2005 (Reprint der 5., unveränderten Aufl., Leipzig 1887).
R. Graf v. Zedlitz-Trützschler, Zwölf Jahre am deutschen Kaiserhof. Aufzeichnungen des Grafen Robert Zedlitz-Trützschler ehemaligen Hofmarschalls Wilhelms II., Stuttgart/Berlin/Leipzig 1923.

Forschung
D. Cannadine, The Context, Performance and Meaning of Ritual: The British Monarchy and the 'Invention of Tradition', c. 1820–1877, in: E. Hobsbawm/T. Ranger (Hg.), The Invention of Tradition, Cambridge 1981, S. 101–64 (*Grundlegender Aufsatz zur „Erfindung von Tradition" als Forschungsmodell*).
S. Freyer, Der Weimarer Hof um 1800. Eine Sozialgeschichte jenseits des Mythos, München 2013 (*Aktuelle Darstellung des „Musenhofes"*).
F.-L. Müller//H. Mehrkens (Hg.), Sons and Heirs. Succession and Political Culture in Nineteenth Century Europe, Basingstoke 2015 (*Monarchenerziehung aus der Perspektive der Frage nach dem Verhältnis von Throninhaber und Thronfolger*).
M. Vec, Das preußisches Zeremonialrecht. Eine Zerfallsgeschichte, in: P. Bahners/ G. Roellecke (Hg.), Preußische Stile. Ein Staat als Kunststück, Stuttgart 2001, S. 101–113 (*Zur Bedeutung von Zeremoniell seit der Frühen Neuzeit*).

# 8 Repräsentation in Festen, Jubiläen und Denkmälern

**Abb. 5:** Festumzug anlässlich des diamantenen Thronjubiläums Queen Victorias 1897.

Tausende jubelnder Menschen säumten die Straßen, als am 22. Juni 1897 das diamantene Thronjubiläum zum 60. Jahrestag des Regierungsantritts Queen Victorias gefeiert wurde. Spätestens jetzt hatten die Briten den Eindruck, dass Victorias Regierungszeit eine Epoche umfasste, die angesichts des hohen Lebensalters der Queen bald zu Ende gehen würde, ebenso wie das 19. Jahrhundert. „From my heart I thank my beloved people. May God bless them": Die Botschaft der Monarchin verbreitete sich durch die Telegraphie auf allen Erdteilen. Die Feierlichkeiten, die teilweise schon anlässlich des goldenen Jubiläums 1887 „geprobt" worden waren, erfassten das gesamte Land und das gesamte Empire. Gerade den imperialen Eliten in London und in den Zentren der Kolonien lag daran, das Fest als ein imperiales Fest der Zusammengehörigkeit und der wohltätigen britischen Herrschaft insgesamt zu begreifen. In London trat besonders die *royal procession* als Festumzug hervor, in der die Queen, vor der Sonne durch einen weißen Schirm geschützt, in einer Paradekutsche durch das Zentrum der Stadt zum Dankgottesdienst in der St. Paul's

Kathedrale fuhr, begleitet von einer Militärparade, die die Vielfältigkeit des Empires in den bunten Uniformen von Truppen aus sämtlichen Erdteilen illustrierte. Das Bild der Parade besaß drei essentielle Elemente: erstens die Queen als Verkörperung des Empires (die übrigens persönlich nie in Kanada, Indien oder Australien gewesen war), zweitens die Soldaten, die die militärische Macht des Empires verkörperten und die Herrschaft der Briten sicherten, und drittens die Massen der Zuschauer, die das Spektakel schätzen und ihrem Nationalstolz jubelnd Ausdruck verleihen konnten. Queen Victoria selbst stand den Festplänen eher skeptisch gegenüber. Ihre Abneigung gegenüber öffentlichen Auftritten war ihr nach dem Tod des Prinzgemahls Albert über Jahrzehnte zur Gewohnheit geworden und das strategische Ziel, durch ein derartiges Ereignis die Loyalität der Briten für die Monarchie und das Empire zu sichern, lag ihr fern. Im Nachhinein zeigte sie sich aber – gewohnt emotional – begeistert und ergriffen vom Erlebnis der imperialen Parade.

*Kritik*  Kritik an dem Massenereignis blieb selten: Die Sozialreformerin und engagierte Intellektuelle Beatrice Webb notierte in ihrem Tagebuch: „Imperialism in the air, all classes drunk with the sightseeing and hysterical loyalty" und bemerkte damit die emotionale Anziehungskraft des Spektakels auch für die unteren Schichten (Cannadine 1994; Wienfort 2005b).

## 8.1 Monarchische Feste als Forschungsthema

*cultural turn*  Die monarchische Festkultur des 19. Jahrhunderts ist im letzten Jahrzehnt zu einem der Schwerpunkte der historischen Forschung geworden. Die Leitbegriffe des *cultural turn*, Inszenierung und Repräsentation in Ritual und Zeremoniell, aber auch Identität und Erinnerungskultur, lassen sich hier in anschaulicher Weise erkunden. Überdies stellen solche Aspekte der Monarchiekultur die Verbindung zu den etablierten Interpretationsbegriffen des 19. Jahrhunderts her, z.B. dem der Nation oder der Klassengesellschaft, da es stets auch um die Rezeption der Monarchie in den jeweiligen staatlichen Öffentlichkeiten und darüber hinaus in Europa geht. In solchen Kontexten wird die Monarchie nicht mehr primär an ihrem politischen Einfluss gemessen, sondern es wird betrachtet, ob und in welcher Weise es der Monarchie gelang, sich als legitime Verkörperung des Volkswillens zu etablieren (Langewiesche 2013).

Napoleon I., der seine Krone dem Anspruch auf Verkörperung der Größe der französischen Nation verdankte, ließ den Tag seiner Krönung zum Kaiser der Franzosen jährlich durch ein nationales Fest feiern. Thronjubiläen wurden von zahlreichen Monarchen zum Anlass genommen, ihre Untertanen an die Leistungen der Monarchie für nationale oder staatliche Einheit zu erinnern. Dabei bleibt umstritten, ob und in welcher Weise solche Feierlichkeiten als monarchische Erfolge bewertet werden können (Mergen 2005; Sösemann 2003).

<small>Feier als Herrschaftsstrategie</small>

Der Weg, den die Monarchen in die Herzen ihrer Untertanen nahmen, führte immer deutlicher über die Zelebrierung der royalen Familie. Ein Zusammenhang mit dem Aufstieg und der Verbreitung eines bürgerlichen Familienmodells, das stereotype Geschlechtscharaktere und die Aufwertung der Kindheit mit sich brachte, liegt auf der Hand. Im 19. Jahrhundert gelangten die Familienereignisse der Dynastie, vor allem Geburt, Eheschließung und Tod, in eine zunehmend massenmedial geprägte Öffentlichkeit. Waren im 19. Jahrhundert Geburtstage der Monarchen wichtige Festanlässe, so sind sie am Ende des 20. Jahrhunderts gegenüber Hochzeiten in den Hintergrund getreten. Mit den Hochzeiten wurden die jüngeren Mitglieder der königlichen Familien immer wichtiger. Dieser Trend hält im Übrigen bis in die Gegenwart an, wie sich am Beispiel der Hochzeiten im Haus Windsor gut beobachten lässt (Müller/Mehrkens 2015; Urbach 2015; Wienfort 2016).

<small>Familienereignisse</small>

Im Deutschen Kaiserreich etablierte sich der Kaisergeburtstag (22. März für Wilhelm I., 19. Januar für Wilhelm II.) als monarchisches Fest. Dabei lässt sich einerseits das höfische Fest beobachten, das von der Monarchie und der höfischen Bürokratie in Berlin gesteuert wurde. Im Wilhelminismus wurden dagegen die dezentralen Feiern in Städten und Gemeinden wichtiger. Militärparaden, Vereinsumzüge, Festbankette der Honoratioren und Schulfeiern wurden zumindest in Preußen an zahlreichen Orten veranstaltet. In Preußen kann untersucht werden, wie die Rollen von Kaiser und Landesherr ineinandergriffen. In Bayern mit seinem starken Regionalbewusstsein und der hervorgehobenen Rolle der Wittelsbacher blieben die staatlichen Instanzen gegenüber Kaisergeburtstagsfeiern spürbar zurückhaltend. Auch politisch und

<small>Kaisergeburtstag</small>

sozial standen manche Gruppen den Feierlichkeiten fern. Hier machte sich bemerkbar, dass der Kulturkampf und die Sozialistengesetze den katholischen Bevölkerungsteil und die Sozialdemokratie zunächst aus dem neuen Reich demonstrativ ausgeschlossen hatten (Schellack 1990; Elsner 1991; Schneider 1995; Wienfort 1993b).

Soziale Integration

Sowohl für die höfischen Feiern als auch für die örtlichen Feste lässt sich fragen, welche sozialen, ethnischen und konfessionellen Gruppen hier integriert wurden. Anlässlich der Silbernen Hochzeit König Umbertos I. von Italien und Königin Margheritas fanden 1893 Militärparaden und Festumzüge statt. Im Deutschen Kaiserreich hoben zahlreiche Gottesdienste mehrheitlich die Protestanten als Unterstützer der protestantischen Hohenzollern-Monarchie hervor. Die Honoratiorendiners versammelten die lokalen Eliten von Staat und Militär, aber auch Teile der wirtschaftlichen Führungsschichten. In Großbritannien (z.B. bei den Thronjubiläen Königin Victorias) und in Frankreich gab man sich besondere Mühe, in die monarchischen Feste überall im Land auch die breiten Bevölkerungsschichten einzubeziehen. Man veranstaltete z.B. Spiele und Wettkämpfe oder öffentliche Mahlzeiten für ärmere Bevölkerungsgruppen. Manche Monarchen spendeten anlässlich von Jubiläen sogar Mitgiften für unbemittelte Mädchen. Da der Besitz eines auch geringen Geldbetrages die Heiratschancen deutlich erhöhte, profitierten Frauen damit unmittelbar von der Feier der Monarchie (Sellin 2011, S.64–66).

Der Erfolg solcher Veranstaltungen mit Blick auf die Erhöhung der Akzeptanz der Monarchie, in der Quellensprache oft „Anhänglichkeit" genannt, lässt sich selbst im begrenzten städtischen Rahmen schwer einschätzen. 1888 feierte die Stadt München den einhundertsten Geburtstag König Ludwigs I. Der Erfolg der Spendenwerbung war jedenfalls begrenzt. König Ludwig I., der im Zusammenhang mit der Lola-Montez-Affäre 1848 zugunsten seines Sohnes abgedankt hatte, war in Bayern nur wenig populär (Mergen 2005).

## 8.2 Monarchenreisen

Staatsbesuche

Für die Mittelalterforschung sind die Itinerare der Könige als „Wanderherrscher" eine wichtige Quelle, die Auskunft über die räumlichen Schwerpunkte der Herrschaft in ausgedehnten Territorien ohne stabile Kommunikationsstrukturen geben. Staatsbesuche und Treffen von Monarchen stellten in der ersten Hälfte des 19. Jahrhunderts wichtige Ereignisse der internationalen Politik dar. Johannes Paulmann hat gezeigt, wie schwierig die zeremonialen Regelungen dabei gewesen sind, da sie immer auch Auskunft über den Rang der entsprechenden Herrscher gaben. Grundsätzlich lässt sich festhalten, dass Zeremonien in Anlehnung an die Forschung zur Frühen Neuzeit nicht bloß Ornamente darstellen, die sich von der Substanz der Politik unterscheiden lassen, sondern selbst Teil der internationalen Politik gewesen sind. Zu Beginn des 20. Jahrhunderts nahm die imperiale Monarchie auch weite Reisen in Kauf. Während der britische Monarch beim berühmten Dehli Durbar von 1903, bei dem die indischen Fürsten die Oberherrschaft der Briten feierlich bestätigten, nicht teilgenommen hatte, reiste der neue König Georg V. 1911 nach Indien, um die Krönungsfeier persönlich mitzuerleben (Paulmann 2000, Historical Record 1914, Codell 2012).

In der zweiten Hälfte des 19. Jahrhunderts wurden die Reisen der Monarchen vielfach „privater". Anlässe boten nicht mehr nur Staatsbesuche, sondern auch Familientreffen, Jagdreisen, Urlaubsreisen und Badeaufenthalte zur Förderung der Gesundheit. Oft war der Aufenthalt in der Residenz unbeliebt, und viele Monarchen strebten danach, die Unbequemlichkeit der traditionellen Residenzschlösser mit dem Komfort von Sommersitzen oder Hotels zu vertauschen. Die Unterschiede waren aber beträchtlich. Während Queen Victoria den Aufenthalt in ihrem Schloss Osborne auf der Insel Wight abwechselnd mit Balmoral im schottischen Hochland bevorzugte, reiste der deutsche Kaiser Wilhelm II. beständig zwischen den bevorzugten Badeorten der europäischen Führungsschichten und Jagdschlössern hin und her. Herrscher und Herrscherinnen und die Mitglieder ihrer Familien besuchten die Untertanen in der Provinz und erschienen zur Eröffnung von Krankenhäusern und lokalen Empfängen. Zwar war der persönliche Kontakt zum reisenden Monarchen meist auf die Eliten beschränkt, aber immer mehr Einwohner konnten davon berichten, den König auch selbst einmal gesehen zu haben (Urbach 2011; Röhl 1993ff.).

*Privatreisen*

## 8.3 Monarchendenkmäler

*Denkmalsjahrhundert*

Sowohl den Monarchen selbst als auch den staatlichen Eliten lag es im 19. Jahrhundert als „Denkmalsjahrhundert" besonders nahe, für verstorbene Monarchen Denkmäler zu errichten. Allerdings mussten sich die Monarchendenkmäler in Deutschland der Konkurrenz der Nationaldenkmäler (z.B. der Walhalla, dem Völkerschlachtdenkmal, dem Hermannsdenkmal) und der großen Geistesheroen (Goethe, Schiller) stellen. Auch die Bismarck-Denkmäler als Sinnbild für die vollzogene Einheit der Nation stellten eine Alternative dar. Denkmäler an sich besaßen dabei gegenüber der Vergänglichkeit von Festen einen wichtigen Vorteil: Sie blieben auch über die Einweihungsfeier hinaus präsent und konnten weiterhin geeignete Veranstaltungsorte für Feiern abgeben. Monarchendenkmäler wurden zum Schaustück für gezielte Erinnerungspolitik: Das Standbild Friedrichs II. Unter den Linden in Berlin, das in den 1840er Jahren entstand und 1851 eingeweiht wurde, wurde von dem Bildhauer Christian Daniel Rauch geschaffen und gilt als eines der bedeutendsten Standbilder des 19. Jahrhunderts. Das Denkmal nahm die traditionelle Form des Reiterstandbildes auf und stellte König Friedrich II. in Uniform dar, so wie ihn die Einwohner Preußens in Erinnerung hatten. Gegen die Popularität König Friedrichs II., der auf Dauer die Größe Preußens verkörperte, konnten die Herrscher des 19. Jahrhunderts kaum ankommen. Das Kyffhäuserdenkmal in Thüringen sollte an Kaiser Wilhelm I. erinnern. Für die Einweihung des Denkmals für Kaiser Wilhelm I. 1897 vor dem Berliner Stadtschloss sieht der Historiker Fritz Schellack keinen Anlass, von einem Erfolg zu sprechen (Schellack 1990).

## 8.4 Monarchische Repräsentation in der Architektur der Residenz

Der Gestaltungswille der Monarchen im 19. Jahrhundert endete nicht mit der Aufstellung von Denkmälern für die Vorgänger. Manche Hauptstädte sind bis in die Gegenwart in besonderer Weise durch die Architektur geprägt, die ein Monarch wesentlich mitgestaltet hat. Beinahe überall wurden die Residenzschlösser auch im 19. Jahrhundert noch umgebaut und beinahe überall ging es wenigstens um kleinere bauliche Veränderungen, die die Schlösser an die modernen Wohnstandards anpassten. Bedeutende Umbauten oder die Errichtung neuer Schlösser (Schloss Babelsberg, Schloss Cecilienhof in Potsdam) kamen hinzu. In München richtete sich der Gestaltungswille Ludwigs I. auf die Stadtanlage und -planung selbst. Der Königsplatz, die Ludwigstrasse oder die (Alte) Pinakothek gehen auf die Initiative des Königs zurück. In Großbritannien regte Prinz Albert den Bau eines Balkons am Buckingham Palace an, der zur Repräsentation der Königsfamilie genutzt wurde (Gollwitzer 1986; Neugebauer 2008).

## 8.5 Quellen und Vertiefung

Die Reisen des Monarchen zu besonderen Anlässen wurden durch ein Einzugszeremoniell besonders hervorgehoben. 1861 reiste der neue preußische König Wilhelm I. zur Krönung nach Königsberg. Da in Preußen seit 1701 keine Krönung mehr stattgefunden hatte, musste Graf Stillfried-Alcantara als Ober-Zeremonienmeister für den Einzug des Königspaares in die Stadt eine Ordnung festlegen. An der Krönung nahmen auch der Kronprinz und die übrigen Prinzen teil, um zu dokumentieren, dass es sich um ein dynastisches Ereignis handelte. In der Ordnung des Zuges mussten König und Königin, die jeweiligen Hofstaaten, das Militär und die lokalen Zivilbehörden sowie andere lokale Gruppen berücksichtigt werden. Der König und die Prinzen zogen zu Pferd in die Stadt ein und gaben dem Ereignis damit ein zusätzlich militärisches Gepräge.

In der – zunehmend digitalisiert verfügbaren – zeitgenössischen Presse finden sich Berichte über die Reisen der Monarchen und monarchische Ereignisse überhaupt in großer Zahl. Die Berichte fallen oft sehr ausführlich aus und bemühen sich, ein plastisches Bild des Ereignisses zu entwerfen. Auch die Reden werden oft ausführlich wiedergegeben, obwohl sich kaum sagen lässt, wie wortgetreu diese Wiedergabe ausfallen konnte. Aus der Perspektive der Leserschaft kam es dabei auf die Prominenz und den Rang der anwesenden Gäste an, die namentlich genannt wurden. Das militärische Zeremoniell wurde ebenfalls gewürdigt. Presseberichte konnten aber auch noch anderen Zwecken dienen, z.B.

der Modeberichterstattung. In der Denkmalseinweihung von 1896 ist jedenfalls auch ein Versuch gezielter Erinnerungspolitik Kaiser Wilhelms II. zu sehen.

### 8.5.1 Zeremonialordnung für den Einzug des Königs in Königsberg anlässlich der Krönung (Berlin, 1.10.1861)

**473. Zeremoniellordnungen.**
**Berlin, 1. Oktober 1861.**
*Verwaltungsdruck*
*GStA PK, I. HA Rep. 168 Abt. A Sekt. IV Nr. 49, Bl. 36–36v, 51–52.*
*Ordnung für den Einzug des Königs in Königsberg und in Berlin.*
*Vgl. Einleitung, S. 98, 100 und 167 und Dok. Nr. 475 und 477.*

Allerhöchst befohlene Ordnung des Zeremoniells bei dem am 14. Oktober 1861 stattfindenden feierlichen Einzuge Seiner Majestät des Königs und Ihrer Majestät der Königin in Königsberg.

Montag den 14. Oktober, mittags 12 Uhr, werden Ihre Königlichen Majestäten durch das Brandenburger Tor ihren feierlichen Einzug in Königsberg halten.

Kurz vor der Stadt, woselbst Ihre Königlichen Hoheiten der Kronprinz und die Prinzen des Königlichen Hauses, die diensttuenden General- und Flügel-Adjutanten, der Oberpräsident, der Oberbürgermeister und die städtischen Behörden, sowie die Deputierten der Stadtverordneten und der Kaufmannschaft Ihre Majestäten erwarten, werden Seine Majestät der König Allerhöchst sich zu Pferde setzen.

Er ordnet sich folgender Zug:
1. zufolge alten Anrechts:
   das Fleischergewerk der Stadt Königsberg mit seiner Standarte und seinen Heer-Pauken,
2. 1 Zug des 3. Kürassier-Regiments mit Musik und Standarte,
3. 2 Königliche Flügel-Adjutanten,
4. Seine Majestät der König, umgeben von Ihren Königlichen Hoheiten, dem Kronprinzen und den Prinzen des Königlichen Hauses zur Rechten, und zur Linken (etwas seitwärts) der diensttuende General- und der diensttuende Flügel-Adjutant Seiner Majestät,
5. zwei Königliche Stallmeister,
6. Ihre Majestät die Königin in einem achtspännigen Galawagen, gegenüber Ihrer Majestät der Königin Allerhöchstdero stellvertretende Oberhofmeisterin,
   am Schlage des Wagens (etwas rückwärts) reiten rechts der Ober-

stallmeister Seiner Majestät des Königs, links der Gouverneur von Königsberg,
7. die anwesenden Generale,
8. die diensttuenden General- und Flügel-Adjutanten Seiner Majestät,
9. die Adjutanten Ihrer Königlichen Hoheiten des Kronprinzen und der Prinzen des Königlichen Hauses,
10. die Hof-Equipagen mit dem Gefolge Ihrer Majestät,
11. die Wagen der städtischen Deputierten.

Sobald Ihre Königlichen Majestäten das Tor erreichen, werden 101 Kanonenschüsse abgefeuert.

Innerhalb des Tores werden Ihre Königlichen Majestäten in herkömmlicher Weise begrüßt.

Die Schützengilde und die Innungen und Gewerke der Stadt bilden Spalier, schwenken, nachdem Ihre Königlichen Majestäten vorübergezogen, ab, und schließen sich dem Zuge an. Musik-Chöre gehen jedem Gewerk voraus.

Es wird mit allen Glocken geläutet.

Im Schlosse, woselbst Ihre Königlichen Hoheiten die Kronprinzessin und die Prinzessinnen des Königlichen Hauses sich versammelt haben und Ihre Majestäten erwarten, haben sich
1. das Offizierskorps,
2. sämtliche Zivilbehörden, und
3. die Geistlichkeit

zum Empfange Allerhöchstderselben aufgestellt.

Berlin, den 1. Oktober 1861

Der Ober-Zeremonienmeister: Stillfried Graf Alcàntara

Quelle: (Huch, Ehrenpforte, 2. Halbbd., S. 1272f.)

## 8.5.2 Das Kaiser Wilhelm-Denkmal auf dem Wittekindsberg

**Wittekindsberg**

(Porta Westfalica), 18. Oktober. Unter Regen und Sturm brach der heutige Festtag an. Trotzdem brachte jeder Eisenbahnzug eine große Anzahl Gäste. Von früh ab zogen die Kriegervereine der Provinz mit Fahnen und

Musik heran. Lange Wagenreihen brachten sodann die offiziellen Persönlichkeiten und Ehrengäste nach dem Denkmalsplatz. Die Tribünen sind dicht besetzt. Während Hunderte von Fahnen der Vereine auf der zum Denkmal führenden Treppe Aufstellung nahmen, brach die Sonne durch die Wolken und beleuchtete das farbenprächtige Bild, in welchem zahlreiche Militär- und Civiluniformen Abwechselung boten. Dem Kaiserzelt zunächst hatten ihre Plätze der kommandierende General des VII. Armeekorps, General der Infanterie von Goetze, der Oberpräsident der Provinz Westfalen, Wirklicher Geheimer Rath Studt, der Vorsitzende des Provinziallandtages v. Oheimb, der Bischof von Paderborn Simar, der Bischof von Münster Dingelstedt, der Landeshauptmann Geheimer Oberregierungsrath Overweg, der Generalsuperintendent Diakonus Nebe, die Regierungspräsidenten Winzer (Arnsberg), Schwarzenberg (Münster), v. Arnstedt (Minden) und der Konsistorialpräsident v. Westhoven. Hinter dem Denkmal hatten 700 Posaunenbläser und an der Einfahrt zum Festplatz eine Ehrenkompagnie des 15. Infanterieregiments mit der Front gegen das Denkmal Aufstellung genommen.

Gegen der Uhr erfolgte unter Voranreiten einer Schwadron der 4. Kürassiere die Ankunft des Kaisers und der Kaiserin, während vom Jakobsberg Kanonen den Salut donnerten. Der Kaiser, in Husarenuniform mit grauem Mantel, verließ den Wagen, schritt die Front der Ehrenkompagnie ab, ging alsdann der Kaiserin zum Wagen entgegen und geleitete dieselbe zum Kaiserzelt. Die Kaiserin hatte ein moosgrünes Plüschkostüm mit anschließender, an Brust und Rücken goldgestickter Jacke aus gleichem Stoff angelegt. Dazu trug sie Nerzmuff und kleine Boa und einen schwarzen, mit goldgelbem Sammet und schwarzen Federn garnirten Hut.

Nach Schluß eines Gesangsvortrages hielt der Vorsitzende des Provinziallandtages von Oheimb eine Begrüßungsansprache: „Das Denkmal, dass am Jahrestage der Geburt des vielgeliebten, heldenmüthigen Kaisers Friedrich und der ruhmreichen Schlacht bei Leipzig" eingeweiht werde, habe die Provinz dem großen Kaiser Wilhelm I. in Dankbarkeit und Verehrung errichtet. Das von bewährter Künstlerhand entworfene Denkmal mahne daran, dasjenige in Ehren zu halten, was unter Kaiser Wilhelm durch deutsche Kraft und deutsche Einigkeit erworben worden, und über die trennenden Partei- und

Interessengegensätze die Pflicht zur Wahrung und Förderung des allgemeinen Wohles nicht aus den Augen zu verlieren, patriotischen Geistes dazu zu helfen, daß das Reich in Eintracht erstarke, daß Friede, Treue und Gottesfurcht in demselben erhalten bleibe. Dieses Gelöbnis gebe heute dem Denkmal die rechte Weihe.

**Die Rede des Kaisers** (...)
Quelle: Berliner Tageblatt und Handelszeitung, 19.10.1896

## 8.5.3 Fragen und Anregungen

- Die Reisen der Monarchen gaben den regionalen Eliten und der Bevölkerung die Möglichkeit, die Fürsten persönlich zu sehen. Analysieren Sie die unterschiedlichen Formen der Kontaktaufnahme. Welche Gruppen blieben ausgeschlossen?
- Die Zeremonialordnungen demonstrierten der Bevölkerung die Hierarchie der höfischen Gesellschaft. Analysieren Sie die Ordnung und denken Sie über die Kriterien nach, die der Rangfolge zugrunde liegen.
- Viele Monarchen des 19. Jahrhunderts bemühten sich mit Blick auf ihre Vorfahren oder Ehegatten (z.B. Prinzgemahl Albert in Großbritannien) um eine gezielte Erinnerungspolitik in Form von Denkmälern. Das 19. Jahrhundert ist oft als „Denkmalsjahrhundert" bezeichnet worden. Ist es gerechtfertigt zu sagen, andere Denkmäler (für Bismarck, Schiller) hätten größeren Erfolg gehabt als jene für Monarchen?
- Der Gestaltungswille der Monarchen in der Stadtarchitektur blieb auch im 19. Jahrhundert bestehen. Betrachten Sie verschiedene Residenzstädte mit Blick auf die monarchischen Vorstellungen von einer Residenz.
- Für die Wahrnehmung der Monarchen wurden die Presseberichte immer wichtiger. Die Presse folgte den Monarchenreisen und berichtete oft in sehr ehrerbietiger Weise. Analysieren Sie die Sprache der Berichterstattung des Berliner Tageblatts.

## 8.5.4 Lektüreempfehlungen

G. Huch, Zwischen Ehrenpforte und Inkognito: preußische Könige auf Reisen. Quellen zur Repräsentation der Monarchie zwischen 1797 und 1871, Berlin 2016 (*Vielfältige Quellensammlung zu den Reisen preußischer Könige, vor allem zur Organisation der Reisen*). — Quellen

H. Büschel, Untertanenliebe. Der Kult um deutsche Monarchen 1770–1830, Göttingen 2006 (*Studie zum frühen 19. Jahrhundert, auch zur Planung monarchischer Ereignisse*). — Forschungsliteratur

S. Mergen, Monarchiejubiläen im 19. Jahrhundert. Die Entdeckung des historischen Jubiläums für den monarchischen Kult in Sachsen und Bayern, Leipzig 2005 (*Jubiläen als Teil der Herrschaftsstrategie im Ländervergleich*).

F. Schellack, Nationalfeiertage in Deutschland 1871–1945, Frankfurt a.M. 1990 (*Überblick zur Geschichte nationaler Feiertage vom Kaiserreich bis in die Weimarer Republik und den Nationalsozialismus, indem die Frage nach dem Weiterleben monarchischer Kultelemente gestellt wird*).

K. Tenfelde, Adventus. Zur historischen Ikonologie des Festzuges, in: Historische Zeitschrift 235.1982, S. 45–84. (*Grundlegender, epochenübergreifender Aufsatz zum Einzug des Herrschers*).

# 9 Kunstkultur und Alltagskultur

**Abb. 6:** Gedenkmedaille der Stadt London zum diamantenen Thronjubiläum der Queen Victoria, 1897

Anlässlich von wichtigen Ereignissen der Regierungszeit eines Monarchen, namentlich zu Jubiläen, wurden traditionell Gedenkmedaillen geprägt. Auf der Bronzemedaille, die die Stadt London zum diamantenen Thronjubiläum 1897 prägen ließ, ist Victoria mit Schleier und Krone als „Königin und Kaiserin" (lat. Abkürzung: R: (für Regina) ET I (für Imperatrix) in klassischer Herrscherpose abgebildet. Der Titel einer „Kaiserin von Indien", den Victoria 1877 auf Vorschlag ihres Premierministers Benjamin Disraeli angenommen hatte, sollte die Verbindung zwischen Monarchie und Imperium besonders betonen. Dabei schrieben sich die Auftraggeber, hier die Hauptstadt London, mit der Medaille in diesen Zusammenhang ein. Einerseits wurde damit die Popularität der Monarchie an das britische Weltreich gebunden, andererseits öffnete sich aber auch ein Forum für eine erneuerte Monarchiekritik aus der Perspektive derjenigen, die dem britischen Imperialismus generell skeptisch gegenüberstanden. Das Münzkabinett zu Berlin präsentiert eine Auswahl solcher Medaillen in mustergültiger Aufbereitung.

## 9.1 Kunst und Mäzenatentum

### 9.1.1 Herrscherporträts

Die Selbstdarstellung der Monarchen erforderte nicht nur den Einsatz von komplexen anlassbezogenen Zeremonien, sondern auch die Einbeziehung der Kunst. Klassischerweise kam dem Herrscherporträt dabei eine besondere Bedeutung zu. Zwar erreichte im 19. Jahrhundert kaum mehr ein Bild die ikonische Qualität wie das Porträt König Ludwigs XIV. von Hyacinthe Rigaud, aber Jacques-Louis Davids 1807 fertiggestelltes Monumentalgemälde „Die Krönung in Notre-Dame" hielt die Vollendung des Aufstiegs des Revolutionsgenerals zum Kaiser Napoleon in eindrücklicher Weise fest. Auf dem Gemälde sind übrigens auch Personen zu sehen, die, wie z.B. Napoleons Mutter, bei der Krönung tatsächlich nicht anwesend waren. Obwohl das Gemälde auf den ersten Blick eine traditionelle Krönung zeigt, ordnet es den aktiven Part klar Napoleon zu, der Papst und die klerikalen Würdenträger schauen nur zu (Tulard 2004; Schoch 1975).

Die Staatsporträts des 19. Jahrhunderts blieben meist künstlerisch konventionell. Max Koner malte Kaiser Wilhelm II. in Herrscherpose in Anlehnung an Rigauds Darstellung. Anton von Werners Monumentalgemälde „Die Proklamation des Deutschen Kaiserreiches (18. Januar 1871)" entstand in den 1880er Jahren als Wandgemälde für das Zeughaus in Berlin, das zur „Ruhmeshalle der brandenburgisch-preußischen Armee" umgestaltet wurde. In der noch erhaltenen Fassung des Motivs, die sich heute in Friedrichsruh, dem Wohnsitz Bismarcks, befindet, steht Kaiser Wilhelm I. mit den deutschen Fürsten auf der Estrade, während sich Bismarck mit der Proklamationsurkunde in der Mitte des Bilds befindet.

### 9.1.2 Schloss und Residenz

*Monarchischer Bauboom*

Die Kunstförderung umfasste mit dem Bau von Schlössern aber auch eine zentrale Form der Herrschaftsrepräsentation. Kaiser Wilhelm I. erweiterte das durch König Friedrich II. und König Friedrich Wilhelm IV. begründete „preußische Arkadien" in Berlin und Potsdam um Schloss Babelsberg, und noch kurz vor dem Ersten Weltkrieg wurde in Potsdam – in englischem Landhausstil – Schloss Cecilienhof errichtet. Im 19. Jahrhundert prägten manche Monarchen die Stadtentwicklung nachhaltig: König Ludwig I. von Bayern ließ Leo von Klenze und Friedrich von Gärtner in München mit der Ludwigstraße einen Stadtteil errichten, der Archiv, Museum und Universität zusammenbrachte. In Wien entstand seit den 1850er Jahren mit der Ringstraße monumentale Herrschaftsarchitektur mit imperialem Anspruch, der sich die Spitzen von Adel und Bürgertum mit privaten Bauten anschlossen. Das Burgtheater, das Rathaus, das Parlament, die Kunst- und Naturgeschichtlichen Museen und schließlich die Wiener Kaffeehäuser rahmten nun die Hofburg als Kaiserresidenz. König Ludwig II. von Bayern begeisterte sich wiederum für Schlossarchitektur und baute Neuschwanstein, Herrenchiemsee und Linderhof als imposante Ausdrucksformen einer romantisch geprägten monarchischen Ästhetik. Die hohen Kosten für diese Bauten führten allerdings zu einer politischen Krise, die die Legitimation der Monarchie bedrohte und die Überlegungen für eine Entmündigung des Königs in Gang setzten (Gollwitzer 1986; Bernhard 1992; Sykora 2004).

Neben den Neubau von Schlössern traten der Umbau von Residenzschlössern oder die Neugestaltung und Ausschmückung von Straßen, z.B. die Siegesallee in Berlin, auf der Kaiser Wilhelm II. Marmordenkmäler der preußischen Kurfürsten und Könige aufstellen ließ. Auf dem damaligen Königsplatz stand die als Denkmal für die Einigungskriege erbaute Siegessäule, die am 2. September 1873 (anlässlich des Sedantages) durch Kaiser Wilhelm I. eingeweiht wurde. Traditionelle Residenzen konnten aber auch an Bedeutung verlieren. So wurde das Berliner Stadtschloss im Kaiserreich weniger als Wohnung der Monarchen genutzt und auf die Funktion als Festort reduziert (Neugebauer 2008; Alings 1996; Ribbe 2005; Neugebauer 1999; Geyer 2001).

*Umbauten und Bedeutungswandel*

### 9.1.3 Mäzenatentum

Herrschaftskunst besaß einen fließenden Übergang zum Mäzenatentum, vor allem dann, wenn ein noch unbekannter Künstler mit einem Bauwerk, einem Porträt oder sonstigen Kunstwerk beauftragt wurde. In der Frühen Neuzeit waren die Fürsten regelmäßig

*Kunst und persönliche Interessen*

Auftraggeber für Kirchen, Gemälde und bedeutende Musikstücke gewesen. Auch im 19. Jahrhundert engagierten sich die Monarchen beim Bau von Denkmälern für die eigenen Vorfahren im Zusammenhang einer gezielten Erinnerungspolitik. Die Beziehung Ludwigs II. von Bayern zu Richard Wagner changierte zwischen der persönlichen Bewunderung des Monarchen für den Künstler und dessen Kunst einerseits und dem konkreten Bemühen um Wagners auch wirtschaftliche Etablierung andererseits (Tauber 2013).

Sachsen-Meiningen

Nicht nur die Architektur, für die sich auch der zeichnende preußische König Friedrich Wilhelm IV. besonders begeisterte, zog das Interesse von Monarchen auf sich. Herzog Georg II. von Sachsen-Meiningen ist als „Theaterfürst" des 19. Jahrhunderts in Erinnerung geblieben. Der Herzog interessierte sich von Jugend an für Kunst, zeichnete und musizierte, schließlich wirkte er persönlich als Theaterregisseur. Eigene künstlerische Neigung und Mäzenatentum gingen in seiner Person eine untrennbare Verbindung ein. Herzog Georg begeisterte sich für die Maler des Historismus und beauftragte sie mit der Ausstattung seiner verschiedenen Wohnsitze, besonders auch der „Villa Carlotta" am Comer See. Er lud bedeutende Musiker wie Franz Liszt nach Meiningen ein und machte mit beträchtlichen finanziellen Mitteln das Hoftheater der kleinen Stadt zu einer herausragenden Bühne. Der Herzog suchte nicht bloß nach Schauspielern und Schauspielerinnen, die seinen Vorstellungen von Regietheater entsprachen (bevorzugt wurden Shakespeares Stücke aufgeführt), sondern beschäftigte sich persönlich mit Kostümen und Bühnentechnik. Schließlich drückte er diese Lebenseinstellung mit einer für die Fürstenwelt kaum akzeptablen Entscheidung aus: In morganatischer Ehe heiratete er die Schauspielerin Ellen Franz und machte sie zur Freifrau von Heldburg (Kroll 2002; Lüdtke 2015).

In der Diplomatie und innerhalb der Fürstenfamilien hatten Geschenke eine besondere Tradition. Gastgeschenke sollten vor allem die Wertschätzung des Gastgebers hervorheben und Dank ausdrücken. Man sandte sich gegenseitig Porträts, Porzellanservices aus Meißen oder von der Berliner Königlichen Porzellanmanufaktur (KPM), Zigarettenetuis oder Vasen. Im Deutschen Kaiserreich wurde der Wert solcher Geschenke aber meist auf dreistellige Summen begrenzt. Mit dem Zarenhof konnten die übrigen europäischen Monarchen nicht mithalten: Am Ende des 19.

Jahrhunderts waren besonders die kostbaren Fabergé-Prunkeier berühmt, die der russische Zar Nikolaus II. seiner Ehefrau und seiner Mutter zu Ostern als Geschenke überreichte (Jarchow 1998).

## 9.2 Alltagskultur

### 9.2.1 Massenfotographien und Museen

In der zweiten Hälfte des 19. Jahrhunderts wurden Monarchen auch zunehmend zum Gegenstand und Motiv einer Alltags- und Massenkultur. Eine Andenkenindustrie produzierte Fotographien und Gebrauchsgegenstände mit dem Bild des Monarchen bzw. den Mitgliedern der fürstlichen Familie. Kaiser Wilhelm I. ließ sich häufig in „Alltagsuniform" oder Jagdkleidung fotografieren und verbreitete damit das Bild eines unzeremoniellen oder „privaten" Herrschers. Mit dem Fortschritt der Technik wurden immer vielfältigere Bilder von Ereignissen möglich. Kaiser Wilhelm II. wurde als Ganzkörperporträt mit gezogenem Degen gezeigt und auch die royalen Familien immer häufiger porträtiert. Familienfeiern und Herrschaftsjubiläen lieferten die Anlässe, die die Verbreitung von Bildern der Herrscherfamilie über das obligatorische Bildnis in den Amtsstuben hinaus ermöglichten. Monarchenbilder auf Postkarten verbreiteten sich zu Hunderttausenden in den europäischen Staaten. Ob es sich dabei um gezielte monarchische „Emotionspolitik" handelte, müsste der Einzelfall zeigen. In jedem Fall ließ die Steuerungsmöglichkeit für die Monarchie mit der technischen Entwicklung nach der Jahrhundertwende nach. Fotographien von Monarchen wurden nun auch ohne Erlaubnis angefertigt und vervielfältigt (Frevert 2012; Geisthövel 2003; Kohlrausch 2006).

<small>Andenkenindustrie</small>

Die Repräsentation der Monarchie nach außen und in die Gesellschaft nahm im letzten Drittel des 19. Jahrhunderts bis dahin ungekannte Formen an. Friedrich Wilhelm (später Kaiser Friedrich III.) plante als deutscher und preußischer Kronprinz das Hohenzollern-Museum in Schloss Monbijou in Berlin, das 1877 eröffnet wurde. Das Hohenzollern-Museum ordnete seine Exponate den Herrschern in verschiedenen Zimmern zu. Es wurden zahlreiche „Adressen" ausgestellt, in denen die „Untertanen" in vielfältiger sozialer und regionaler Zusammensetzung Treue und Anhäng-

<small>Hohenzollern-Museum</small>

lichkeit an den Monarchen bekundeten. Es entstand der Eindruck, als lerne man besonders das „Privatleben" der Fürsten kennen. Die Ausstellung zeigte Bilder der Monarchen, zahlreiche Geschenke und Gebrauchsgegenstände aus dem Familienbesitz und schuf so einen öffentlichen Erinnerungsort für die Dynastie. Dabei wurde deutlich, wie der Strom an Geschenken aus der Bevölkerung für den Monarchen stetig gewachsen war. Die Monarchen erhielten Stickereien und Kissen, Mützen und Pantoffeln, aber vor allem Blumen und Lebensmittel. Für Wilhelm I. wurde seine Lieblingsblume, die Kornblume, gleichzeitig zum Massengeschenk und Identifikationssymbol (Müller 2013; Giloi 2011).

Das Hohenzollern-Museum veranschaulichte und überhöhte letztlich die Geschichte der preußischen Staatswerdung mit dem Endpunkt der Reichsgründung in den Persönlichkeiten der Herrscher (vor allem Friedrich II., Luise, Wilhelm I.) und verknüpfte diese mit Möbeln und Ausstattungsgegenständen ihrer alltäglichen Umgebung. Im Museum fanden sich bekannte Porträts von Familienmitgliedern neben einer Flöte Friedrichs II., Lorgnetten und Leuchten, Vasen und Wärmflaschen. Solche „Reliquien" wurden mit „Souvenirs" verbunden, also Gegenständen, die mit der Abbildung eines Monarchen an diesen erinnern sollten (Windt/Luh/Dilba 2005).

*Museumsviertel in London*

Auch in Großbritannien wurde ein Museum zum wichtigen Erinnerungsort für die Monarchie. In der Folge der Londoner Weltausstellung von 1851, die wesentlich von Prinz Albert initiiert worden war, wurde in den 1850er Jahren das South Kensington Museum als größte Sammlung für weltweite Kunst und Kunstgewerbe gegründet. Einer der letzten öffentlichen Auftritte Queen Victorias galt der feierlichen Umbenennung des Museums in Victoria and Albert Museum 1899. Im Zusammenhang mit dem Natural History Museum, der Royal Albert Hall und dem Denkmal für Prinz Albert entstand in Kensington eine royale Kulturmeile, die die Londoner Schlossbauten von Buckingham Palace über Kensington Palace bis zu Clarence House monumental ergänzte (Rappaport 2011).

## 9.2.2 Monarchie im Film

Seit den 1890er Jahren wurden die Monarchen und ihre Familien zu medialen „Celebrities" und damit zu Gefährten des Alltagslebens zahlreicher Einwohner. 1895 entstanden die ersten Filmaufnahmen von Kaiser Wilhelm II. Denkmalseinweihungen, Herrschaftsjubiläen der Hohenzollern, Jagdgesellschaften, (Nordland-) Reisen, Militärparaden und Manöver der Marine gaben die Schauplätze für den Kaiser als Filmpersönlichkeit ab. Durch zahlreiche Kurzfilme, die, ähnlich wie später die Wochenschauen, zunehmend in festen Kinosälen gezeigt wurden, machte sich das Publikum mit dem Terminkalender des monarchischen Jahres bekannt. Die häufigen Filmaufnahmen ermöglichen ein Spektrum von Inszenierungen zwischen monarchischem Pomp und hochformeller Repräsentation einerseits und lässigen Posen und familiären Auftritten andererseits. Das Bild des Kaisers mit seinen sechs Söhnen in Berlin 1913 wurde als Fotografie ikonisch. Das Bild zeigt den Kaiser und seine Söhne (die Tochter Viktoria Luise ist nicht Teil des militärischen Auftritts) an der Spitze von Offizieren in einer Parade vor der Kulisse des Berliner Stadtschlosses als Traditionsort der Hohenzollern-Monarchie (Petzoldt 2012).

## 9.3 Quellen und Vertiefung

### 9.3.1 Kaiser Wilhelm II. und seine sechs Söhne

**Abb. 7:** Kaiser Wilhelm und seine sechs Söhne am Neujahrsmorgen 1913 Unter den Linden auf dem Weg zur Paroleausgabe im Zeughaus (Fotografie).

Die Fotographie inszeniert die preußische Herrscherfamilie als Militärdynastie vor dem Stadtschloss als Zentrum der monarchischen Stadt. Kaiser Wilhelm II. (vorne links) führt die Parade an. Neben ihm paradiert der Thronfolger Kronprinz Wilhelm. Die Uniformen weisen die Söhne als Angehörige unterschiedlicher Regimenter und Waffengattungen aus. In der Mitte fällt Prinz Adalbert auf, der eine Marineuniform trägt. Die Paroleausgabe betont den Zusammenhang von Hierarchie und Befehl im militärischen Zeremoniell.

### 9.3.2 Beziehungen zwischen Monarchen und Künstlern

Paula von Bülow, Aus verklungenen Zeiten, Lebenserinnerungen 1833–1920, Leipzig 1924, S. 41 f.

> Zu den Bevorzugten des Königs (Friedrich Wilhelm IV., M.W.) gehörte auch der Porträtmaler Professor (Johann Samuel, 1798–1878, M.W.) Otto, ein eigentümlicher Mensch, klein von Wuchs, groß an Können, etwas hitzig im Verkehr, aber ein vortrefflicher Künstler. Der König ließ sich wiederholt von ihm malen, Otto stellte aber selten seine Bilder aus; er behauptete, das sei ein Perlen vor die Säue werfen. Er malte sehr lange an einem Bilde, und wenn es dann beendet war, so dauerte es wieder unendlich lange, bis er sich von dem Bilde trennte und auch die Toilettengegenstände herausgab, die ihm für das Bild überlassen waren. Professor Otto hatte auch meine Tante Frau von Watzdorf-Wiesenburg gemalt. An diesem Bilde hatte der König besondere Freude wegen der Ähnlichkeit meiner Tante mit der Königin Elisabeth, seiner Gemahlin; er hatte diese in das Atelier geführt und gesagt. „Sieh doch, Elise, welche Ähnlichkeit mit Dir!"
> (...)
> Zu den Proteges des Königs gehörte auch Maler Wilhelm Hensel. Auf einem Hofball bei dem Prinz von Preußen (nachherigem Kaiser Wilhelm) ließ der König plötzlich Hensel, der sich unter den Geladenen befand, rufen und zeigte auf eine tanzende Dame, indem er sagte: „Hensel, sehen sie sich diese Halslinie an und zeichnen sie dieselbe."

In den Erinnerungen der Hofdame Paula von Bülow wird das enge Verhältnis zwischen Friedrich Wilhelm IV. und den Künstlern und der Kunst hervorgehoben. Die Künstler wurden zu den Salons gebeten und nahmen an Hofbällen teil. Friedrich Wilhelm IV. beanspruchte aber auch, über Kunstverstand zu verfügen und selbst ein Künstler zu sein.

### 9.3.3 Fragen und Anregungen

- In dem Maße, wie sich die unmittelbar politische Rolle der Monarchie verringerte, stieg ihre Bedeutung für die Kultur. Diskutieren Sie diese These an Beispielen!
- In vielen europäischen Ländern beeinflussten die Monarchen im 19. Jahrhundert das Stadtbild und die Anlage und Ausschmückung von Straßen. Diskutieren Sie die Präsentation des Monarchen und seiner Söhne vor der Kulisse Berlins.
- König Friedrich Wilhelm IV. war selbst künstlerisch tätig. In welcher Weise wurde der Umgang mit anderen Künstlern dadurch beeinflusst?
- Im 19. Jahrhundert konnten monarchische Devotionalien in die Massenkultur eindringen. Im Hohenzollern-Museum verbanden sich verbale und nonverbale Treuebekundungen. Welche Wirkung auf die Betrachter war beabsichtigt?

### 9.3.4 Lektüreempfehlungen

E. Giloi, Monarchy, Myth and Material Culture in Germany, 1750–1950, Cambridge 2011 (*Untersuchung zur Andenkenindustrie und der Konstruktion von „Anhänglichkeit" an die Monarchie*).
D. Petzold, Der Kaiser und das Kino. Herrschaftsinszenierung, Populärkultur und Filmpropaganda im Wilhelminischen Zeitalter, Paderborn 2012 (*Einordung der Monarchie in die frühe Filmgeschichte*).
H. Rappaport, Magnificent Obsession. Victoria, Albert and the Death that changed the Monarchy, London 2011 (*Beschäftigt sich mit der Trauerkultur, die Victoria für Albert schuf und die in Großbritannien stilbildend wurde*).
R. Schoch, Das Herrscherbild in der Malerei des 19. Jahrhunderts, München 1975 (*Kunstgeschichtliche Pionierarbeit für die Geschichte des 19. Jahrhunderts*).

# 10 Medien und Skandale

**Abb. 8:** Hauptmomente aus dem Leben Sr. Majestät Kaiser Franz I. Kaisers von Österreich apostol. Königs (1835)

Bereits in der ersten Hälfte des 19. Jahrhunderts wurden Bilder der königlichen Familien in den europäischen Staaten medial verbreitet. Besonders häufig finden sich Darstellungen des jeweiligen Fürstenpaares mit ihren – oft zahlreichen – Kindern. Die Lithographie aus dem Jahr 1835 nach einem Gemälde von Johann Nepomuk Hoechle zeigt das österreichische Kaiserpaar Franz I. und Maria Theresia vor der Kulisse der Franzensburg in Laxenburg bei Wien, einer von der Familie gern genutzten Sommerresidenz. Entsprechend wird die Familie beim Spaziergang gezeigt. Ein Boot und die Schwäne verdeutlichen das Idyll eines Tages, an dem man Entspannung von Hofzeremoniell suchte. Die Franzensburg, die zu Beginn des 19. Jahrhunderts auf einer Insel im Laxenburger Schlosspark errichtet wurde, verstärkt durch ihre an das Mittelalter und das Rittertum erinnernde Form den romantischen Eindruck. Der Monarch (Franz II. als Kaiser des Hl. Röm. Reiches, seit 1804 Kaiser Franz I. von Österreich) findet sich in der Mitte des Bildes, gerahmt von seiner Gemahlin und der ältesten Tochter Maria Ludovica (Marie Louise), die später Napoleon heiratete. Der Thronfolger Ferdinand (links mit Zylinder) tritt im Bild besonders hervor. Das Bild stammt aus einer Serie, in der „Hauptmomente" aus dem Leben der Habsburger gezeigt werden sollen.

## 10.1 Monarchie als Medienthema

**Herrscherlob** Ereignisse aus dem Leben der Monarchen wurden traditionell in Medien dargestellt. Die Zeitungen des 18. Jahrhunderts berichteten über Kriege und politische Krisen. König Friedrich II. von Preußen war auch ein Medienstar, der nicht nur über sich selbst schrieb, sondern von Gelehrten, Beamten und Pfarrern öffentlich präsentiert wurde. Bereits im 18. Jahrhundert gelangten zahllose Predigten, die das Leben oder den Tod von Monarchen feierten, zum Druck. Vielfach handelte es sich um panegyrische Schriften, aber gelegentlich maskierten sich im Herrscherlob auch aktuelle politische Forderungen und Wünsche. Über „Ankunft und Vermählung" von Prinzessinnen erschienen Werke ebenso wie ein „Reglement für den Einzug der hohen Leiche Ihrer Majestät der Königin (Luise von Preußen, M.W.) und für die Beisetzung in der Dom-Kirche". Der Übergang der Veröffentlichung von Monarchennachrichten in Broschüren in die Berichterstattung der an Zahl zunehmenden Tageszeitungen im 19. Jahrhundert machte die Fürsten zu Alltagsgefährten ihrer lesenden Untertanen. Dabei konnten aktuelle Präsenz und Berichte in der Presse bruchlos ineinander übergehen. Kaiser Wilhelm I. erschien häufig am „historischen Eckfenster" des Berliner Alten Palais. Damit wurde er für die Passanten sichtbar, gleichzeitig aber nahm die Presse dieses Motiv auf. Auf zahlreichen Postkarten um 1900 wurde das Palais mit dem nun verhängten „historischen Eckfenster" abgebildet (Wienfort 1993a; Schönpflug 2010; Geisthövel 2005).

**Medienpräsenz** In der zweiten Hälfte des 19. Jahrhunderts, als die europäischen Monarchien konstitutionell gebunden waren, stellte die Politik nur noch ein Themenfeld von vielen dar, in denen die Fürsten in Veröffentlichungen erscheinen konnten. Die Bandbreite reichte von Militärparaden (überall war die Verbindung zwischen Monarch und Militär eng) über Kulturereignisse wie Nationalfesten oder Kanal-, Brücken-, und Schiffstaufen zum Engagement in der Wohltätigkeit. In populären Familienzeitschriften, z.B. der „Gartenlaube", wurden Abbildungen von Denkmälern oder Gräbern verstorbener Monarchen abgedruckt und der Leserschaft immer wieder ins Gedächtnis gerufen (Förster 2010; S. 411, Geisthövel 2003).

In Großbritannien war (und ist bis heute) für Zeitungsleser das Alltagsgeschehen am Hof von St. James anhand des Terminkalenders der Königin bzw. der Mitglieder der königlichen Familie täglich zu verfolgen. Im 19. Jahrhundert verstärkte der Abdruck des Hofkalenders den Eindruck, dass auch der Monarch seinen „Beruf" ausübte. Das medial vermittelte Leben bestand damit keineswegs nur aus Festen, Jagden und Ferienaufenthalten, sondern aus einer Vielzahl von gesellschaftlichen Auftritten, die das zeitunglesende Publikum mittels der Abbildungen und ausführlichen Berichte genau nachvollziehen konnte.

## 10.2 Massenmedien in der zweiten Hälfte des 19. Jahrhunderts

Es sollte aber nicht vergessen werden, dass die Monarchen und ihr Handeln schon seit der Erfindung des Buchdrucks wichtige Motive der Presse dargestellt haben. Für das 19. Jahrhunderts sind dabei vor allem Karikaturen interessant, die sich im Vormärz und dann in der Revolution 1848/49 zum prägnanten und weit verbreiteten Medium der Herrscherkritik entwickelten (vgl. Kap. 6). König Friedrich Wilhelm IV. von Preußen stand wegen der generellen Bedeutung Preußens im Deutschen Bund und der Verknüpfung seiner Person mit der Nations- und Kaiserfrage seit den Märztagen 1848 im Fokus der Aufmerksamkeit.

Nicht selten traten die Monarchen selbst mit Veröffentlichungen hervor, die wiederum ein Echo in der Publizistik fanden. Queen Victoria publizierte in den 1860er Jahren ein Tagebuch über das Leben in Balmoral, das Bereiche des privaten Erlebens öffentlich machte und zur Romantisierung Schottlands in der Phase der Hochindustrialisierung beitrug. Im Übrigen berichteten die britischen Tageszeitungen buchstäblich über jeden Schritt der Monarchin, die damit zum Gegenpol der führenden Politiker wurde.

*Tagebuch und Öffentlichkeit*

Um 1900 gesellten sich zur Presseberichterstattung für sämtliche Monarchen eine Flut von Fotografien und sogar Filme, die visuelle Präsenz in ganz anderem Umfang und in immer schnellerer Folge möglich machten als traditionelle Herrscherbilder. Die Monarchen konnten in wechselnden Situationen vom repräsentativen Staatsbesuch bis zu „privaten" Bildern von Familie und Freizeit gezeigt werden. Auch gezielte Sympathiewerbung mit Fotographien, die den Untertanen und Bürgern als Geschenke übergeben wurden, vermittelte visuelle Eindrücke vom Monarchen.

## 10.3 Monarchie und Skandal

*Skandale im Deutschen Kaiserreich*

Der unübersehbare Aufstieg der Mediengeschichte hat die Geschichte der Monarchie im 19. Jahrhundert nicht unbeeinflusst gelassen und ihr eine spezifische Wendung gegeben. Aus der Perspektive der wachsenden Bedeutung der Printmedien seit der Revolution 1848/49 sind vor allem Skandale in den Mittelpunkt der Forschung getreten. Für das Deutsche Kaiserreich hat Martin Kohlrausch eine Linie gezogen, die von der Caligula Affäre 1894 über die Eulenburgaffäre, das Daily Telegraph Interview von 1908 bis zur Flucht des Kaisers nach der Niederlage im Weltkrieg 1918 reichte. Die Monarchieskandale, die hier vorgeführt wurden, entstanden nicht aus Enthüllungen der Presse, wurden aber durch die Presse in einem in der ersten Hälfte des 19. Jahrhunderts noch unbekannten Umfang in die Öffentlichkeit getragen. Die Anlässe waren dabei durchaus unterschiedlich und reichten von dem Vorwurf der Geisteskrankheit über sexuelle Anspielungen bis zu politischem Fehlverhalten. In der Zusammenschau machten diese Skandale des Kaiserreichs den Einfluss von Pressefreiheit und Massenmedien im Kontext einer noch immer politisch bedeutungsvollen Reichsmonarchie sichtbar. Sie lagerten aber auch die gesellschaftlichen Defizite der staatlichen Ordnung an die Persönlichkeit des Monarchen an. Mit der Schädigung der Reputation Wilhelms II. verlor die Monarchie schleichend, dann aber auch in Schüben an Legitimation. Aus der Skandalgeschichte des deutschen Kaisertums, so lässt sich folgern, ergab sich zumindest ein Motiv für das widerstandslose Zusammenfallen der Monarchie in der Novemberrevolution 1918 (Kohlrausch 2005, S. 458 f.; Bösch 2009).

*Sixtus-Affäre*

Ähnlich lässt sich auch die sog. „Sixtus-Affäre" im Habsburger Reich interpretieren, die das öffentliche Ansehen des jungen Kaisers Karl I. 1917 nahezu zerstörte. Der Kaiser war nach dem Tod des Thronfolgers Franz Ferdinand 1914 und des Kaisers Franz Joseph eher unvorbereitet und schlecht ausgebildet auf den Thron bekommen. Karls wenig an kontinuierliche Arbeit gewöhnte, sprunghafte Persönlichkeit und sein Anspruch auf Ausübung der Regierungs- und Kommandogewalt im Weltkrieg machten es den österreichischen Politikern und dem Hofstaat schwer, eine den Anforderungen entsprechende Geschäftsroutine zu entwickeln. Im Frühjahr 1917 bemühte sich Karl über seinen Schwager Sixtus von Bourbon-Parma um eine Verständigung mit der Entente, der er versicherte, den Anspruch Frankreichs auf Elsass-Lothringen zu unterstützen. Im Frühjahr 1918 veröffentlichte die französische Regierung diese geheimen „Sixtus-Briefe". Karl leugnete, diese Briefe geschrieben zu haben und verlangte von seinem Außenminister Czernin, die Verantwortung zu übernehmen. Czernin lehnte ab und trat zurück. Karl verlor damit das Vertrauen seiner Regierung, seines deutschen Verbündeten und der österreichischen wie europäischen Öffentlichkeit insgesamt (Rauchensteiner 2015; Unterreiner 2017).

Im letzten Drittel des 19. Jahrhunderts richtete sich die öffentliche Aufmerksamkeit in Großbritannien zunehmend auf den medial entwickelten Gegensatz von tugendhafter Königin und „unmoralischem" Thronfolger. Die Zeitungen berichteten angesichts der ereignislosen Routinen an Victorias Hof ausführlich und genüsslich über den von den Regierungsgeschäften ferngehaltenen Thronfolger und sein geselliges Leben in Muße und Luxus. Die viktorianischen Skandale stellten den zukünftigen König Edward VII. in den Kontext von Ehebruchs-, Spiel- und Wettgeschichten. Bezeichnenderweise haben Edwards Fehltritte der Legitimation der Monarchie kaum geschadet: Während die Königin als trauernde Witwe an die Familienideale der bürgerlichen Mittelschichten appellierte, orientierte sich Edwards *fast set* in Marlborough House am traditionellen Lebensstil der reichen Aristokratie und bediente das Unterhaltungsbedürfnis der Massen weit besser als die zurückgezogen lebende Königin (Ridley 2016).

Monarchin und Thronfolger

In Großbritannien scheint das royale Mischungsverhältnis zwischen bürgerlichem Stabilitätsversprechen und unwiderstehlichem Unterhaltungsangebot jedenfalls gestimmt zu haben, während Kaiser Wilhelm II. insgesamt in der öffentlichen Wahrnehmung des Kaiserreichs einen kaum wiedergutzumachenden Anse-

Monarchische Reputation

hensverlust erlitt. Im Deutschen Kaiserreich blieben die Medienskandale wegen des weiterhin großen Handlungsspielraums des Monarchen vor allem in der Außenpolitik genuin politisch. Wilhelm II. entfachte Skandale durch das Überschreiten seiner verfassungsrechtlichen Rolle, durch ungeschickt formulierte und insgesamt wenig durchdachte öffentliche Reden, die nationales Pathos mit konkreten politischen Themen verbanden. In der massenmedial geprägten Welt nach 1900 wurde beinahe jede Äußerung des Monarchen entweder in einen innenpolitischen Kontext der – je nach Perspektive erwünschten oder gefürchteten – Parlamentarisierung des Reiches oder außenpolitisch in den Zusammenhang eines Aufstieges des Deutschen Reiches zur Weltmacht gestellt.

## 10.4 Quellen und Vertiefung

### 10.4.1 Das sog. Daily Telegraph Interview,

*Wir haben die folgende Mitteilung aus einer Quelle von so unantastbarer Autorität erhalten, daß wir ohne Zögern die deutliche Kundgebung, die sie enthält, der öffentlichen Aufmerksamkeit empfehlen.*
[...]
Wie ich bemerkte, ehrte mich Seine Majestät durch eine lange Unterredung und sprach mit impulsivem, ungewöhnlichem Freimut. „Ihr Engländer", sagte er, „seid verrückt, verrückt, verrückt wie Märzhasen. Was ist über euch gekommen, daß ihr euch so völlig einem Argwohn überlassen habt, der einer großen Nation ganz unwürdig ist? Was kann ich mehr tun, als ich schon getan habe? Ich habe mit allem Nachdruck, der mir zu Gebote steht, in meiner Rede in der Guildhall erklärt, daß das Ziel meines Herzens der Friede ist und einer der mir teuersten Wünsche, in den besten Beziehungen zu England zu leben. Habe ich jemals mein Wort nicht gehalten? Falschheit und Ränke sind meiner Natur immer fremd gewesen. Meine Taten sollten für sich sprechen, aber Sie hören nicht auf sie, sondern auf diejenigen, die sie mißverstehen und entstellen. Das ist eine persönliche Kränkung, die ich fühle und die mir nachgeht. Immer mißverstanden zu werden, zu sehen, wie meine wiederholten Freundschaftsangebote mit argwöhnischen, mißtrauischen Augen gewogen und nachgeprüft werden, stellt meine Geduld auf eine harte Probe. Ich habe immer wieder gesagt daß ich Englands Freund bin, und Ihre Presse – oder wenigstens ein beträchtlicher Teil – fordert das englische Volk auf, meine ausgestreckte Hand zurückzuweisen, und insinuiert, daß in der andren

ein Dolch verborgen sei. Wie kann ich eine Nation gegen ihren Willen überzeugen?"

„Ich wiederhole", fuhr Seine Majestät fort, „daß ich Englands Freund bin, aber Sie erschweren mir die Dinge. Meine Aufgabe ist keine von den leichtesten. Die vorherrschende Empfindung in großen Teilen der mittleren und unteren Klassen meines eignen Volkes ist England nicht freundlich. Ich bin also sozusagen in einer Minderheit in meinem eigenen Land, aber sie ist eine Minderheit der besten Elemente, geradeso wie in England gegenüber Deutschland. Dies ist ein zweiter Grund, weshalb mich Ihre Weigerung, mein verpfändetes Wort, daß ich Englands Freund bin, anzunehmen, kränkt. Ich bin unaufhörlich bestrebt, die Beziehungen zu verbessern, und Sie erwidern, daß ich Ihr Erzfeind bin. Sie machen es für mich sehr schwer. Warum?"

[...]

Ich hielt Seiner Majestät vor, ein wichtiger und einflußreicher Teil der deutschen Presse habe das Vorgehen der deutschen Regierung ganz anders ausgelegt und es deshalb überschwenglich gebilligt, weil diese Blätter darin eine starke Tat statt bloßer Worte sähen und ein entscheidendes Zeichen, daß Deutschland nochmals in den Gang der Ereignisse in Marokko einzugreifen im Begriff sei. „Es gibt", entgegnete der Kaiser, „Unheilstifter in beiden Ländern. Ich will ihre Fähigkeit, falsch darzustellen, nicht gegeneinander abwägen. Aber die Tatsachen sind so, wie ich festgestellt habe. Nichts in Deutschlands neuerlichem Vorgehen in Marokko steht in Gegensatz zu der ausdrücklichen Erklärung meiner Friedensliebe, wie ich in der Guildhall und in meiner letzten Rede in Straßburg sie gegeben habe."

Seine Majestät ging dann nochmals auf den Punkt ein, der ihn am meisten beschäftigt, auf die Beweise seiner Freundschaft für England. „Ich habe mich", sagte er, „auf die Reden bezogen, in denen ich, wie es ein Souverän irgend kann, meinen guten Willen verkündet habe. Aber da Handlungen lauter sprechen als Worte, lassen Sie mich auch mich auf meine Handlungen beziehen. Im allgemeinen glaubt man in England, während der Dauer des Südafrikanischen Kriegs sei Deutschland feindlich gesinnt gewesen. Zweifellos war die öffentliche Meinung in Deutschland den Engländern feindlich – bitter feindlich. Die Presse war feindlich; die private Meinung war es. Aber wie ist es mit dem offiziellen Deutschland? Lassen Sie meine Kritiker sich fragen, was die europäische Reise der Buren-Delegierten, die eine Intervention Europas zu erreichen strebten, zu einem plötzlichen Stillstand und dann zu völligem Zusammenbruch gebracht hat? Sie wurden in Holland gefeiert; Frankreich bewillkommnete sie mit Begeisterung. Sie wollten nach Berlin kommen, wo das deutsche Volk sie mit Blumen bekränzt haben würde. Aber als sie baten, von mir empfangen zu werden, habe ich das abgelehnt. Die Agitation war unmittelbar darauf tot, und die Delegierten kehrten mit leeren Händen zurück. Handelt, frage ich, so ein heimlicher Feind?

Und ferner: Als der Kampf auf der Höhe war, wurde die deutsche Regierung von denen Frankreichs und Rußlands eingeladen, sich mit ihnen zu verbinden und England aufzufordern, dem Krieg ein Ende zu machen. Der Moment, so sagten sie, sei da, nicht nur die Burenrepubliken zu retten, sondern England bis in den Staub zu demütigen. Was war meine Antwort? Ich sagte, daß Deutschland, weit entfernt davon, an irgendeinem verabredeten Vorgehen Europas zum Druck auf England und so dessen Erniedrigung teilzunehmen, immer eine Politik vermeiden müsse, die es in Verwicklungen mit einer Seemacht wie England bringen könne. Die Nachwelt wird eines Tags den genauen Wortlaut des Telegramms – es liegt jetzt in den Archiven des Windsor-Schlosses – lesen können, worin ich den Souverän Englands von meiner Antwort an die Mächte, die damals es zu stürzen suchten, unterrichtet habe. Engländer, die jetzt mich beleidigen, indem sie mein Wort anzweifeln, sollten wissen, wie ich in der Stunde ihres Mißgeschicks gehandelt habe.

[...]

Aber, werden Sie fragen, was ist mit der deutschen Flotte? Sicherlich ist sie eine Drohung für England! Gegen wen anders als gegen England werden meine Geschwader gerüstet? Wenn die Deutschen, die sich anstrengen, eine mächtige Flotte zu schaffen, nicht an England denken, warum wird von Deutschland verlangt, daß es in solche neue und schwere Steuerlasten willigt? Meine Antwort ist klar. Deutschland ist ein junges, wachsendes Reich. Es hat einen weltweiten, schnell sich ausdehnenden Handel, und der berechtigte Ehrgeiz der patriotischen Deutschen weigert sich, diesem irgendwelche Grenzen zu setzen. Deutschland muss eine mächtige Flotte haben, um diesen Handel und seine manigfaltigen Interessen auch in den entferntesten Meeren zu schützen. Es erwartet, daß diese Interessen sich noch ausbreiten, und muss fähig sein, sie in jedem Teil des Erdballs männlich zu verteidigen. Deutschlands schaut vorwärts. Seine Horizonte erstrecken sich in die Weite. Es muß für alle Eventualitäten im Fernen Osten gerüstet sein. Wer kann voraussehen, was in kommenden Tagen im Stillen Ozean geschehen kann, in Tagen die nicht so fern sind, wie manche glauben, Tagen jedoch, auf die jedenfalls alle europäischen Mächte mit Interessen im Fernen Osten ständig sich vorbereiten sollten? Blicken Sie auf den vollzogenen Aufstieg Japans; denken Sie an die Möglichkeit des nationalen Erwachsens von China; und dann erwägen Sie die ungeheuren Probleme des Stillen Ozeans. Nur die Stimme derjenigen Mächte, die große Flotten haben, wird mit Achtung gehört werden, wenn die Frage der Zukunft des Stillen Ozeans zu lösen sein wird; und deshalb allein muß Deutschland eine starke Flotte haben. Vielleicht wird England sogar froh sein, dass Deutschland eine Flotte hat, wenn sie gemeinsam auf derselben Seite in den großen Debatten der Zukunft ihre Stimme erheben." [...]

Quelle: Bernhard Fürst von Bülow, *Denkwürdigkeiten*. Bd. 2. *Von der Marokko-Krise bis zum Abschied*. Herausgeben von Franz von Stockmann. Berlin: Ullstein, 1930. [Ohne Pagina.]

Abgedruckt in: R. vom Bruch und B. Hofmeister (Hg.), *Kaiserreich und Erster Weltkrieg 1871–1918*. Deutsche Geschichte in Quellen und Darstellung, Band 8, Stuttgart 2000, S. 305–09.
Hier nach http://germanhistorydocs.ghi-dc.org/sub_document.cfm?document_id=757

Das Daily-Telegraph-Interview, das Kaiser Wilhelm II. ohne die Zustimmung des Reichskanzlers 1908 gab, erregte in der britischen wie in der deutschen Öffentlichkeit großes Aufsehen. Vor allem der gönnerhafte Ton, in dem der Monarch sprach, verärgerte das Publikum. Einerseits ging es um die Frage, welchen Einfluss Wilhelm II. in der Reichspolitik tatsächlich genoss, und damit stellte sich ein Zusammenhang mit der Reichsverfassung und ihrer Interpretation her. Andererseits wurde das deutsch-britische Verhältnis, in dem auch das Thema der Flottenrüstung eine entscheidende Rolle spielte, prekär. Gerade Kaiser Wilhelm II. personifizierte als ältester Enkelsohn Queen Victorias die Probleme, die sich für die transnational verflochtenen europäischen Monarchenfamilien in der internationalen Politik in der Phase des Nationalismus ergaben.

### 10.4.2 Das historische Eckfenster

**Abb. 9:** Das historische Eckfenster (Zeichnung von H. Lüders, in: Die Gartenlaube, 1888)

**Abb. 10:** Das königliche Palais (Postkarte um 1913)

Die beiden Abbildungen des „historischen Eckfensters" präsentieren den anwesenden wie den abwesenden Monarchen. Die Postkarten zeigen die Monarchie mit der Persönlichkeit Wilhelms I. und dem Stadtpalais als privat-persönlichem Wohnsitz. Die Postkarte transportiert die Monarchie als Teil der Geschichte Berlins in die Welt.

### 10.4.3 Fragen und Anregungen

- Mit dem Aufkommen der Massenpresse wurden die europäischen Monarchen in der Öffentlichkeit omnipräsent. Nennen und analysieren Sie Strategien, mit denen die Monarchen ihre Popularität zu steigern versuchten.
- In den Medien spielten nicht bloß der Monarch, sondern die königlichen Familien eine große Rolle. Die familiären Ereignisse um Geburt, Eheschließung und Tod erfuhren eine umfassende mediale Inszenierung. Waren diese Inszenierungen erfolgreich? Welche Kriterien lassen sich dafür benennen?
- Der Blick auf die Monarchie-Skandale in Großbritannien und im Deutschen Kaiserreich verdeutlicht, dass die konstitutionellen Monarchen um 1900 von der Akzeptanz in der nationa-

len Öffentlichkeit abhängig waren. Diskutieren Sie diese These!
- Wie skizziert Kaiser Wilhelm II. das deutsch-britische Verhältnis, auch unter Einbeziehung der Flottenpolitik? Welche politische Rolle reklamiert der Deutsche Kaiser in diesem Interview für sich?

### 10.4.4 Lektüreempfehlungen

F. Bösch, Öffentliche Geheimnisse. Skandale, Politik und Medien in Deutschland und Großbritannien 1880–1914, München 2009 (*Grundlegend für internationale Vergleiche*).

N. Domeier, Der Eulenburg-Skandal. Eine politische Kulturgeschichte des Kaiserreichs, Frankfurt/Main 2010 (*Monarchie und gesellschaftliche Rolle von Homosexualität im Kaiserreich*).

A. Geisthövel, Wilhelm I. am „historischen Eckfenster". Zur Sichtbarkeit des Monarchen in der zweiten Hälfte des 19. Jahrhunderts, in: J. Andres/A. Geisthövel/M. Schwengelbeck (Hg.), Die Sinnlichkeit der Macht. Herrschaft und Repräsentation seit der Frühen Neuzeit, Frankfurt a. M. 2005, S. 163–185 (*Beitrag zum Problem der Mythenbildung anhand eines visuellen Motivs*).

M. Kohlrausch, Der Monarch im Skandal. Die Logik der Massenmedien und die Transformation der wilhelminischen Monarchie, Berlin 2005 (*Umfassende Untersuchung der Medienskandale Kaiser Wilhelms II.*).

J. Ridley, Bertie: a Life of Edward VII, London 2012 (*Biographie des späteren Königs Edwards VII., die erklärt, dass um 1890 auch ein „unbürgerlicher" Lebensstil des Thronfolgers populär sein konnte*).

# 11 Monarchie und Gesellschaft: Adel, Bürgertum, Unterschichten

**Abb. 11:** The Queen's Drawing Room, 1897

Die regelmäßigen Empfänge der Monarchin im Buckingham-Palast wurden in Großbritannien als *drawing room* bezeichnet. Bei diesen Empfängen führten die Familien ihre Töchter in die höfische Gesellschaft, und damit in die Londoner *society* überhaupt ein. Die „Debütantinnen" aus den adligen Familien des Landes in feierlicher Hofkleidung mit Schleppe wurden der sitzenden Monarchin und den versammelten Mitgliedern der königlichen Familie meist von einem älteren weiblichen Familienmitglied offiziell vorgestellt. Mit dem Hofknicks (*curtsey*) und dem Gruß der Monarchin waren sie in die höfische Gesellschaft aufgenommen. Da diese höfische Gesellschaft als Heiratsmarkt fungierte, hatten die jungen Frauen nun eine Reihe von „Saisons" in der Londoner Gesellschaft vor sich, in denen es ihnen gelingen sollte, eine möglichst angemessene Partie zu machen, d.h. einen Ehemann zu finden, der ihren gesellschaftlichen Status für die Zukunft sicherte. Dabei sprachen die Familien ein gewichtiges Wort mit. Heiratsverbindungen vernetzten den britischen Adel wie den Adel generell untereinander. In vielen Fällen beschäftigten sich auch die Monarchen und Monarchinnen mit den beabsichtigten Eheschließungen ihres Adels. Im *drawing room* spielte sich das *matchmaking* buchstäblich unter den Augen der Queen ab.

## 11.1 Monarchie und Klassengesellschaft

Klasse und Nation

Das Verhältnis von Monarchie und Gesellschaft im 19. Jahrhundert stand in den meisten europäischen Staaten unter der Überschrift der Nation, selbst dort, wo die Monarchie wie im britischen Empire und im Habsburger Reich ihr Selbstverständnis eher als Integrationsmoment mehrerer Nationen propagierte. Damit veränderte sich auch das Verhältnis zu den sozialen Gruppen. Der Wandel von der Stände- zur Klassengesellschaft beinhaltete überall einen Bedeutungsverlust des Adels, den korrespondierenden Aufstieg bürgerlicher Gruppen vor allem im Kontext der Industrialisierung und eine neue Integration der arbeitenden Mehrheitsbevölkerung, die sich zum Ende des Jahrhunderts in West- und Mitteleuropa aus der drückendsten Armut befreite. In der Forschung wurde diese Entwicklung für den Adel lange als „Niedergang" begriffen, aber zunehmend auch eine Fortsetzung des „Obenbleibens" von adligen Teilgruppen beobachtet (Mayer 1984, Braun 1990).

## 11.2 Monarchie und Adel

Ebenbürtigkeit

Gesellschaftlich gesehen nahm die Privilegierung des Adels zwar überall in Europa ab, in den Monarchien aber behielt der Adel seinen traditionellen Zugang zum Hof und eine starke Präsenz im Militär, in der höheren Verwaltung und in der Diplomatie. Zunächst einmal gehörten die Monarchen und ihre Familien selbst dem Adel an. Auf dem Kontinent hatten sich die Bemühungen der dynastischen Familien, sich vom niederen Adel abzugrenzen, im 19. Jahrhundert intensiviert. Man achtete bei Eheschließungen auf „Ebenbürtigkeit", so dass beide Ehepartner aus dem dynastischen Adel kommen mussten. Die Folgen konnten gravierend sein: In den 1820er Jahren untersagte der preußische König Friedrich Wilhelm III. eine Eheschließung seines Sohnes Wilhelm (später König/Kaiser Wilhelm I.) mit Elisa Radziwiłł, die aus einer Familie des großen polnischen Magnatenadels stammte und Tochter einer preußischen Prinzessin war. Der österreichische Thronfolger Franz Ferdinand konnte die Gräfin Sophie Chotek aus altem böhmischen Adel nur morganatisch heiraten, so dass Frau und Kinder nicht Mitglied des Erzhauses Österreich wurden und eine Erbfolge für die Krone ausgeschlossen war (Börner 1993; Hannig 2013).

Aus der Perspektive der Monarchie stellte der Adel immer noch den alltäglichen Umgang der königlichen Familie dar, auch wenn z.B. die Erziehung der Fürstenkinder Bürgerlichen übergeben wurde. Politisch gestaltete sich das Verhältnis zwischen Monarchie und Adel ambivalent. Einerseits blieben politische Privilegien wie Repräsentation in den Ersten Kammern in den deutschen Staaten bis 1918 bestehen und der Adel verstand sich selbst als „Mittler" zwischen Thron und Volk. Dabei ist allerdings zu berücksichtigen, dass eine den Adel fördernde Regierungspolitik vornehmlich dem lokal einflussreichen landbesitzenden Adel zugutekam. Es waren diese wohlhabenden Adelsfamilien, genauer, die männlichen Familiensenioren, die als Mitglieder von Ersten Kammern politischen Einfluss genossen und zu deren Gunsten z. B. Fideikommiss- bzw. Majoratsgesetze verabschiedet wurden, die es erlaubten, Landbesitz an jeweils nur einen männlichen Erben zu übertragen. Ganz anders sah es am anderen Ende der Adelshierarchie aus: Arme adlige Frauen ohne politische Privilegien waren auf die nur karg ausfallende Unterstützung des Staates angewiesen. Ständische Solidarität wurde zwar eingefordert, aber nur selten geleistet (Reif 1999; Cannadine 1990; Singer 2016).

*Differenzierung innerhalb des Adels*

In der ersten Hälfte des 19. Jahrhunderts wurden vielfach adlige Privilegien abgeschafft oder einer neuen bürgerlichen Elite zugänglich gemacht. Nach der Revolution 1848/49 ließ sich für viele Staaten in West- und Mitteleuropa fragen, was von der Hegemonie des Adels im Ancien Régime geblieben war. Manche monarchischen Adelsreformprojekte waren gescheitert. König Friedrich Wilhelm IV. von Preußen setzte sich mit einer Vorstellung, den Adel auf die landbesitzenden Familien zu begrenzen, nicht durch. Die adligen Gerichtsrechte waren abgeschafft, die Ablösung der bäuerlichen Lasten und damit die Entwicklung einer bürgerlichen Eigentümergesellschaft auf dem Land waren auch im östlichen Preußen vorangekommen. Der Staat emanzipierte sich vom Anspruch des Adels, die einzige staatstragende Schicht zu sein: Im Militär und der höheren Verwaltung fanden sich mehr und mehr Bürgerliche: Wer als Adliger im Staatsdienst Karriere machen

*Verlust adliger Privilegien*

wollte, musste die allgemeinen Leistungsanforderungen erfüllen. Allerdings erwiesen sich gute Beziehungen und ausgreifende familiäre Netzwerke weiterhin für das berufliche Vorankommen als nützlich (Reif 1999).

*Adelspolitiker*    In Großbritannien und dem Deutschen Kaiserreich, in Österreich, Italien und Russland kamen viele der wichtigsten Politiker noch aus dem Adel, verstanden sich aber nicht in erster Linie als Adelspolitiker. Von einem Adelsmonopol in der europäischen Politik kann man nicht mehr sprechen: Gladstone und Disraeli, Bamberger, Windhorst, Lassalle und Bebel bewerkstelligten ihren politischen Aufstieg ohne bzw. sogar gegen traditionelle Adelsprivilegien.

*Adel und Politik*    Für die Monarchie war eine enge politische Verbindung mit dem Adel keineswegs selbstverständlich. Königin Victoria stand der selbstbewussten und überaus wohlhabenden adligen Politikerelite Großbritanniens häufig skeptisch gegenüber. Allerdings fanden sich Angehörige bedeutender Adelsfamilien traditionell sowohl bei den Tories als auch bei den Whigs. In Italien optierten Teile des Adels für die Liberalen und für eine geeinte Nation, während andere sich traditionell, katholisch und konservativ gaben. Im Preußen des Kaiserreichs focht der konservative Adel im Herrenhaus und am Hof, in enger Beziehung zum Kaisertum, konsequent gegen eine Demokratisierung (Hull 1991).

## 11.3 Monarchie und Bürgertum

*Modell Bürgerkönigtum*    Der gesellschaftliche Wandel im 19. Jahrhundert erhob die wachsenden Mittelschichten vor allem in Großbritannien und den deutschen Staaten immer mehr zur monarchietragenden Schicht. Für die Monarchie wurde die Unterstützung der Besitzenden und Gebildeten wichtig, umgekehrt versicherte sich das Bürgertum seiner Teilhabe am Staat. In Frankreich bezeichnete man die Regierungszeit König Louis Philippes zwischen 1830 und 1848 als „Bürgerkönigtum", um auszudrücken, dass sich diese Monarchie vor allem auf die Bourgeoisie stützte. Auch in den deutschen Staaten forderte eine wachsende Öffentlichkeit die Monarchen auf, „Bürgerkönige" zu werden und damit vor allem die partizipatorischen Ansprüche der Männer der Mittelschichten zu erfüllen (Bausinger 1983; Dollinger 1985; vom Bruch 1989; Wienfort 1993a).

In geschlechtergeschichtlicher Perspektive tritt die Beziehung zwischen Monarchie und Bürgertum im 19. Jahrhundert besonders hervor. Die weiblichen Mitglieder der Monarchenfamilien wurden idealerweise als Verkörperungen bürgerlich-weiblicher Tugenden gefeiert und jedenfalls an solchen Ansprüchen gemessen. In Deutschland hatte diese Entwicklung mit der preußischen Königin Luise eingesetzt, die nach ihrem Tod zur idealen Mutter und Landesmutter stilisiert wurde. Auch für Queen Victoria setzte sich die öffentliche Wahrnehmung eines bürgerlichen Familienglücks durch. Königin Isabella II. von Spanien, deren Affären mit Männern in der Öffentlichkeit großes Aufsehen erregten, stellt ein Gegenbeispiel dar, das die Legitimation der Monarchie gefährdete (Schönpflug 2010; Rappaport 2011; Burdiel 2004).

Geschlechterstereotypen

Für die Gewinnung von Unterstützung und als Belohnung setzten die Monarchen nicht zuletzt die Nobilitierung als Mittel ein. Im Zusammenhang mit dem – unbestreitbar vorhandenen – Wunsch zahlreicher Bankiers, Unternehmer und Staatsdiener, einen Adelstitel zu erhalten, ist in der Forschung die Frage gestellt worden, ob sich das Verhältnis zwischen Adel und Bürgertum im 19. Jahrhundert eher als eine „Feudalisierung des Bürgertums" oder eine „Verbürgerlichung des Adels" charakterisieren lässt. Vermutlich haben beide Perspektiven ihre Berechtigung, da sie sich in der Blickrichtung auf die sozialen Gruppen unterscheiden. Die Monarchen übten jedenfalls auch im 19. Jahrhundert das Recht aus, ihre Untertanen in den erblichen oder nicht erblichen Adelsstand zu erheben oder ihren Adelsrang zu erhöhen (z.B. wurde Bismarck erst Graf und später Fürst). Vor allem altadlige Familien standen dieser Praxis übrigens durchaus kritisch gegenüber. Jedenfalls aber machten die europäischen Monarchen von ihrem Recht in unterschiedlichem Umfang Gebrauch. Am häufigsten adelten die russischen Zaren mit mehr als 1000 Nobilitierungen jährlich, dieses Niveau erreichte kein anderer europäischer Staat. Russland schuf damit einen Staatsadel, der die Loyalität des gesamten Landes ebenso dokumentieren wie für die Zukunft sichern sollte. Die britischen Monarchen (4000 Fälle) und die preußischen Könige (ca. 1800 Fälle) hielten sich demgegenüber im 19. Jahrhundert deutlich zurück, entschieden aber meist auf Wunsch der jeweiligen Regierung. Angesichts des Bevölkerungswachstums kann hier von einem Massenphänomen keine Rede sein. Die Zahlen reichten aber aus, um die Fähigkeit des Monar-

Nobilitierung

chen, gesellschaftlichen Aufstieg augenscheinlich zu machen, regelmäßig anzuzeigen (Cecil 1970; Berghoff 1994; Hertz-Eichenrode 2006).

## 11.4 Monarchie und Arbeiterschaft

Petitionskultur

Traditionell hatten die Unterschichten bereits im Ancien Régime die Möglichkeit genutzt, sich in Petitionen an den Monarchen zu wenden, um Beschwerden zu erheben oder um Hilfe zu bitten. Im monarchischen Diskurs blieb der frühneuzeitliche Topos vom Monarchen erhalten, der nichts von den Missständen ahnt und von seinen Beratern hintergangen wird. Arme, Alte und Kranke erhofften vom Monarchen finanzielle Unterstützung oder die Vermittlung einer Erwerbsmöglichkeit. Angesichts der vielfältigen politischen Diskriminierung stand die wachsende Arbeiterbewegung der Monarchie distanziert gegenüber. Mit den Sozialistengesetzen kämpfte eine monarchische Regierung im Deutschen Kaiserreich gegen die Sozialdemokratie, mit eher begrenztem Erfolg. In Großbritannien, wo die Arbeiterpartei erst zu Beginn des 20. Jahrhunderts entstand, blieb die Einstellung vieler Arbeiter lange monarchiefreundlich. Grundsätzlich teilten auch viele Arbeiter die Akzeptanz der Monarchie vor allem als Nationalsymbol (Cattaruzza 1991, Kuhn 1996).

Zu den traditionellen Rechten der Untertanen gehörte es, sich in einer Petition oder einem „Immediatgesuch" direkt an das Staatsoberhaupt zu wenden. Dabei konnten grundsätzlich Klagen vorgebracht werden, meist dann, wenn die Petenten der Ansicht waren, ihnen sei Unrecht geschehen oder wenn keine Aussicht auf einen Rechtsanspruch bestand. Das Immediatgesuch folgte vor allem in der Anrede des Monarchen festen Regeln und enthielt zahlreiche förmliche Devotionsformeln. Die Bitte der Witwe Imkamp um eine finanzielle Unterstützung steht im Zusammenhang der Reichssozialgesetzgebung. Mit den Sozialversicherungsgesetzen bemühte sich die Reichsregierung um eine soziale Absicherung der Industriearbeiterschaft. Die Unfallversicherung, die am Beginn der Gesetzgebung gestanden hatte, reagierte auf die große Unfallgefahr in den Industriebetrieben. Vor allem die Arbeit im Bergbau war überaus gefährlich. Grubenunglücke mit zahlreichen Toten standen im Kaiserreich regelmäßig auf der Tagesordnung.

Die Witwe Imkamp reichte ihr Gesuch in der Überzeugung ein, sich in akuter Not direkt an das Staatsoberhaupt wenden zu dürfen. Ihre Bitte um finanzielle Unterstützung resultierte aus dem Umstand, dass ihr aus der Unfallversicherung ihres Mannes keine Zahlung zustand, da der Betriebsarzt den Tod ihres Ehemanns nicht auf einen Unfall, sondern auf eine bereits länger bestehende Erkrankung zurückführte. Diese Lungenerkrankung konnte aber auch als Folgeschaden der Beschäftigung unter Tage angesehen werden. Die soziale Lage der Witwe war dabei nicht untypisch: Mit ihrem Ehemann war der Haupternährer der Familie verstorben. Die sehr geringe Witwenrente reichte nicht aus, um drei Kinder zu ernähren. Wegen der Fürsorgepflicht für die Kinder und eigener gesundheitlicher Einschränkungen sah sich die Witwe nicht in der Lage, einer regelmäßigen Beschäftigung nachzugehen. Frau Imkamp erhoffte eine finanzielle Unterstützung und setzte darauf, dass dem Kaiser an der Erfüllung ihrer Mutterpflichten besonders gelegen sein würde. Das Immediatgesuch wurde von den Behörden in Berlin an das Oberbergamt in Münster mit dem Auftrag der Bearbeitung weitergesandt.

## 11.5 Quellen und Vertiefung

### 11.5.1 Unterstützungsgesuch der Bergmannswitwe Imkamp an den Kaiser, Herne, 15.4.1890

Allerdurchlauchtigster, Großmächtigster Kaiser
Allergnädigster Kaiser, König und Herr!
Ew. Majestät Hocherhabenen Herrscherthrone naht sich ehrfurchtsvoll ein tiefunglückliches Weib aus dem Volke, eine arme, verlassene Bergmanns-Wittwe, um an dieser Stätte der Gnade und Milde folgendes Bittgesuch alleruntertänigst niederzulegen!
Mein Mann, der Bergmann August Imkamp erlitt am 4 October 1889 auf Zeche von der Heydt hier eine Rückgradverletzung an deren Folgen er am 4 Januar 1890 gestorben ist.
Der behandelnde Arzt Dr. Cremer von hier hat attestirt, dass mein Mann in Folge einer früheren Erkrankung – Lungenempfysem[1] und Bronchitis

---

[1] Es ist entweder ein Lungenemphysem (Lungenüberblähung) oder ein Empyem (eitriger Erguß bei Rippenfellentzündung) gemeint; Bronchitis chronica: chronische Bronchitis, die zum Emphysem führen kann. (Erläuterung der Hg., M.W.)

chronis gestorben und bekomme ich daher aus der Unfallversicherung nichts.

Ich will nicht bestreiten, daß durch diese frühere Erkrankung der Körper meines Mannes nicht mehr so widerstandsfähig war, wie vor der Krankheit, ganz entschieden aber hat die besagte Verletzung sein Ende beschleunigt.

Mein ganzes Einkommen beläuft sich per Monat auf 12,75 Mark an Wittwen und Kindergeld und hiervon soll ich 3 Kinder ernähren im Alter von 7–10 und 12 Jahren.

Viel nebenbei kann ich nicht arbeiten, um einen Nebenverdienst zu erzielen, denn die Kinder bedürfen der Aufwartung und Pflege, auch ist meine rechte Hand gelähmt, sodaß ich teilweise unfähig bin alle vorkommenden Arbeiten zu leisten.

Eine anderweitige Unterstützung beziehe ich nicht und weiß ich nicht, wie ich mir anders helfen soll in meiner furchtbaren Lage.

O Majestät es ist schrecklich die Kinder hungern zu sehen und nicht in der Lage zu sein die natürlichsten Bedürfnisse befriedigen zu können.

In dieser großen Noth wendet sich mein Herz flehend an Ew. Majestät mit der alleruntertänigsten Bitte:

Ew. Majestät wollen allergnädigst geruhen und mir in einem Uebermaaß von Gnade einige Hülfe zu Theil werden lassen.

Ich bin fest überzeugt, daß bei dem großen Intresse, welches Ew. Majestät den Arbeitern entgegenträgt meine Bitte nicht unerhört verhallen wird und werde ich nie aufhören zu sein Ew. Majestät

Dankbare und gehorsame Dienerin

(gez.) Frau W(itt)w e Aug. Imkamp Loksstraße No. 4

Quelle in: Klaus Tenfelde/Helmuth Trischler (Hg.), Bis vor die Stufen des Throns. Bittschriften und Beschwerden von Bergarbeitern, München 1986, S. 280 f.

### 11.5.2 Fragen und Anregungen

- Mediale Inszenierungen der Monarchie fassten die „Untertanen" oft in der beschworenen Einheitlichkeit einer Nation zusammen. Betrachten Sie monarchische Feste und Feiern mit Blick auf die unterschiedlichen sozialen Gruppen, die präsent oder ausgeschlossen waren.
- Im schriftlichen und persönlichen Kontakt zwischen Monarchen und „Untertanen" werden sprachliche Devotionsformeln vielfältig eingesetzt. Betrachten Sie die sprachlichen Mittel, die die Witwe Imkamp nutzte.

- Die Monarchie des 19. Jahrhunderts lässt sich in unterschiedlicher Weise als „Bürgerkönigtum" verstehen. Sammeln Sie aus den Quellen Eigenschaften und Tugenden, die dem „Bürgerkönig" zugeschrieben werden.
- Im Deutschen Kaiserreich standen einige Gruppen der Bevölkerung (Katholiken, Arbeiterbewegung, Friedensbewegung) der Reichsmonarchie distanziert gegenüber. Nutzte die Monarchie hier Strategien der Integration?

### 11.5.3 Lektüreempfehlungen

A.M. Birke/L. Kettenacker (Hg.), Bürgertum, Adel und Monarchie. Wandel der Lebensformen im Zeitalter des bürgerlichen Nationalismus, München/London/New York/Paris 1989 (*Sammelband in europäischer Perspektive*).

C. Brice, Monarchie et identité nationale en Italie (1861–1900), Paris 2010 (*Bildung des Nationalbewusstseins am italienischen Beispiel*).

I. Burdiel, The Queen, the Woman, and the Middle Class. The symbolic failure of Isabel II of Spain, in: Social History 29/3.2004, S. 301–319 (*Zum Verhältnis von Monarchie und Mittelschichten in Spanien, in englischer Sprache*).

H. Dollinger, Das Leitbild des Bürgerkönigtums in der europäischen Monarchie des 19. Jahrhunderts, in: K.-F. Werner (Hg.), Hof, Kultur und Politik im 19. Jahrhundert, Bonn 1985, S. 325–364 (*Klassischer Aufsatz zum Begriff des „Bürgerkönigs"*).

# 12 Frauen- und Geschlechtergeschichte

**Abb. 12:** Vier Generationen: Großherzogin Luise von Baden und Familie (Photographie, ca. 1911.

Die Frauen der europäischen Monarchien des 19. Jahrhunderts begründeten Familien und Verwandtschaftsverhältnisse, aber keine Dynastien. Während vergleichbare Fotographien von männlichen Angehörigen meist eine direkte dynastische Erbfolge vom Vater über den Sohn zum Enkel veranschaulichen, gehören die Frauen auf dieser Fotographie unterschiedlichen Familien an. Großherzogin Luise von Baden war die Tochter König Wilhelms I. von Preußen und damit eine geborene Hohenzollern-Prinzessin. Ihre Tochter Viktoria heiratete den schwedischen Kronprinzen Gustav und wurde 1907 Königin von Schweden. Auf dem Bild sind ebenfalls Prinzessin Margaret von Schweden (eine geborene britische Prinzessin) und ihre Kinder zu sehen. Damit veranschaulichen die weiblichen Mitglieder der monarchischen Familien die Verflochtenheit des europäischen dynastischen Adels vor dem Ersten Weltkrieg, allein auf diesem Bild sind Preußen, Baden, Großbritannien und Schweden repräsentiert.

## 12.1 Forschungsperspektiven

**Geschlechterstereotyp Weiblichkeit**

Die Geschichte der Monarchie im 19. Jahrhundert ist in den letzten Jahren aus zwei Gründen für die Frauen- und Geschlechtergeschichte wichtig geworden: Wie auch in anderen Feldern ist die Historiographie zur Frühen Neuzeit in dem Bemühen vorangegangen, Frauen am Hof, namentlich regierende Fürstinnen und Ehefrauen von Fürsten, als bedeutsam für Politik und Kultur zu thematisieren. Herausragende frühneuzeitliche Herrscherinnen wie Elisabeth I. von England, Kaiserin Maria Theresia oder Katharina II. von Russland sind klassische Themen, hinzu kommen heute nicht regierende Fürstinnen, Hofdamen oder allgemeiner, adlige Frauen am Hof. Für das 19. Jahrhundert gilt es, die in dieser Historiographie vorgebrachten generellen Thesen zu überprüfen, die die Rolle von Geschlecht in der Frühen Neuzeit als vergleichsweise weniger bedeutend ansehen: Im 18. Jahrhundert schien der Stand (als Fürstin, als adlige Frau am Hof) wesentlich einflussreicher für die Handlungsspielräume als die Zugehörigkeit zum weiblichen Geschlecht. Im deutlichen Gegensatz hierzu hat die Forschung zum 19. Jahrhundert seit Karin Hausens klassischer Formulierung von der „Polarisierung der Geschlechtscharaktere" herausgearbeitet, wie der Geschlechterunterschied durch die Zuschreibung von stereotypen Eigenschaften von Weiblichkeit und Männlichkeit für Frauen generell einschränkend wirkte. Das bürgerliche Geschlechterverhältnis hielt Frauen und damit zumindest auch die nicht regierenden Fürstinnen von Politik und Öffentlichkeit fern und wies ihnen den „privaten" Raum von Haushalt und Familie zu (Stollberg-Rilinger 2017; Schleunig 2016; Diemel 1998).

## 12.2 Fürstinnen im 19. Jahrhundert

**Konnubium**

Bereits in der Frühen Neuzeit fielen die Vorbereitungen von Heiratsverbindungen der fürstlichen Häuser zunächst in die Zuständigkeit der Frauen, namentlich der Fürstengattinnen, auch wenn die Entscheidung des Souveräns unverzichtbar blieb. Während Heiratsverbindungen in der Frühen Neuzeit wichtige (außen-)politische Themen gewesen waren, die Bündnisse oder Bündnismöglichkeiten anzeigten, wurden die Eheschließungen der Fürsten im

19. Jahrhundert „privater". Die politische Bedeutung der Fürstenehen im Verfassungsstaat sank oder verschob sich zu einer politisch-kulturellen Rolle. Die Eheschließung der Kaisertochter Viktoria Luise mit dem Prinzen Ernst August von Hannover 1913 sollte die Versöhnung des Hohenzollern-Kaiserreichs mit den 1866 in Hannover entthronten Welfen dokumentieren. Mit Blick auf die erwünschte Standesgemäßheit auch der Ehen der jüngeren Kinder von Monarchen beschäftigten sich die Fürstinnen aber überall in Europa mit der Suche nach geeigneten Prinzen und Prinzessinnen. Dazu war ein stark von Frauen geprägtes, umfangreiches Korrespondenznetzwerk notwendig (Schönpflug 2013; Marburg 2008).

Es erscheint besonders bedeutsam, die Frauen der gesellschaftlichen Eliten des 19. Jahrhunderts, die Fürstinnen und Frauen des Hofadels, mit Blick auf das Verhältnis von Stand und Geschlecht zu untersuchen. Offensichtlich verfügt die europäische Monarchiegeschichte über einen herausragenden Untersuchungsgegenstand: die britische Königin und Kaiserin von Indien Victoria, die dem 19. Jahrhundert in Großbritannien den Namen gab. Die Literatur über ihre Regierungszeit füllt ganze Bibliotheken, und auch die Frage nach ihrer Rolle als Frau bzw. der königlichen Familie als bürgerlicher Musterinstitution ist mittlerweile umfassend untersucht. Für die britische Monarchie stellte Victorias Regierungszeit eine Zäsur dar. Der Lebensstil von Victorias königlichen Vorgängern Georg IV. und Wilhelm IV. hatte sich am aristokratischen Ideal des 18. Jahrhunderts orientiert, sichtbar an aufwändigen Bauwerken, luxuriösen Festen und Mätressen. Victoria dagegen stilisierte gemeinsam mit ihrem Ehemann Prinz Albert ihr Leben mit neun Kindern als Inbegriff bürgerlicher Moralität. Damit erfüllte die königliche Familie eine zentrale Voraussetzung für die gesellschaftliche Akzeptanz der Monarchie in den bürgerlichen Mittelklassen im industrialisierenden Großbritannien und ermöglichte die Transformation zur Monarchie der Gegenwart, die politische und kulturelle Funktionen verbindet. Politisch drückte Victoria nationale Identität und Weltgeltung in Gestalt des Hauptes des Empires aus, kulturell bediente sie vor allem in den öffentlichen Auftritten und Familienereignissen das Unterhaltungsbedürfnis einer massenmedial geprägten Welt. {Queen Victoria}

In der Literatur wird weiterhin die Frage gestellt, ob der Wandel der Monarchie von einer politischen Institution zu einer {Feminisierung}

Kulturinstanz durch eine weibliche Herrscherin im 19. Jahrhundert wesentlich gefördert und erleichtert worden ist. Einerseits ist zu berücksichtigen, dass Victoria sich selbst keineswegs als rein repräsentatives Staatsoberhaupt empfand und in zahlreichen Politikfeldern, z.B. bei der Stellenbesetzung in Staat und Kirche, tatsächlich beträchtlichen Einfluss ausübte. Andererseits kam nach Victorias Tod 1901 mit Edward VII. ein Monarch auf den Thron, der kaum als bürgerliches Moralideal taugte. Insofern scheint die behauptete Zäsur zweifelhaft, auch wenn man bedenken muss, dass Edward letztlich nur wenige Jahre Regierungszeit blieben (Bell 2006; Ridley 2012; Kroll, T. 2013).

## 12.3 Politik, Kultur und Mäzenatentum

*Isabella von Spanien*

Im Kontext der europäischen Geschichte verdient die Herrschaft der spanischen Königin Isabella II. verstärkt Aufmerksamkeit. Ihre Regierungszeit von 1833 bis 1868 war von erbitterten politischen Auseinandersetzungen zwischen Liberalen und Konservativen gekennzeichnet, die auch mittels eines konkurrierenden Thronkandidaten geführt wurden. Während Victoria in Großbritannien bürgerliche Moral stilisierte, ließ Isabellas Lebensstil eine solche Verbindung zwischen Nation und Bürgerlichkeit kaum zu. Der Kampf zwischen dem konservativ-katholischen und dem liberalen Lager um die Macht kreiste um Angriff und Verteidigung des Bildes der unglücklich verheirateten Frau, deren Nachkommenschaft in den Augen der spanischen Öffentlichkeit die Vorstellung einer „legitimen", auf Abstammung beruhenden Herrschaft massiv in Frage stellte (Aschmann 2014; Burdiel 2004).

*Luise von Preußen*

In der deutschen Geschichte des 19. Jahrhunderts gibt es keine regierende Monarchin. Abgesehen vom genealogischen Zufall waren dafür die Vorgaben des „salischen Rechts" verantwortlich, die eine weibliche Erbfolge ausschlossen. Traditionell konzentriert sich das Interesse der Historiker wie der Öffentlichkeit auf die preußische Königin Luise, deren Rolle in der Auseinandersetzung mit Napoleon heroisch stilisiert und überhöht wurde. Und auch für dieses Beispiel scheint die Verbindung der königlichen Familie mit bürgerlichen Tugenden wichtig. Luises früher Tod (wie der Tod von Prinzessin Diana in der jüngeren Vergangenheit) trug in besonderer Weise zur gesellschaftlichen Verankerung der Bedeutung der Monarchie bei und lässt sich im Zusammenhang der neueren Forschungen zur Emotionsgeschichte deuten (Schönpflug 2010; Schorn-Schütte 2003).

Deutsche Fürstinnen werden für die historische Forschung, die sich traditionell vor allem für die Politik interessiert, erst allmählich interessant. Vor allem besteht eine Verbindung zwischen fürstlichen Frauen und ihrer Rolle in der Kunst- und Kulturförderung. Aus landesgeschichtlicher Perspektive ist die russische Großfürstin Maria Pawlowna herausragend, die als Erbprinzessin und Großherzogin von Sachsen-Weimar-Eisenach seit 1804 in Weimar lebte. Mit dem Selbstbewusstsein einer Angehörigen der Romanows und erheblichen finanziellen Mitteln orientierte sie sich in der Nachfolge der Herzogin Anna Amalia an den Traditionen des „Musenhofes" und förderte Musik, bildende Kunst und die Bibliotheken. Ihr Engagement streckte sich aber auch auf soziale Projekte, bei denen sie sich besonders auf bedürftige Frauen konzentrierte. Ihre Tochter Augusta heiratete den preußischen Kronprinzen Wilhelm und wurde Königin von Preußen und Deutsche Kaiserin. Ihre Schwiegertochter Sophie erbte den Nachlass Goethes und wirkte für den Aufbau des Goethe- und Schiller-Archivs (Freyer 2013).

*Maria Pawlowna*

Obwohl für eine generellere Interpretation zur gesellschaftlichen Rolle nicht-regierender Monarchinnen vielfach noch der Forschungsstand zu wünschen übrig lässt, kann festgestellt werden, dass sich besonders die Themenfelder Kunst und Kultur sowie Wohltätigkeit und soziale Projekte zu einer vertieften Untersuchung eignen. Königin und Kaiserin Augusta gründete in den 1860er Jahren den Vaterländischen Frauenverein, der zur quantitativ bedeutendsten Frauenorganisation des Deutschen Kaiserreichs wurde und Adel und Bürgertum mit Blick auf Sorge für Kriegsverwundete, Katastrophenhilfe und Armen- und Waisenhilfe verband. Dabei fällt auf, dass sich dieses Aktivitätsspektrum einerseits an traditionelle Herrscherprojekte anlehnte, sich aber auch mit den Vorstellungen bürgerlicher Weiblichkeit gut vereinbaren ließ. Nach 1900 wandelten sich die Sozialprojekte von freiwillig geübter Wohltätigkeit zu zunehmend professionell geführten Unternehmungen. Unter der Leitung des Vaterländischen Frauenvereins entstanden Kinderheime, Schulen und Krankenpflegeschulen, die auch denjenigen Frauen der Eliten, die nicht durch eine Heirat materiell versorgt waren, eine Möglichkeit zum

*Soziales Engagement um 1900*

Erwerb des Lebensunterhalts boten (Quataert 2001; Süchting-Hänger 2000).

## 12.4 Frauen am Hof

*Hofdamen*

Frauen am Hof sind für das 19. Jahrhundert bis auf die Pionierarbeit von Christa Diemel noch kaum behandelt worden. Zwar wird das zu Beginn der 1960er Jahre von Rudolf Vierhaus in Auszügen herausgegebene Tagebuch der Baronin Spitzemberg viel gelesen, aber vor allem mit Blick auf die Politik- und Gesellschaftsbeobachtungen der Bismarck-Verehrerin interpretiert. Wie im 18. Jahrhundert stellte die Ausübung eines Hofamtes, etwa als Oberhofmeisterin, im Dienst einer Fürstin eine der wenigen Möglichkeiten für adlige Frauen dar, unabhängig vom Vater oder Ehemann von einer „beruflichen" Tätigkeit zu leben. An den deutschen Höfen wurden die hohen Ämter mehrheitlich von Witwen ohne Vermögen ausgeübt, von ihnen wurde Erfahrung in sämtlichen Fragen höfischer Etikette und persönliche Nähe zur Fürstin erwartet. Die wichtigsten Funktionen der Hofdamen bestanden in der Organisation des Haushalts, der Reisebegleitung und in der Kontrolle des Zugangs zur Fürstin. In Großbritannien mit seiner regierenden Monarchin war ein solcher Zugang wichtiger als in den deutschen Staaten (Spitzemberg 1960; Paula von Bülow 1924).

*Handlungsspielräume in der Hofgesellschaft*

Die Frauen des regierenden wie des Hofadels verfügten im 19. Jahrhundert über vergleichsweise große Handlungsspielräume. Ob und in welcher Weise Monarchinnen politisch Einfluss nehmen konnten, muss am Einzelfall untersucht werden. Am Beispiel Luises kann man erkennen, dass sich Frauen offenbar in besonderer Weise für die Kennzeichnung einer nationalen Notsituation eigneten. Die Hofdamen wiederum übten in traditionellen Kontexten einen Beruf aus, der ihnen wirtschaftliche Unabhängigkeit und Einfluss zumindest auf die Fürstin garantierte. Repräsentative Aufgaben waren für den Hof insgesamt und nicht bloß für die weiblichen Mitglieder charakteristisch. Eine Trennung von Repräsentation in Frauen- und Männerräume existierte im Vergleich mit der Trennung von Beruf und Familie im Bürgertum kaum. Frauen konnten auch traditionelle Männerrollen ausfüllen, z.B. als Ehrenoberste von Regimentern. Kaiserin Auguste Victoria, die preußische Kronprinzessin Cecilie und die Kaisertochter Viktoria Luise trugen auch die Uniformen ihrer Regimenter (mit Rock) und präsentierten sich zu Pferd (im Damensattel). Kaiserin Elisabeth von Österreich nahm an Reitjagden teil. In der traditionellen Welt des Hofes änderte sich zwar wenig, das Heraustreten in die Gesellschaft in sozialen oder kulturellen Bezügen konnte aber große Wirkung entfalten (Hamann 1998).

Im 19. Jahrhundert entwickelt sich überdies ein besonderer Kult um weibliche Monarchen. Seit dem frühen Tod der preußischen Königin Luise wurde diese zur Leitfigur eines nationalen Mythos, der die Nation überhöhte, gleichzeitig aber auch die Akzeptanz der Monarchie quasi neben den zeitgenössisch Herrschenden sicherte. Luise wurde als passiv Leidende, aber auch als Hoffnungsträgerin für Preußens Wiedergeburt gefeiert. Mit dem Luise-Mythos ließ sich eine staatsintegrative Idealfigur für die Frauen schaffen und die politische und gesellschaftliche Diskriminierung von Frauen moderieren (Demandt 2003; Förster 2010).

<small>Integration von Frauen</small>

Im Zusammenhang der neueren Forschung zur Geschichte der Männlichkeit könnte auch der „Hofmann" interessant werden. Dabei geht es um ein besonderes Verhältnis zum Militär, denn der Monarch trat in Anknüpfung an seine traditionelle Rolle als Feldherr in der Öffentlichkeit meist als Offizier in Erscheinung, bei Auslandsbesuchen häufig in den Uniformen der Gastgeber. Außerdem war die persönliche Umgebung der Monarchen vom Militär dominiert (vgl. z.B. die Flügeladjutanten Kaiser Wilhelms II.). Andererseits hat sich im Zusammenhang mit dem Eulenburg-Skandal im Kaiserreich die Frage nach der Präsentation von Homosexualität am Fürstenhof des 19. Jahrhunderts gestellt (Funck 2004).

<small>Männlichkeit</small>

## 12.5 Quellen und Vertiefung

### 12.5.1 G. H., Unsere Prinzessinnen

„Unsere Prinzessinnen."

Unter obiger familiärer Bezeichnung versteht der Berliner die zwei Bräute, deren Hochzeit am 18. Februar in der Capelle des königlichen Schlosses zu Berlin in feierlicher Weise stattfinden wird. Die Prinzessin Charlotte von Preußen, die am 24. Juli 1860 geborene älteste Tochter des Kronprinzen des deutschen Reiches und von Preußen, wird den Erbprinzen von Sachsen-Meiningen heirathen; Prinzessin Elisabeth, zweite Tochter des Prinzen Friedrich Karl, geboren am 8. Februar 1857, wird die Gemahlin des Erbgroßherzogs von Oldenburg werden.

Officiell wird eine preußische Prinzessin erst von dem Momente ihrer kirchlichen Confirmation an. Vorher existirt sie nur für ihre Eltern und Familie, ihre Erzieherinnen und Lehrer, für den Hausminister, als Verwalter des königlichen Hausvermögens, welches die Erziehungs- und Unterhaltungskosten sämmtlicher Kinder des königlichen Hauses von Preußen auf seinen Etat nimmt, auch etwa noch für den gothaischen Hofkalender, aber nicht für das Publicum. Dieses sieht den Sprößling des königlichen Hauses bis dahin nur durch die Fenster des Hofwagens, wenn dieser seinen Weg die Linden entlang nach dem Thiergarten nimmt. Erfüllt von Interesse an dem regen Straßenleben schauen frische, rosige Kinder aus dem Innern des Wagens, in dem sie unter Aufsicht ihrer Gouvernanten sitzen; die Wache am Brandenburger Thore ruft: „'raus!" und wenn ein Fremder, der weder Hofwagen noch die üblichen Honneurs kennt, den eingeborenen Berliner fragt: „Wer war das?" dann lautet die Antwort: „Unsere Prinzeßchen". Diese avanciren jedoch in der öffentlichen Meinung, wenn sie confirmirt oder, um mit dem Berliner zu sprechen, eingesegnet sind. Sie bekommen dann ihren Hofstaat, eine Apanage; bei festlichen Gelegenheiten werden sie von zwei Leibpagen bedient; sie erscheinen mit dem ihnen zukommenden Rang bei Hofe, dürfen sich als selbstständige Wesen fühlen, soweit das die Etikette erlaubt, und allenfalls eine Zeitung lesen; sie sind „unsere Prinzessinnen" geworden. Das ist das Lebensstadium, wo das Interesse des Publicums für sie erwacht, wenn wir unter diesem nicht allein die Bevölkerung Berlins, sondern des ganzen preußischen Landes verstehen wollen, dessen ältere Provinzen von ihrem persönlichen, patriarchalischen Verhältnisse zu dem regierenden Königshause nichts eingebüßt haben, noch weniger der Berliner. Diese Anhänglichkeit ist eine der gemüthvollen Seiten des Volkscharakters der preußischen Hauptstadt. Der Berliner ist durch alle politischen Wandlungen hindurch loyal geblieben. Er weiß sehr wohl, daß nur diejenigen Hofwagen, deren Kutscher und Lakaien in der silbernen Borde der Hüte die preußischen Wappenzeichen, die schwarzen Adler, tragen, Mitglieder des königlichen Hauses bergen; er wird solchen Wagen stets seine Reverenz machen, und für „unsere Prinzessinnen" legt er eine geradezu rührende Anhänglichkeit an den Tag. Wunsch und Gedanke einer „recht juten Heirath" beschäftigten ihn für sie vielleicht mehr und eher, als die Prinzessinnen selbst. Er denkt sich in seiner Unbefangenheit, daß er Aussteuer und Mitgift, als steuerzahlender Staatsbürger, mittragen muß, obwohl die zweihunderttausend Thaler, die jede preußische Prinzessin als Heirathsgut bekommt, seit Friedrich Wilhelm dem Ersten nicht mehr vom Lande, sondern aus dem Hausvermögen der königlichen Familie bestritten werden, aber „des Allens schadet nicht, wenn sie man jute Männer kriegen". Er nimmt daran Antheil, als gehörte er zur Familie.

Zuerst verlobte sich Prinzessin Charlotte, obwohl sie die Jüngere von den beiden Prinzessinnen ist. Sie wählte den Erbprinzen von Sachsen-Meiningen. Es war von beiden Seiten eine Wahl, in der persönliche Neigung und Familienwünsche sich begegneten. Die Mutter „des Meiningers", wie er bereits im Volksmunde heißt, war die rechte Cousine des Vaters der Braut; der Kronprinz wurde mit Prinzessin Charlotte, der ältesten Tochter seines Oheims, des Prinzen Albrecht, confirmirt. Beide verband von Jugend an eine tiefe, religiös-idealen Gedanken entstammende Freundschaft, die bis zu dem Tode der Erbprinzessin von Sachsen-Meiningen, ja über das Grab derselben hinaus währte. Der Kronprinz blieb den Kindern zugethan, wie einst der Mutter. Nach dem Kriege von 1870– 71 wurde der Erbprinz nach Berlin in das Garde-Füsilierregiment versetzt und verkehrte von nun an wie ein Sohn in dem Kreise der kronprinzlichen Familie. Hier war er in dienstfreien Stunden am häufigsten zu sehen und weiter in wissenschaftlichen Versammlungen. Seine Gestalt ist nicht sehr groß, aber in richtigen Proportionen sich haltend; das blau-graue Auge beherrscht ein etwas schmächtiges Gesicht, dessen Züge den prägnanten Ausdruck geistiger Lebendigkeit tragen. Dieser theilt sich auch den Bewegungen der Gestalt mit.

In seinem Benehmen entfaltet der Erbprinz eine die feinsten Rücksichten beobachtende Haltung, welcher ein unverkennbarer Zug von Herzensfreundlichkeit innewohnt. Rechnet man bei dieser jugendlichen mit geistiger Reife gepaarten Lebendigkeit noch mit einer ideal-künstlerischen Richtung, welche das innere Wesen des jungen Mannes ausmacht, so wird man wohl begreifen, wie ein junges, durch die Erziehung stets auf natürliche und unbefangene Eindrücke hingeleitetes Mädchenherz sich von solchen Eigenschaften bestimmt fühlen mußte, und dieses Bestimmende ward ihm zum Schicksal. Wenn man auch von Seite der kronprinzlichen Eltern die eheliche Verbindung mit dem Erbprinzen wünschen mochte, so war doch die Wahl der Prinzessin ihres Herzens freier Entschluß. Der Wechsel zwischen Kinderstube, wo sie, sei es in Berlin im väterlichen Palais oder in Potsdam im Neuen Palais oder auch auf Reisen, nur unter den hütenden Augen der Eltern oder Erzieherinnen, im Kreise ihrer Geschwister gelebt hatte, und zwischen den glanzstrahlenden Sälen des Königsschlosses, wo tausend Blicke auf sie gerichtet waren, gestaltete sich etwas rasch und sollte die Prinzessin befangen erscheinen lassen. So bei dem großen Galadiner, das zu Ehren ihrer Verlobung stattfand. Fast mit kindlicher Schüchternheit saß sie an der Seite ihres Bräutigams zwischen den kaiserlichen Großeltern, und die großen [141] lichtblauen Augen gingen mit einem Gemisch von Freude, Staunen und Interesse an Allem, was da war und vorging, durch den Saal, und das Wunderbarste bei dem Allen schien ihr zu sein, daß sie der Mittelpunkt all dieses entfalteten Glanzes war. Die Gestalt der Prinzessin ist von jener Höhe, die sie auch im Aeußeren in ein harmonisches Verhältniß zu ihrem Gatten bringt. Vom Vater hat sie die schönen hellen Augen und das blonde Haar, von der Mutter den Schnitt des Gesichtes und die anmuthige Gestalt, vom

Hause Hohenzollern die frischen Farben und den kräftigen Gliederbau. Fast schien sie, wie sie als Braut durch die Säle des Schlosses dahin schritt, gedrückt von der silbergestickten Robe und Schleppe, von der diamantenen Krone, die auf dem Hinterhaupte ruhte, von all dem Glanz und Pomp, der auf sie zurückstrahlte.

Prinzessin Charlotte ist keine Erscheinung für den fürstlichen Hofmantel. Man denkt zu ihrer schlanken, jungfräulichen Figur unwillkürlich ein helles leichtes Kleid, ein buntes Band um die Taille, einen Kranz von frischen Blumen in dem Haar und in der Hand einen Band Geibel'scher Gedichte. Sie ist eine Figur für die Idylle. So ist auch das Heim, das man ihr und ihrem Gemahl bereitet hat, jene Villa links vom Wege, der vom grünen Gitter an der Friedenskirche am Marlygarten vorbei durch eine prächtige Lindenallee nach Sanssouci führt, ein zweistöckiges Haus im italienischen Villenstil, etwa acht Fenster in der Front, mit einem pavillonartigen Ausbau, daran ein Garten, den man erweitert und gelichtet hat, das Innere von vornehmer moderner Eleganz, die ihren höchsten Ausdruck in der Einfachheit findet – Alles bequem, wohnlich, heiter, angenehm, aber nirgendwo Luxus. Vielleicht hätte es mancher reiche Mann im deutschen Reiche seiner Tochter noch prächtiger geben können, als es der Kronprinz und die Kronprinzessin des deutschen Reiches gethan, aber gerade diese Herrschaften können sich ihren Kindern gegenüber den Luxus der Einfachheit erlauben. Das Haus gehörte einst dem Kämmerer und Vertrauten Friedrich Wilhelm's des Dritten, Timm, von dem ältere mit den damaligen Hofverhältnissen vertraute Berliner tausend Geschichten zu erzählen wissen. Dann wurde es für die zweite Gemahlin Friedrich Wilhelm's des Dritten, die Fürstin von Liegnitz, gekauft, erweitert und eingerichtet. Sie bewohnte es im Jahr zwei Monate. Seit ihrem Tode stand die Villa leer. Nun wird im Sommer das junge Paar sie beziehen, um dort hinter den dichten Mousselinvorhängen unter grünen Baumwipfeln und duftenden Blüthen den Traum vom Glücke des Lebens zu träumen.

In dem Trousseau (der Ausstattung), der nach Berliner Hofsitte, die eben nur wieder ein alter deutscher Hausbrauch ist, dem Publicum zur Schau ausgestellt war, befanden sich zwei Courroben mit Schleppen, die eine, von himmelblauem Sammt mit breiten weißen Spitzen und mit Rosen garnirt, war für die Prinzessin Charlotte bestimmt, die andere, von purpurfarbenem Sammt mit Gold gestickt, für die zweite Braut, Prinzessin Elisabeth. In diesen äußeren Hüllen mag die Individualität der beiden Prinzessinnen markant sein. Prinzessin Elisabeth ist von hoher, schlanker Figur, die sich in bewußter Haltung giebt. Von ihren beiden Schwestern hat sie die meiste Aehnlichkeit mit ihrer Mutter, der schönen Anhaltinerin, die sich heute noch auf Reisen als Schwester ihrer Tochter in das Fremdenbuch schreiben könnte. Die Natur hat aus den jugendschönen Zügen der Mutter für die Tochter einige weggenommen, dazu einen charakter- und energievollen Zug des Vaters gefügt, und so sind daraus die Züge der Prinzessin Elisabeth geworden. Ob sie schöne Augen hat, weiß man nicht; sie sind in stillem Ernste immer wie nach innen gekehrt, und die Verschleierung derselben ist reizvoller, anziehender, als vielleicht der strahlende Glanz. Die Töchter des Prinzen Friedrich Karl hatten eine vortreffliche Erzieherin in der Person der Gräfin Schlieffen. Nach dem Willen des Vaters sollten in ihnen nicht Prinzessinnen nach der alten Schablone, sondern einfache, natürliche, liebenswürdige Mädchengestalten erzogen werden. Das ist denn auch vollauf erreicht worden.

Es war im November vorigen Jahres; der Wald war noch grün und die Luft lau wie im September. Es war Rendezvous zur Parforcejagd am Jagdschloß Stern bei Potsdam. Die Meute fing an laut zu werden und wurde nur durch die Peitschen der Piqueure im Zaume gehalten. Die Jäger, Officiere der Berliner und Potsdamer Garnison, waren von den Pferden abgestiegen, – außerdem war viel Volks versammelt – in offenen vierspännigen Wagen waren die jungen Prinzessinnen aus Glienicke gekommen. In dem ersten saß Prinzessin Elisabeth mit ihrer älteren Schwester, der Prinzessin Marie. Auf dem Schlage des Wagens lehnte mit übereinandergeschlagenen Armen ein junger Mann von etwa vierundzwanzig Jahren. Die schlanke, elastische Gestalt war mit dem rothen Jagdfrack bekleidet; an die weißledernen anliegenden Unterkleider schlossen sich die überschlagenen Stulpstiefeln an; das längliche vornehm geschnittene Gesicht mit etwas bräunlichem Teint und einem braunen Bärtchen auf der Oberlippe war von einem modernen Cylinderhut überschattet, und die braunen lebhaften Augen gingen ganz und voll auf die im Fond sitzende Prinzessin aus. In dieser Weise durfte aber nur ein Bruder oder Bräutigam mit den fürstlichen Damen verkehren. Es war kein Anderer als der Erbgroßherzog von Oldenburg. Das Brautpaar plauderte und lachte miteinander, hier, vor allen Zeugen so harmlos und unbefangen, als säße es daheim im Glienicker Parke, und das Glück des Beisammenseins leuchtete Beiden aus jedem Blicke. Gar oft im Sommer ließ der Erbgroßherzog, der in jenen Tagen bekanntlich bei den 1. Gardedragonern stand, noch des Abends nach dem Diner sein Pferd satteln, um den vier Meilen weiten Weg zur Braut nach Glienicke zu reiten und dann in später Abendstunde wieder nach Berlin zum Dienste am frühen Morgen zurückzukehren. Man erzählt sich in gesellschaftlichen Kreisen Berlins – und darum möchte es nicht gar zu indiscret sein, das Gesagte hier mitzutheilen – daß Prinz Friedrich Karl seiner Tochter Mittheilung von der Werbung des Erbgroßherzogs mit dem Bemerken gemacht habe, die Prinzessin habe zu einer Antwort acht Tage Bedenkzeit, worauf diese erwidert habe, daß letztere überhaupt gar nicht nöthig sei.

Da eine preußische Prinzessin nicht gut „Frau Rittmeister" werden kann, so wird der Erbprinz seine dienstlichen Verhältnisse in der preußischen Armee verlassen und fortan mit seiner jungen Gemahlin in Oldenburg residiren. Die ersten Tage ihrer Ehe werden die beiden jungen Paare im Schlosse zu Berlin zubringen. So gebietet es ein altes Hausgesetz. Es wird volle Hochzeit mit königlichen und fürstlichen Gästen in großer Anzahl sein. Der Berliner Hof wird bei seiner imposanten Würde die höchste Prachtfülle entfalten. Einige Tage werden die jungen Paare an den Hochzeitsfeierlichkeiten Theil nehmen, dann aber jeder der jungen Ehemänner sein bestes und schönstes Theil entführen, der eine nach Süden an die Gestade des Comersees, der andere nach Norden. Schmerzlich wird Berlin „unsere Prinzessinnen" scheiden sehen.

Berlin, 12. Februar 1878.

**G. H.**

Quelle: in: Die Gartenlaube Heft 8, 1878, S. 137–140, in: https://de.wikisource.org/wiki/Unsere_Prinzessinnen

Die populäre Zeitschrift „Die Gartenlaube", die als „Familienblatt" firmierte, erschien seit den 1850er Jahren in Leipzig und erreichte in den 1870er Jahren eine Auflage von nahezu 400.000 Exemplaren. Entsprechend wurde die Zeitschrift von vielen Frauen gelesen. Die „Gartenlaube" verband eine pro-preußische politische Agenda mit Unterhaltungs- und Bildungsartikeln. Die Eheschließungen der preußischen Prinzessinnen Charlotte und Elisabeth boten einen willkommenen Anlass, Botschaften politischer Loyalität in einem unterhaltenden Artikel zu verbinden. Dabei informierte der Autor G.H. die Leserschaft über die zeremoniellen Formen der Fürstenhochzeit in Berlin, nicht ohne immer wieder auf die Ansichten des „Berliner Publikums" zurückzukommen. Der Artikel geht auch auf den zukünftigen Wohnort und die gesellschaftliche Stellung der Bräute ein. Er betont die Freiwilligkeit der Entscheidung der Bräute, ohne ausdrücklich die Eheschließungen als „Liebesheiraten" zu bezeichnen. Dabei wird der für die Heiraten maßgeblichen Eigenschaft der Bräutigame, dass es sich um die Erbprinzen deutscher Dynastien und damit um ebenbürtige Ehepartner handelt, nicht ausdrücklich Beachtung geschenkt. Auffällig scheinen die ausführlichen Beschreibungen der äußeren Erscheinung der beiden Brautpaare, offensichtlich werden sie als jüngere Prinzessinnen, die nicht dauernd in der Presse genannt werden, noch nicht als bekannt vorausgesetzt.

## 12.5.2 Fragen und Anregungen

- In frauen- und geschlechtergeschichtlicher Perspektive macht es einen Unterschied, ob von regierenden Monarchinnen wie Queen Victoria die Rede ist oder von den Gemahlinnen der Monarchen. Welche Beschreibungen treten jeweils in den Vordergrund? In welcher Weise werden im öffentlichen Diskurs Geschlechterstereotype eingesetzt?
- In der Darstellung der „Gartenlaube" werden die Prinzessinnen gleichsam in die Öffentlichkeit eingeführt. In welcher Weise werden die Eheschließungspraktiken der monarchischen Familien dargestellt?
- Die dynastischen Familien Europas bildeten im 19. Jahrhundert ein verwandtschaftliches Netzwerk. Welche Rolle spielten Frauen in der familiären Kommunikation, z.B. mittels Besuchen und in Briefen?
- Das Leben am Fürstenhof wurde im 19. Jahrhundert auch von Frauen bestimmt. Analysieren Sie die Rolle von Hofdamen im Zusammenhang der begrenzten Möglichkeiten von Frauen im Bildungswesen, Kunst und Kultur.
- Der Luise-Mythos wirkte nicht bloß in Preußen, sondern auch im Kaiserreich. Betrachten Sie Gemeinsamkeiten und Unterschiede zwischen Preußen und den süddeutschen Staaten.

## 12.5.3 Lektüreempfehlungen

C. Campbell Orr (Hg.), Queenship in Britain 1660–1837, Manchester 2002 (*wichtigster Sammelband über neuzeitliche Monarchinnen in englischer Sprache*).

N. Domeier, Der Eulenburg-Skandal. Eine politische Kulturgeschichte des Kaiserreichs, Frankfurt a.M. 2010 (*gesellschaftliche Diskussionen über politische Moral im Spiegel eines Monarchieskandals*).

H. Pakula, An Uncommon Woman. The Empress Frederick. Daughter of Queen Victoria, Wife of the Crown Prince of Prussia, Mother of Kaiser Wilhelm, New York 1995 (*beste Biographie Victorias, der „Kaiserin Friedrich", die als „Feindin" Bismarcks galt*).

R. Schulte (Hg.), Der Körper der Königin. Geschlecht und Herrschaft in der höfischen Welt seit 1500, Frankfurt a. M. 2002 (*wichtiger Sammelband zum Zusammenhang von Monarchie- und Körpergeschichte*).

# 13 Herrscherbiographien als Rezeptionsgeschichte

Friedrich Wilhelm IV., damals im Alter von 45 Jahren, war mehr eine geniale Künstlernatur als ein zum Herrschen geborener Charakter. Er lebte mehr in phantasievollen Vorstellungen als in der harten Wirklichkeit und sah die Dinge nicht unmittelbar in ihrer einfachen Realität, sondern immer nur durch ein ideologisches Medium hindurch. Er war voll Geist und Geschmack in Kunst und Wissenschaft, bekannt als Freund und Förderer von Gelehrten und Künstlern, ausgezeichnet durch schwungvolle Beredsamkeit wie durch schlagfertigen Witz. Aber die Kehrseite dieser reichen Begabung war nicht bloß der Mangel an nüchternem Wirklichkeitssinn, sondern auch an jener Stetigkeit und Festigkeit des Willens und jener nie versagenden Entschlußkraft, die doch in erster Linie die Erfordernisse des Regentenberufs sind. In seinem Wesen war etwas Überschwengliches und Sprunghaftes; seine Stimmung schwankte häufig zwischen Extremen. Er konnte von berückender Güte und Liebenswürdigkeit sein und dann wieder von leidenschaftlicher Heftigkeit bis zum Jähzorn. Im persönlichen Verkehr gab er sich oft ganz ungezwungen, als witziger, unterhaltender Gesellschafter; steifere Naturen vermißten dann wohl in seiner Haltung die königliche Würde. Aber im Grunde hatte er doch ein überaus hochgespanntes Gefühl von der Würde und Hoheit seiner Stellung. Er glaubte fest an das göttliche Recht und die göttliche Würde des fürstlichen Berufs; er war ein Legitimist von wahrhaft mystischer Tiefe; er glaubte, daß Gott den Fürsten eine ganz besondere Erleuchtung zuteil werden lasse. In dieser Überzeugung wurzelte auch seine Hartnäckigkeit in den politischen Grundsätzen, trotz allen Schwankens in Plänen und Meinungen. Er war ein Kind der Restauration, ein Anhänger der Hallerschen Staatslehre, die er freilich mit religiösem Gefühl durchdringen und dadurch veredeln und läutern wollte. Sein Staatsideal trug die unverkennbaren Züge der Romantik; er schwärmte für die „alte teutsche Verfassung" mit ihren organisch gewachsenen Institutionen und Standesunterschieden, mit dem patriarchalischen Prinzip der Treue und des Vertrauens zwischen Fürst und Untertanen; er wollte nichts wissen von den Doktrinen des Naturrechts, auf die sich damals der Liberalismus hauptsächlich gründete; er sprach wohl wegwerfend von dem „Racker von Staat" und hörte lieber von König und Untertanen, von Land und Leuten reden. Für Deutschland und deutsches Wesen hat er immer ein offenes und begeistertes Herz gehabt; aber eine preußische Machtpolitik in dem Sinne, die Führung in Deutschland zu übernehmen unter Verdrängung Österreichs, lag ihm fern. Sein deutscher Gedanke war großdeutsch und ist es im Grunde immer geblieben. Ein deutsches Reich ohne das Erzhaus, ohne Tirol und Triest erschien seinem historisch-romantischen Sinn als eine Unmöglichkeit, als ein „Gesicht ohne Nase"; sein Ehrgeiz ging ursprünglich nur dahin, daß der König von Preußen der Reichserzfeldherr unter dem österreichischen Kaiser werden sollte. Die Ergänzung zu diesem mittelalterlichen Bilde Deutschlands, das ihm in glühender Farbenpracht vorschwebte, war eine ständische Verfassung im Innern, namentlich auch in seinem eigenen preußischen Staate; und die sollte an die unter seiner Ägide zustande gekommene provinzialständische Ordnung von 1823 anknüpfen. Das Denken und Wollen dieses Königs war durchweg religiös und kirchlich gefärbt. Er war ein guter Protestant von tiefer, innerlicher Frömmigkeit; aber auch die Einrichtungen seiner evangelischen Landeskirche, die ihm ebenso sehr am Herzen lag wie der Staat, hätte er gern mit allerlei romantischem Zierat verbrämt, wie er denn an eine Wiederherstellung der bischöflichen Verfassung gedacht hat. Über all diesen Plänen und Entwürfen aber schwebte die Idee einer universalen Organisation des öffentlichen Lebens in Europa, die mehr sittlich-religiöser als politischer Natur war, ähnlich wie der Grundgedanke der heiligen Allianz, und in einem schroffen Widerspruch zu der Staatsräson einer realistischen Politik stand.

Quelle: Otto Hintze, Die Hohenzollern und ihr Werk, Berlin 1915, S. 516–518.

*Antike Vorbilder*

Die Herrscherbiographie ist eine der traditionellsten historiographischen Gattungen überhaupt. In jeder historischen Epoche haben sich Zeitgenossen und Nachgeborene bemüht, Einstellungen und Motive des Herrschers zu beleuchten, um entweder die Taten zu feiern oder eine möglichst umfassende Verdammung zu erreichen. Für die Vormoderne ist dabei charakteristisch, dass über die jeweiligen Herrscher vergleichsweise viele Quellen berichten, jedenfalls mehr, als über die Untertanen. In vordemokratischen Systemen geht es stets um eine politisch bedeutsame Persönlichkeit und das gilt selbst dann, wenn ein Monarch als Kind auf den Thron kommt und die Herrschaft durch Regenten ausgeübt wird. Werke wie Suetons „Acht Bücher über das Leben der Kaiser" (gemeint sind Caesar, Augustus und ihre Nachfolger, M. W.) als biographische Darstellungen gehören damit zu den meistgelesenen Quellen überhaupt.

## 13.1 Motive der Biographien im 19. und 20. Jahrhundert

*Zeitgeschichte*

Im 19. Jahrhundert haben Biographien von Herrschern und Herrscherinnen wie Elisabeth I. von England oder Katharina II. von Russland häufig zeitgenössisch aktuelle politische Botschaften getragen, z.B. im Sinn eines mehr oder weniger expliziten Nationalismus und Imperialismus. So wurden die Stauferkönige des Mittelalters dezidiert in eine auf die zeitgenössische Gegenwart bezogene Reichstradition gestellt. Eine borussische Geschichtsdarstellung suchte die deutsche und europäische Sendung Preußens als Fabrikanten der deutschen Weltgeltung oft in König Friedrich II., der als Friedrich der Große gefeiert wurde. Heinrich v. Sybels Würdigung Napoleons III. demonstriert die Kennzeichen der Geschichtsschreibung des 19. Jahrhunderts zwischen quellengestützter Forschung und politischer Parteinahme.

Generell wirkten Biographien bis in die zweite Hälfte des 20. Jahrhunderts als eher methodisch konservative Literaturgattung, die nicht selten hagiographische Züge trug. In den letzten Jahren haben Historiker und Historikerinnen sich bemüht, die Herrscherbiographie als Gattung zu modernisieren und revisionistische Deutungen vorzutragen. Für den „99-Tage-Kaiser" Friedrich III. ist jüngst herausgestellt worden, dass es bei ihm nur wenig Anzeichen für eine genuin liberale Einstellung und damit für eine grundsätzliche politische Kehrtwende eines Hohenzollern-Herrschers gab. Damit wird gleichzeitig die im 20. Jahrhundert gelegentlich geäußerte Annahme, der Erste Weltkrieg hätte sich mit einem länger amtierenden Herrscher Friedrich III. an der Spitze des Kaiserreiches vermeiden lassen, als fruchtlose Hoffnung erkannt. Für bedeutende und besonders einflussreiche Monarchen des 19. Jahrhunderts liegen mittlerweile sogar meist mehrere Biographien bzw. Darstellungen des politischen Wirkens vor, die beanspruchen, nicht nur die Persönlichkeit, sondern die Rolle in der Gesellschaft zu charakterisieren, oder noch weitergehend, am Beispiel der Persönlichkeit eine Geschichte nationaler Gesellschaften oder internationaler Beziehungen zu schreiben. Dabei sollen und wollen jeweils unterschiedliche Deutungen der Monarchenleben miteinander konkurrieren (Müller 2013; Kroll 1990; Clark 2009).

konservative Gattung

## 13.2 Themen der Biographie

In der Geschichte des 19. Jahrhunderts spielen Herrscherbiographien vor allem in verfassungs- und politikgeschichtlichen Fragestellungen bis in die Gegenwart eine wichtige Rolle. Verfassungs-

Politik und Verfassung

geschichtlich geht es um den jeweiligen politischen Handlungsspielraum und die Folgen des Handelns. Die Biographien des preußischen Königs Friedrich Wilhelm III. stellen die fundamentale politische und gesellschaftliche Krise Preußens nach der Niederlage gegen Napoleon 1806 in den Mittelpunkt und bilden ein Gegengewicht zu den Biographien berühmter Reformpolitiker wie des Grafen Montgelas, des Freiherrn vom Stein oder des Fürsten Hardenberg (Stamm-Kuhlmann 1992). Für die Geschichte der Revolution von 1848/49 ist eine Auseinandersetzung mit der politischen Rolle des preußischen Königs Friedrich Wilhelm IV. unverzichtbar. Er wird als „Romantiker auf dem Thron" gedeutet, dessen Verfassungsvorstellungen eher an den vormodernen Ständen, die als Berater des Monarchen wirken sollten, orientiert waren als am konstitutionellen Staat des 19. Jahrhunderts. Allerdings machte Friedrich Wilhelms Rhetorik von Freiheit und Einheit vor allem zu Beginn der Revolution im gesamten Deutschen Bund Eindruck. Im Bündnis mit engen politischen Vertrauten (der sog. Kamarilla), einer zunehmend konservativen Regierung, dem Militär und der Verwaltung gelang es König Friedrich Wilhelm IV., die Revolution in Preußen zurückzudrängen und schließlich gemeinsam mit dem russischen Zaren europaweit zu besiegen. Neben die Politik trat die Architektur. König Friedrich Wilhelm IV. wurde zum wichtigsten Auftraggeber des Baumeisters Karl Friedrich Schinkel (Blasius 1992, bes. S. 152–156; Barclay 1995).

**Großbritannien** Für Queen Victoria, die als Königin in einer parlamentarischen Monarchie strukturell über weniger Macht verfügte als der deutsche Kaiser, haben jüngere Veröffentlichungen darauf aufmerksam gemacht, dass der politische Einfluss der Monarchen auch in Großbritannien nicht unbedeutend war, vor allem bei der Ämterbesetzung in der Regierung und der Staatskirche. Die Königin beanspruchte erfolgreich, stets über die wichtigen politischen Entwicklungen informiert zu werden und scheute sich nicht, dem Premierminister dezidiert ihre Meinung zu sagen. Die aktuellen Biographien Victorias beschäftigen sich allerdings eher mit dem gesellschaftlichen Einfluss der Queen im „viktorianischen Zeitalter", wie es in der britischen Geschichtsschreibung heißt (vgl. auch „The Edwardians" und das „Zweite Elisabethanische Zeitalter"). Victoria wurde in den 1880er Jahren zur „Kaiserin von Indien" und beanspruchte damit eine Integrationsfunktion für das britische Empire. Während die „private" Familiengeschichte in zahlreichen Herrscherbiographien nur eine untergeordnete Rolle spielt, ist das für Victoria deutlich anders. Ihre Ehe mit dem Coburger-Prinzen Albert, der zahlreiche Kinder entstammten, galt als Zeichen der Anpassung der Monarchie an „bürgerliche" Verhaltensnormen und eines zunehmend intimen Familienlebens, das sich auf Schloss Balmoral und in Osborne auf der Insel Wight weit besser führen ließ als im Londoner Buckingham Palast. Darin unterschied sich Victoria in den Augen der Zeitgenossen vorteilhaft von ihren Vorgängern (Arnstein 2003; Plunkett 2003)

## 13.3 Kaiser Wilhelm II. als Verkörperung des Wilhelminismus

Während Kaiser Wilhelm I. bis heute ohne eine modernen Anforderungen entsprechende Biographie geblieben ist, haben sich zahlreiche Historiker (aber noch keine Historikerin) mit Kaiser Wilhelm II. beschäftigt. Zum Maßstab, sowohl was die Eindeutigkeit des Urteils als auch den Umfang angeht, ist die dreiteilige Biographie des britischen Historikers John C.G. Roehl geworden. Entgegen der Ansicht anderer Historiker hat Roehl dem deutschen Kaiser Wilhelm II. eine bedeutende Rolle in der Vorgeschichte des Ersten Weltkrieges zugeschrieben. In einer sehr quellennahen Darstellung, die ausführlich aus Wilhelms eigenen Briefen, aber auch aus der Korrespondenz der Zeitgenossen mit und über Wilhelm zitiert, entsteht das Bild eines überaus standesbewussten und von seiner Bedeutung durchdrungenen Mannes, der es noch am Ende des 19. Jahrhunderts schätzte, wie ein absoluter Monarch vergangener Epochen angesehen zu werden. Nach Roehls Sicht folgten Reichskanzler, Regierung und Militärs letztlich Wilhelms Vorstellungen von deutscher Weltgeltung. Allerdings haben andere Interpretationen des Kaiserreichs der Person des Kaisers wenig Bedeutung zugesprochen. Weit davon entfernt, Wilhelm II. als eine sympathische Herrscherpersönlichkeit zu zeichnen, gehen sie davon aus, dass die innere und äußere Politik vom Reichskanzler und den Institutionen des Reiches, von den Parteien und gesellschaftlichen Interessengruppen wie den sozialen Bewegungen (hier auch: Antisemitismus und Eugenik) weit stärker geprägt

Politische Rolle

worden sind als vom Kaiser (Röhl 1993; Clark 2008; Mommsen 2005).

*Verbürgerlichung*

In den Herrscherbiographien geht es aber nicht bloß um die Rolle des Monarchen in Politik, Regierung und Verfassung. Sozial- und kulturgeschichtlich wird in Deutschland die Formel von der vermuteten „Verbürgerlichung" der Monarchen im 19. Jahrhundert kontrovers diskutiert. Dabei geht es weniger um eine Anpassung der Monarchen und ihrer Familien an einen bürgerlichen Lebensstil, als um den Erwartungshorizont der Untertanen/ Staatsbürger, die vom Monarchen zunehmend Leistungen erwarteten, z.B. die Errichtung eines Verfassungsstaates oder nationale Integration in oft heterogenen Staatsgebilden. Das ändert allerdings nichts daran, dass die Biographien sich zunehmend auch mit dem Alltag am Hof, den „privaten" Lebensgewohnheiten und den personalen Konstellationen der engeren Umgebung des Monarchen befassen (Gollwitzer 1986).

## 13.4 Biographie als populäre Literaturgattung

*Nähe und Identifikation*

Für die Gattung der Herrscherbiographie gilt generell, dass sie ihre Leserschaft über ein wissenschaftliches Publikum hinaus in der weiteren Öffentlichkeit erwartet. Dabei können sie in der Regel an die Bekanntheit der Monarchen im Kontext von Identifikationsprozessen („unser Kaiser") anknüpfen, durchaus auch an die Neugierde, die prominenten Persönlichkeiten generell entgegengebracht wird. Monarchenbiographien zum 19. Jahrhundert zeigen verschiedene Formen von politischem und gesellschaftlichem Konservatismus. König Friedrich Wilhelm IV. von Preußen wurde als Vertreter einer „politischen Romantik" beschrieben, Queen Victoria wandelte sich von einer Whig-Anhängerin zur Förderin des Imperialismus, wie ihn der Tory-Premierminister Benjamin Disraeli vertrat. Die Biographien thematisieren Familienereignisse und Feiern (Geburt, Hochzeit, Tod) und deren Rezeption in der Gesellschaft. Aktuelle Biographien verzichten in der Regel auf hagiographische Stilisierungen und bestehen auf der Fremdheit anderer politischer Verhältnisse und der Distanz zwischen der „königlichen Majestät" und der Einwohnerschaft (Stollberg-Rilinger 2017).

Die Gattung der Herrscherbiographie wird in jüngerer Zeit überdies durch Darstellungen der Herrscherhäuser/Dynastien ergänzt. Damit trägt die Geschichtsschreibung der Tatsache Rechnung, dass sich Politik und Kultur der Monarchie kaum mit Blick auf einen einzelnen Herrscher verstehen lassen, sondern die monarchische Familie in Vergangenheit, Gegenwart und als Zukunftsperspektive stets berücksichtigt werden muss. Zunächst tritt dabei die Dynastie als Einrichtung „langer Dauer" in Erscheinung, im Regelfall, aber keineswegs immer, als Weitergabe der Herrschaft vom Vater auf den Sohn. Wegen der engen Verwandtschaft der monarchischen Familien im 19. Jahrhundert, meist entlang konfessioneller Scheidelinien, weitet das Thema der monarchischen Familie einzel- und nationalstaatliche Fragen regelmäßig in transnationale, europäische Perspektiven aus (Stamm-Kuhlmann 1995; Neugebauer 2003; Nicklas 2003; Schönpflug 2013).

*Dynastiegeschichte*

## 13.5 Quellen und Vertiefung

### 13.5.1 Heinrich von Sybel, Napoleon III.

Es ist ein seltsames Schauspiel bei dem Tode eines Mannes, der beinahe zwanzig Jahre lang die Geschicke eines großen Reiches gelenkt und während der Hälfte dieser Zeit die Politik Europas beherrscht hat, diese Flut widersprechender Urtheile, wie wir sie bei dem Hinscheiden Napoleons III. vor Augen haben. Zu Lob und Tadel wird das Wörterbuch in seinem ganzen Umfange erschöpft; wir vernehmen die Töne der Bewunderung und des Hasses, der dankbaren Liebe und der wilden Verachtung; ein unfähiger Politiker, ein Wohlthäter Europas, ein Abenteurer und Bandit, ein Meister der Regierungskunst: so schallen die Urtheile durch einander und werden von den Völkern und den Parteien in lebhafter Bewegung verhandelt. Er selbst hat schweigsam gelebt und ist schweigsam gestorben, ein unbequemes und aufregendes Räthsel für die öffentliche Meinung der Zeitgenossen. Gewiß ist so viel: wer einen solchen Lebenslauf hat zurücklegen und solche Leidenschaften in Bewegung setzen können, ist kein unbedeutender, und vor Allem, er ist kein gewöhnlicher Mensch gewesen. Er ist nicht unter die einfachen Kategorien von Gut oder Schlecht, Groß oder Mittelmäßig unterzubringen; nach und nebeneinander zeigt er die verschiedensten Eigenschaften, ist immer ein Anderer als er ankündigt, in scheinbarer Unbeweglichkeit immer ruhelos beschäftigt und schließlich stets derselbe trotz allen schillernden Wechsels. So wenig nun sich zur Zeit, im echten Sinn des Wortes, die Geschichte Napoleons III. schreiben läßt, so hat doch auch heute schon der Versuch nicht geringen Reiz, aus einem Überblicke der wichtigsten Entwicklungspunkte seines Lebens ein Gesammtbild seiner Persönlichkeit zu gewinnen und dann vielleicht die innere Einheit derselben zu veranschaulichen. Als einen solchen Versuch bitte ich die Darlegung aufzunehmen. Ich verzichte dabei von vorn herein auf alles, was zur Vollständigkeit und Gleichmäßigkeit der Darstellung erforderlich wäre; ich werde große Kriegsactionen nur in drei Worten berühren, einzelne Momente persönlichen Eingreifens ausführlich schildern, wie es die Aufgabe fordert und das mir zu Gebote stehende Material verstattet. Eines darf ich im voraus verheißen, die objective Gesinnung historischer Betrachtung. Vor jeder Unterschätzung des verstorbenen Kaisers würde mich, wenn nichts anderes, allein schon seine gegen Deutschland befolgte Politik sichern. Auf der anderen Seite bin ich ihm persönlich zu großem Danke verpflichtet durch die höchst liberale Eröffnung der pariser Archive für meine historischen Forschungen; bei den hiedurch veranlaßten Gesprächen habe ich seine geistige Bedeutung und die gewinnende Liebenswürdigkeit seines persönlichen Verkehrs vor Augen gehabt: niemand kann weniger als ich geneigt sein, auf sein Andenken einen Stein zu werfen.

Quelle: Heinrich von Sybel, Napoleon III., Bonn 1873, S. 1–3.

### 13.5.2 John J. G. Röhl, Wilhelm II. Die Jugend des Kaisers, München 1993

John Röhls sehr ausführliche Darstellung der Biographie Kaiser Wilhelms II. lässt vielfach die Quellen in Zitaten sprechen. Dabei sollen die Leser buchstäblich in die Welt des 19. Jahrhunderts, namentlich den Hof und die internationale Politik, eintauchen. Dabei wird erkennbar, dass zahlreiche Zeitgenossen, die Wilhelm II. persönlich kannten, ein negatives Bild von seinem Charakter zeichneten. Vor alle die permanente Selbstüberschätzung und das übersteigerte Monarchengefühl fallen ins Auge.

> Noch im März 1887 schrieb der inzwischen zum Staatssekretär des Auswärtigen Amtes avancierte Graf Herbert von Bismarck an Wilhelm: „Euere Königliche Hoheit bitte ich unterthänigst mir in Gnade zu gestatten, daß ich Höchstdenselben auch noch schriftlich meinen ehrerbietigsten und tief empfundenen Dank für die hohe Auszeichnung aussprechen darf, welche Euere Königliche Hoheit mir durch Ihr Erscheinen in meinem Hause erwiesen haben. Euere Königliche Hoheit haben dadurch nicht nur mir die denkbar größte Freude gemacht, sondern durch Höchstdero Güte und Gnade auch alle anderen entzückt, welche den Vorzug hatten, mit

Euerer Königlichen Hoheit Genehmigung entboten zu sein. Alle waren einig, daß es der reizendste Abend war, den man erleben konnte, und Euere Königliche Hoheit haben sich durch Höchstdero Huld in den Herzen aller Betheiligten die begeistertste Verehrung gesichert. In der Hoffnung, daß ich bald wieder die Ehre haben werde, Euerer Königlichen Hoheit meine Aufwartung machen zu können, verharre ich in tiefster Ehrfurcht Euerer Königlichen Hoheit unterthänigster Diener H. Bismarck."

Eine solche Sprache war nicht weniger ‚byzantinisch' als der vielkritisierte ‚süßliche' Stil, den Graf Philipp zu Eulenburg und Bernhard von Bülow in ihrem Briefverkehr mit Wilhelm gebrauchten. Sie zeigt, daß der Wilhelminische Byzantinismus nicht nur, wie oft angenommen wird, von einer kleinen Clique homoerotischer Ästheten ausging. Herberts Sprachführung suggeriert vielmehr, dass dieser Stil durch Wilhelms Persönlichkeit hervorgerufen wurde, denn warum sonst hätte der sprichwörtlich respektlose Bismarcksohn gerade solche Töne für passend oder wenigstens vorteilhaft gehalten? Mit Wilhelm I. oder Friedrich III. hat niemand in dieser Weise korrespondiert.

**Über das Jahr 1888, nach dem Tod Kaiser Friedrichs III.:**

In der Korrespondenz mit Eulenburg kam auch eine enge brandenburgisch-borussische Rolle als künftiger deutscher Kaiser zum Vorschein, die mit einer Verachtung des Wittelsbacher Königshauses und einer Überempfindlichkeit in bezug auf die Würde der Hohenzollern-Dynastie einherging und rasch in Gottesgnadentum abgleiten konnte. Eulenburg, der ihm einen schnöden Bericht über die Haltung des bayerischen Hofes anläßlich des Todes Wilhelms I. geschrieben hatte, erhielt umgehend eine achtseitige Antwort, die dem Freund für seine ‚gut brandenburgische Gesinnung' dankte, ‚der es um die Sache und die Orientierung des Fürsten und zukünftigen Herrschers und nicht um die eigene Person zu tun ist, wie ja leider sonst fast immer'. Sonst sei es stets ‚das alte Lied, Ich, das liebe Ich. Das spielt doch immer (eine) gar große Rolle im Leben! Und dafür intrigiert man nun umher, wird ausgenutzt und läßt sich ausnutzen, und trachtet und dichtet man; und das Reich und der Kaiser?! Ja die können sehen, wo sie bleiben!' Eulenburgs bissige Schilderung der antipreußischen Haltung des bayerischen Hofes und Adels hatte auf den Prinzen einen nachhaltigen Eindruck gemacht. ‚Was das Benehmen und die Taktlosigkeiten der Behörden betrifft, so entspricht das so vollkommen den Traditionen des Hauses Wittelsbach, daß es mich gar nicht gewundert hat. Der Neid, der Haß, die Geringschätzung und Verachtung für die Hohenzollernparvenüs sind ja deutlich zu erkennen; auch tut der Prinz Ludwig spottwenig dazu, diese Gefühle zu verbergen, wie der vorjährige Besuch der Marine zur Genüge beweist. Aber um so besser. Je mehr diese Sorte von Gefühlen gezeigt wird (inklusive der dazugehörigen Kreise), um so energischer wird sich das brave Bayernvolk seiner Kaiserfamilie annehmen; das Kaisertum steckt denen doch zu fest im Blut! Gottlob!'

> Von der ‚enormen Feier' der Münchener Bevölkerung zu Ehren seines Großvaters sei er, Wilhelm ‚außerordentlich ergriffen.' Er bat Eulenburg, dem Oberbürgermeister mitzuteilen, ‚wie ergriffen und dankbar ich darob gewesen, daß München in so herrlicher Weise diesem unvergeßlichen Herrn gedacht!' Dem ‚Hause Wittelsbach und seinen Kreisen' aber müsse er ‚in aller Freundschaft und Reichsinteresse raten, sich vorzusehen, denn ich verstehe durchaus keinen Spaß wenn ich einmal – deo volente – zum ‚kommandieren' komme!' In diesen Zerschmettertönen hört man die spätere Eintragung „Suprema Lex Regis Voluntas" im Goldenen Buch der Stadt München heraus.
>
> John J. G. Röhl, Wilhelm II. Die Jugend des Kaisers, München (C.H. Beck) 1993, S. 428 und 794f.

### 13.5.3 Lytton Strachey, Queen Victoria

Nach dem Ende des Ersten Weltkrieges, also nach einer bedeutsamen Zäsur für die britische Geschichte, veröffentlichte der Schriftsteller und Mitglied der berühmten „Bloomsbury Group", Lytton Strachey, seine knappe Biographie Königin Victorias, die er im übrigen Virginia Woolf widmete. Das Buch wurde ein großer Erfolg, es war unterhaltsam geschrieben und sparte nicht an ironischen Bemerkungen. Es beschrieb das Leben der Monarchin in der Chronologie ihrer Premierminister seit Lord Melbourne und skizzierte eine willensstarke Persönlichkeit im Kontext der Reaktionen der britischen Öffentlichkeit. Dabei kam Strachey häufig auf die staatlichen Ausgaben für die Krone zu sprechen und behandelte damit ein wichtiges Motiv in der öffentlichen Darstellung der britischen Monarchie seit der ersten Hälfte des 19. Jahrhunderts.

Über Victoria und Albert:

> The parents, more and more involved in family cares and family happiness, found the pomp of Windsor galling, and longed for some more intimate and remote retreat. On the advice of Peel they purchased the estate of Osborne, in the Isle of Wight. Their skill and economy in financial matters had enabled them to lay aside a substantial sum of money; and they could afford out of their savings, not merely to buy the property but to build a new house for themselves and to furnish it at a cost of £ 200.000. At Osborne, by the seashore, and among the woods, which Albert, with memories of Rosenau in his mind, had so carefully planted, the royal family spend every hour that could be snatched from Windsor and Lon-

don – delightful hours of deep retirement and peaceful work. The public looked on with approval. A few aristocrats might sniff or titter, but with the nation at large the Queen was now once more extremely popular. The middle-classes, in particular, were pleased. They liked a love-match; they liked a household which combined the advantages of royalty and virtue, and in which they seemed to see, reflected as in some resplendent looking-glass, the ideal images of the very lives they led themselves. Their own existences, less exalted, but oh! so soothingly similar, acquired an added excellence, from the early hours, the regularity, the plain tuckers, the round games, the roast beef and Yorkshire pudding of Osborne. It was indeed a model Court. Not only were its central personages the patterns of propriety, but no breath of scandal, no shadow of indecorum, might approach its utmost boundaries. For Victoria, with all the zeal of a convert, upheld now the standard of moral purity with an inflexibility surpassing, if that were possible, Albert's own. She blushed to think how she had once believed – how she had actually told *him* – that one might be too strict and particular in such matters, and that one ought to be indulgent towards other people's dreadful sins. But she was no longer Lord M.'s (Melbourne, M.W.) pupil: she was Albert's wife. She was more – the embodiment, the living apex of a new era in the generations of mankind. The last vestige of the eighteenth century had disappeared; cynicism and subtlety were shrivelled into powder; and duty, industry, morality, and domesticity triumphed over them. Even the very chairs and tables had assumed, with a singular responsiveness, the forms of prim solidity. The Victorian Age was in full swing.

Quelle: Lytton Strachey, Queen Victoria, London 1968 (1921), S. 138–140.

### 13.5.4 Fragen und Anregungen

- Otto Hintze verfasste seine Darstellung der Geschichte der Hohenzollern als Jubiläumsschrift. Kann man trotzdem von einer „wissenschaftlich-kritischen" Sicht auf den Monarchen sprechen?
- Heinrich v. Sybel schrieb als Zeithistoriker unmittelbar nach dem Tod Napoleons III. Welche Prinzipien liegen laut seiner eigenen Aussage dem Vorhaben zugrunde? Vergleichen Sie diese Annahmen mit den heutigen Vorstellungen wissenschaftlicher Darstellung.
- Eine Herrscherbiographie steht vor der Schwierigkeit, in besonderer Weise über historische Persönlichkeiten urteilen zu müssen. Wie stellt sich John Röhl dieser Aufgabe und welche Mittel setzt er ein?

- Im Zusammenhang mit der Persönlichkeit und Herrschaft Kaiser Wilhelms II. ist häufig von „Byzantinismus" die Rede. Was ist damit gemeint und welche Bedeutung hat dieser Begriff für die Charakterisierung der deutschen Gesellschaft vor 1914?
- Im Deutschen Kaiserreich spielt das Verhältnis zwischen Kaisertum und Landesmonarchien eine wichtige Rolle. Wie wird dieses Verhältnis aus der Perspektive Wilhelms und des Biographen dargestellt? Welche Gegensätze werden sichtbar?

### 13.5.5 Lektüreempfehlungen

W.L. Arnstein, Queen Victoria, London 2003 (*gut geschriebene Biographie, die sich auch mit der Beziehung Victorias zu Irland befasst*).

D. E. Barclay, Anarchie und guter Wille. Friedrich Wilhelm IV. und die preußische Monarchie, Berlin 1995 (*ausführliche Biographie König Friedrich Wilhelms IV., die vor allem die christliche Staatsauffassung des Monarchen für bedeutsam hält*).

F.-L. Kroll (Hg.), Preußens Herrscher. Von den ersten Hohenzollern bis Wilhelm II., München 2001 (*knappe und konzise Essays zu den Herrscherpersönlichkeiten der Hohenzollern*).

J.C.G. Röhl, Wilhelm II., 3 Bde, München 1993–2008 (*maßgebliche Biographie des deutschen Kaisers, wertvoll auch wegen der ausführlichen Zitate aus unveröffentlichtem Quellenmaterial*).

K. Urbach, Queen Victoria. Eine Biographie, München 2011 (*knappe, aber sehr gut akzentuierte und unterhaltsame Biographie*).

# 14 Ausblick: Monarchie im 20. und 21. Jahrhundert

## 14.1 Monarchie und Massenkultur in der Gegenwart

> Contrary to the media, the monarchy is an institution that rarely alters its manners and appearances, but rather excels in fixed traditions and rituals. Modern monarchy is therefore sometimes seen as an atavism, incommensurable with existing ideals of a democratic and egalitarian political culture. But because monarchies are obviously thriving – not least in the media – we are probably far less modern than we like to think. This, in turn, suggests that the conservative constancy that royal institutions offer and personify constitutes a major reason for their obvious attraction in our contemporary society. Just to take an example, the largest Swedish publishing house, Bonnier, started a "high quality gloss magazine" baptized *Queen* in the spring of 2008. A key sales argument, besides an alleged growing public demand for royal glamour in general, was an explicit focus on "history". In the editorial of the first issue, it was additionally claimed that the lives of the royals encompass much of "our history" and "our heritage."
>
> Mats Jönsson and Patrik Lundell, Media and Monarchy. An Introduction, in: dies. (Hg.), Media and Monarchy in Sweden, Göteborg 2009, S.1.

Monarchie, Medienpräsenz, Glanz und Geschichte gehören offensichtlich bis in die Gegenwart zusammen. Zu den monarchischen Feiertagen in Großbritannien gehört ein Auftritt der Royal Family auf dem Balkon des Buckingham Palastes unabdingbar dazu. Der Balkon wurde von Prinz Albert im 19. Jahrhundert für die öffentliche Repräsentation des Monarchen in London geplant. Der Monarch bzw. die Monarchin zeigt sich im Kreise der Familie den Zuschauern, die sich vor dem Tor des Palasts versammeln. Die Familie winkt, das Publikum jubelt. Je mehr Generationen das Bild umfasst, desto besser, denn Generationen zeigen bildlich, dass die Dynastie Vergangenheit, Gegenwart und Zukunft verbindet. Insofern spielen Kinder für diese Präsentationsform eine besondere Rolle. Aktuell kann Königin Elisabeth II. mit ihren drei prospektiven Nachfolgern auftreten. Der jüngste, Prinz George, verlängert die Perspektive bis zur Wende zum 22. Jahrhundert. Die erwachsenen männlichen Mitglieder der Dynastie Windsor erscheinen in den Uniformen ihrer Regimenter, sie verkörpern Ge-

*Familienauftritt*

schichte und Glanz. Die Nähe zum Militär, dem die Prinzen regelmäßig in ihrer Ausbildungszeit und darüber hinaus angehören, wird damit augenfällig. Die Uniformen sind auffällig mit Orden geziert, aber auch die weiblichen Familienmitglieder und die Königin selbst tragen einen Orden. Im Gegensatz zum frühen 20. Jahrhundert verzichtet die Monarchin heute auf Krone und Ornat. In diesem Punkt rücken die Royals heute in all ihrer besonderen Herausgehobenheit in der Öffentlichkeit doch an ihre „Untertanen" heran.

*Unterhaltung*

Auch im 21. Jahrhundert ist die Monarchie nicht aus der europäischen Kultur verschwunden. Allerdings werden die Monarchien Nordwesteuropas – trotz teilweise langer Überlebensdauer von politischen Funktionen z.B. bei der Regierungsbildung – nicht mehr als Element der Politik empfunden, sondern als Teil der Massen- und Unterhaltungskultur. Königliche Familien sind zum wichtigen Thema der Yellow Press geworden. Dabei geht es zunächst um Unterhaltung, in der die monarchischen Familien Teil des globalen Prominentenzirkels sind, die sich in dieser Rolle kaum von Hollywood-Schauspielern und -Schauspielerinnen oder Rockstars unterscheiden. Es geht allgemein um das Spannungsverhältnis zwischen herausgehobenen Persönlichkeiten und Alltagserfahrungen (Eheschließung, Geburt und Tod, Ehescheidung, Skandal). Das Massenpublikum erhält die Botschaft, dass die Monarchen und ihre Familien zwar beneidenswert in Pracht und Glanz leben, auf der anderen Seite aber auch Menschen „wie alle anderen" sind. Für die Unterhaltungspresse sind die Fürstenfamilien nicht zuletzt deshalb interessant, weil sie ein Gegengewicht zur schnellen Vergänglichkeit des Ruhmes im Internetzeitalter bieten. Am Beispiel Königin Elisabeths II. lässt sich sehen, wie sich ein gesamtes Jahrhundert in der Öffentlichkeit des Lebens einer einzigen Persönlichkeit spiegelt. Als aktuelles Zeugnis kann die BBC-Dramaserie „The Crown" dienen, die die britische Geschichte der 1950er und 1960er Jahre als Geschichte der Monarchie inszeniert.

*Prinzessin Diana*

Für die britische Monarchie, die in Europa die größte Bedeutung und die größte Sichtbarkeit besitzt, ist eine Person, Diana Princess (also eher: Fürstin) of Wales, dabei besonders wichtig geworden. Die Geschichte der unglücklichen Ehe Dianas und Charles', die im Skandal einer Ehescheidung endete, hat sich dabei in massenmedial tauglicher Weise mit dem großen internationalen Ansehen Dianas und ihres sozialen Engagements für Aidswaisen und gegen den Einsatz von Landminen verbunden. Ihr tragischer Tod 1997 überhöhte Diana als „England's Rose", und die vermeintlich fehlende Trauerreaktion der Dynastie und der Königin insbesondere führte zu einer „Legitimationskrise" der Monarchie, die erst durch das Eingreifen des Premierministers Tony Blair entschärft werden konnte (Richards 1999; Walter 1999).

## 14.2 Das 20. Jahrhundert

Im Rückblick auf das 19. Jahrhundert kann der Erste Weltkrieg als Zäsur für die europäischen Monarchien gelten, an dessen Ende das Zarenreich, das Deutsche Reich und das Habsburger Reich ihr Ende fanden. Ein Zusammenhang zwischen (verlorenem) Krieg und Revolution mit Abschaffung der Monarchie besteht in allen drei Fällen. Im Unterschied zum 19. war im 20. Jahrhundert eine Restauration der Monarchien unmöglich geworden. Der revolutionäre Bruch, die Diskreditierung der Dynastien und die fundamentale Auseinandersetzung zwischen Demokratie und Diktatur ließen keinen Platz für die Wiedererrichtung einer monarchischen Staatsform. In den monarchischen Siegerstaaten des Ersten Weltkrieges und in neutralen Staaten, vor allem in Großbritannien, den Benelux-Staaten und Skandinavien, hatte sich die Monarchie im Ersten Weltkrieg weiter parlamentarisiert oder als Symbol des nationalen Behauptungswillens neu etabliert. Nach 1918 stellten die west- und nordeuropäischen Monarchien ein von den politischen Mehrheiten erwünschtes Pfand gesellschaftlicher Kontinuität dar. In Skandinavien verbanden sich die parlamentarischen Monarchien sogar mit den sozialdemokratisch geprägten modernen Wohlfahrtstaaten der zweiten Hälfte des 20. Jahrhunderts. Das Fürstentum Liechtenstein mit einer bis in die Gegenwart bestehenden starken Rolle des Fürsten im Verfassungsstaat stellt in Europa einen Sonderfall dar (Machtan 2008; Nairn 1994; Longford 1984; Ziegler 1978).

*Monarchischer Entwicklungspfad*

Für die Jahre der Weimarer Republik ist oft die Meinung geäußert worden, es habe sich um eine „Republik ohne Republikaner" gehandelt. Damit ist allerdings nicht unbedingt gemeint, dass die Mehrheit der Bevölkerung die Monarchie des Kaiserreichs zurückhaben wollte, sondern eher, dass die Erwartun-

*Weimarer Republik*

gen und der Glaube an die Vorzüge einer demokratischen Republik sich in engen Grenzen hielten. Von Beginn an war die Republik sowohl von rechts als auch von links bedroht. Viele Konservative orientierten sich zwar am Zeremoniell eines nostalgischen und symbolischen Monarchismus, politisch wichtiger wurde aber die Vorstellung eines autoritären Führerstaates, in dem Hindenburg die Erwartungen des agrarischen Milieus personifizierte. Eine Rückkehr Kaiser Wilhelms II. auf den Thron war in dieser Perspektive weder erwartbar noch wünschenswert (Hofmann 1998; Biskup/Kohlrausch 2008; Pyta 2007).

*Nationalsozialismus* — Die Angehörigen der entthronten monarchischen Familien in Deutschland entwickelten ein eigenes Verhältnis zum Nationalsozialismus, nicht zuletzt im Zusammenhang der Hoffnungen auf eine neue und bedeutsame Rolle in einem autoritären Staat. Nahezu sämtliche ehemals monarchischen Familien sind in den Mitgliedslisten der NSDAP vertreten. Für vier hessische Prinzen konnte dabei nachgezeichnet werden, wie attraktiv das nationalsozialistische Programm von „Weltgeltung" Deutschlands, Volkswohlfahrt und Antibolschewismus auch für die traditionelle Elite gewesen ist, vor allem für die jüngeren Angehörigen der Familien, die das Kaiserreich nur als Kinder gekannt hatten. Auf der anderen Seite aber fanden sich Mitglieder ehemals regierender Familien in Distanz zum Nationalsozialismus bis hin zur deutlichen Ablehnung (Petropoulos 2006, Fritz 2007).

*Kontinuität* — Für Europa insgesamt lässt sich behaupten, dass die noch existierenden Monarchien im 20. Jahrhundert ein Moment gesellschaftlicher Kontinuität darstellten. Eine Restauration der Monarchie blieb mit Ausnahme Spaniens in Europa aus. Hier trat in den 1970er Jahren eine parlamentarische Monarchie das Erbe der Franco-Diktatur an. Interessanterweise spielten einige Mitglieder ehemaliger Monarchenfamilien in Südosteuropa nach der Auflösung der Sowjetunion in den 1990er Jahren politisch durchaus eine Rolle, was vermutlich mit einer durch die Jahrzehnte des Kalten Krieges gleichsam eingefrorenen Verkörperung nationaler Identität durch die Fürsten zusammenhing (Sellin 2014).

*Rolle in den Weltkriegen* — Das Überleben der Monarchien im 20. Jahrhundert ergab sich politisch aus der Akzeptanz parlamentarischer Demokratien, die die Monarchen vom oft entscheidenden politischen Akteur des Verfassungsstaates zur überparteilichen Repräsentationsfigur machten. Gesellschaftlich und kulturell war die Rolle der Monarchie in den Weltkriegen einflussreich. Im Ersten und im Zweiten Weltkrieg wurden die Monarchen zur Personifizierung staatlicher und nationaler Selbstbehauptung, auch neben und trotz bedeutender Politiker. Monarchen und ihre Familienmitglieder besuchten Truppen und Hospitäler, feierten Trauergottesdienste für Gefallene mit und legten Kränze nieder, weihten Denkmäler ein und sammelten Geld für Witwen und Waisen. Könige im Exil wie die niederländische Königin Wilhelmina in London während des Zweiten Weltkrieges wirkten ohne faktische Macht dennoch politisch.

Dennoch bleibt die Frage, warum gerade die nordwesteuropäischen Monarchen und ihre Familien heute ein weltweites Massenpublikum ansprechen. Das Fernsehen eröffnete nach dem Zweiten Weltkrieg eine neue Dimension der Massenereignisse. Die Hochzeit von Diana Spencer mit dem Prinzen von Wales 1981 verfolgten ca. 750 Millionen Zuschauer an den Fernsehapparaten. 2011 sahen bei der Hochzeit Prinz Williams mit Kate Middleton bis zu zwei Milliarden Menschen zu. Das prunkvolle Spektakel, das gerade das britische Königshaus vollendet zu inszenieren weiß, zog offensichtlich nicht nur Monarchisten in seinen Bann, und die Anziehungskraft reichte über die jeweiligen Nationalstaaten oder das Commonwealth weit hinaus. Nicht nur die königlichen Hochzeiten verweisen schließlich auf eine „Feminisierung" der Monarchie, in der die weiblichen Familienmitglieder der Royals für das öffentliche Image selbst dann wichtiger werden, wenn sie nicht selbst regieren (Murphy 2013; Campbell Orr 2007).

*Massenpublikum*

Dabei scheint es kein Widerspruch, dass die königlichen Familien in Europa hinsichtlich ihrer Heiratsbeziehungen im 20. Jahrhundert mehrheitlich „nationalisiert" worden sind. Kamen zu Beginn des 20. Jahrhunderts noch zahlreiche Eheschließungen mit Mitgliedern anderer europäischer Dynastenfamilien, wegen der langen Tradition von Verwandtenheiraten wenig verwunderlich, vor, spielt der internationale Hochadel als Heiratsmarkt heute kaum noch eine Rolle. Die Ehe des Prinzen von Wales mit Lady Diana Spencer setzte auf den einheimischen Adel als Ehepartner. Eheschließungen der Thronfolger im 21. Jahrhundert erfolgten sämtlich mit einheimischen „Bürgerlichen" oder Ausländerinnen, die nichts mit Adel zu tun hatten (z.B. in den Niederlanden oder Dänemark). Die künftigen Monarchen lernen ihre zukünftigen Ehepartner im Studium oder beim Sport kennen, ganz so wie es

*Nationalisierung*

die „Untertanen" praktizieren. Für die Monarchien ist „Adel" als Ebenbürtigkeit im Geburtsrang jedenfalls kein beachtenswertes Prinzip mehr. Stattdessen werden weibliche und auch männliche „Aschenputtel" aus dem „Volk" zu neuen Prinzessinnen und Prinzen. Der Beliebtheit der monarchischen Familien in ihren jeweiligen Ländern schadet das mit Sicherheit nicht.

**Werbeträger**     Offensichtlich dienen den monarchischen Staaten ihre Royals heute als Mittel der Distinktion, als Werbe- und Sympathieträger. Folgerichtig verfügen die Familien heute über eine professionelle Presseabteilung, die zumindest ein für die Öffentlichkeit bestimmtes Selbstbild präsentiert. Trotzdem lassen sich Presse und Öffentlichkeit nicht vollständig kontrollieren, so dass dem letzten Monarchenskandal mit Sicherheit ein weiterer folgt. Das Modell funktioniert unabhängig von den individuellen Persönlichkeiten, auch wenn die Familien auf besondere Sympathieträger nicht verzichten können. Entsprechend bleibt die Forderung nach Abschaffung der Monarchie meist ein Minderheitenprogramm. Umgekehrt beklagen Beobachter von republikanischem Staatszeremoniell gelegentlich einen Mangel an loyalitätsbildenden Repräsentationsformen. Republiken, in denen dieses Defizit nicht besteht, wie den USA oder Frankreich, wird gelegentlich eine „monarchische" Ausgestaltung des Präsidentenamtes attestiert. Dabei muss allerdings betont werden, dass diese Präsidialsysteme dem Präsidenten weitgehende politische Macht zusprechen und damit von einer parlamentarischen Monarchie europäischen Typs denkbar weit entfernt sind.

Die Entscheidung für Monarchie oder Republik hat in der europäischen Gegenwart keinen Einfluss auf die Demokratie als anerkannte politische Systempräferenz. Entsprechend groß ist die Neigung zur Kontinuität in der jeweiligen Ausprägung der politischen Kultur. Insofern bleiben die Entscheidungen von 1917–1919 auch für die Monarchiegeschichte des 21. Jahrhunderts prägend (Langewiesche 2017).

## 14.3 Quellen und Vertiefung

### 14.3.1 Neue Zeit (Berlin/Ost), Mi., 3.6.1953, S. 2

**Königin Elisabeth II. gekrönt**

London (ADN) Mit mittelalterlichem Pomp ist am Dienstag in der Westminster Abtei die 27jährige Königin Elisabeth II. gekrönt worden. An der Krönungszeremonie nahmen Vertreter zahlreicher Regierungen, des diplomatischen Korps und verschiedener Fürstenhäuser teil. Die Sowjetunion war durch ihren Botschafter in Großbritannien, J.A. Malik, vertreten. Ferner wohnten die diplomatischen Mitarbeiter der Sowjetischen Botschaft in London den Feierlichkeiten bei. Im Anschluß an die Krönung fand auf den Londoner Hauptstraßen die Krönungsparade statt.

Die Krönungszeremonie kostet nach Angaben der britischen Presse 2 Millionen Pfund Sterling aus öffentlichen Mitteln. Während des Umzuges sind über 3000 Personen verletzt worden, von denen zahlreiche in Krankenhäuser eingeliefert werden mußten.

Zu einer Protestdemonstration gegen das britische Kolonialregime kam es am Krönungstag in der Hauptstadt der britischen Kronkolonie Nigeria, Lagos. Demonstranten forderten die Unabhängigkeit und Freiheit des Landes. Die Kolonialpolizei verhaftete zahlreiche Demonstranten.

Während die Medien der Bundesrepublik 1953 sehr ausführlich über die Krönung Queen Elisabeths II. berichteten, blieb die Meldung in der offiziösen DDR-Presse knapp. Angesichts der Tatsache, dass zwischen der DDR und Großbritannien keine diplomatischen Beziehungen bestanden, konzentrierte man sich auf die Beteiligung der Sowjetunion. Die Meldung über zahlreiche Verletzte bei der Krönungsparade sollte zeigen, wie wenig attraktiv das Ereignis für die Zuschauer aus Sicht der DDR-Presse war. Die Meldung über eine Demonstration in Nigeria gegen Großbritannien als Kolonialmacht wurde umstandslos angeschlossen. Damit zeichnete sich in der DDR-Berichterstattung der Höhepunkt der Dekolonialisierung in den 1960er Jahren immerhin schon ab.

### 14.3.2 Krönung Elisabeth II. 1953 (Film)

Bei der Krönung Elisabeths II. sah erstmals ein großes Fernsehpublikum zu. Die Krönung bildet einen Meilenstein der frühen Fernsehgeschichte, auch für das Empire und das Commonwealth.
http://www.zeitgeschichte-online.de/tipp/10327

### 14.3.3 Fragen und Anregungen

– Zu Beginn des 21. Jahrhunderts ist der massenmediale Erfolg der Monarchien in Europa bemerkenswert. Vergleichen Sie die Repräsentation royaler Familienereignisse mit der öffentlichen Präsentation im 19. Jahrhundert. In welcher Weise macht sich die gewandelte politische Rolle bemerkbar?
– Nach der Revolution von 1918/19 lebten die entthronten Monarchen des Deutschen Kaiserreichs bzw. die Habsburger im Exil oder zurückgezogen auf dem Land. Analysieren Sie die öffentliche Präsenz der „ehemals regierenden Fürstenhäuser" und beschreiben Sie die Themen, mit denen die Monarchen in Verbindung gebracht wurden.
– Ritual und Zeremoniell bestimmen generell die öffentliche Erscheinung der Monarchie. Lässt sich angesichts der Bedeutung von Tradition eher von einer Kontinuität der Zeremonien ausgehen?
– Monarchiekritik des 20. und 21. Jahrhunderts schließt an Begriffe und Vorstellungen des 19. Jahrhunderts an. Stellen Sie Themen und Thesen dieser Kritik zusammen, auch mit Blick auf die Präsentation der europäischen Monarchien in der DDR.

### 14.3.4 Lektüreempfehlungen

T. Biskup/M. Kohlrausch (Hg.), Das Erbe der Monarchie. Nachwirkungen einer deutschen Institution seit 1918, Frankfurt a. M. 2008 (*Sammelband mit Aufsätzen u.a. zur Rolle des Bundespräsidenten und zur kulturellen Hinterlassenschaft der Monarchie in Deutschland*).

A. Hofmann, „Wir sind das alte Deutschland, das Deutschland wie es war..." Der Bund der Aufrechten und der Monarchismus in der Weimarer Republik, Frankfurt a.M. 1998 (*Monographie zum organisierten Monarchismus in den 1920er Jahren*).

A. Olechnowicz (Hg.), The Monarchy and the British Nation 1780 to the Present, Cambridge 2007 (*Sammelband zur bedeutendsten überlebenden Monarchie*).

J. Petropoulos, Royals and the Reich. The Princes von Hessen in Nazi Germany, Oxford 2006 (*Pionierstudie zum Verhältnis von dynastischen Familien und Nationalsozialismus*).

# Bibliographie

## Quellen

Acta Borussica, Neue Folge, 2. Reihe: Preußen als Kulturstaat, (Hg.) Von der Berlin- Brandenburgischen Akademie der Wissenschaften unter der Leitung von Wolfgang Neugebauer, Abt. II: Der preußische Kulturstaat in der politischen und sozialen Wirklichkeit, 9 Bde, Berlin 2009–2017.

Zum Angedenken der Königin Luise von Preußen. Sammlung der vollständigen und zuverläßigsten Nachrichten (…) nebst einer Auswahl der bei diesem Anlaß erschienenen Gedichte und Gedächtnispredigten, Berlin 1810.

Bagehot, Walter, The English Constitution, Cambridge 1867.

Bailleu, Paul (Hg.), Aus dem literarischen Nachlaß der Kaiserin Augusta, Berlin 1912.

Baumgart, Winfried (Hg.), König Friedrich Wilhelm IV. und König Wilhelm I. Briefwechsel 1840–1858, Paderborn 2013.

Beschreibung des Festes „Der Zauber der weißen Rose" gegeben in Potsdam am 13 July 1829 zum Geburtstage Ihrer Majestät der Kaiserin von Russland, Berlin 1829.

K.-H. Börner (Hg.), Prinz Wilhelm von Preußen an Charlotte. Briefe 1817–1860, Berlin 1993.

Briefe der Kaiserin Friedrich, hg. v. Sir Frederick Ponsonby, Leipzig 1939.

Die Briefe Kaiser Wilhelms I., hg. vom Kaiser-Wilhelm-Institut für deutsche Geschichte, Stuttgart/Berlin/Leipzig 1924.

Briefe Kaiser Wilhelms I. an Politiker und Staatsmänner, 2 Bde., hg. v. Johannes Schultze, Berlin 1930/31.

Briefe Wilhelms II. an den Zaren 1894–1914, hg. v. Walter Goetz, Berlin 1920.

Briefwechsel zwischen König Johann von Sachsen und den Königen Friedrich Wilhelm IV. und Wilhelm I. von Preußen, hg. v. Johann Georg Herzog zu Sachsen unter Mitwirkung von Hubert Ermisch, Leipzig 1911.

Bülow, Bernhard Fürst von, Denkwürdigkeiten in vier Bänden, hg. v. Franz Stockhammer, Berlin 1930–1931.

Bülow, Paula von, geb. Gräfin von Linden, Aus verklungenen Zeiten. Lebenserinnerungen 1833–1920, hg. v. Johannes Werner, Leipzig 1924.

Bunsen, Marie v., Die Welt in der ich lebte. Erinnerungen aus glücklichen Jahren 1860–1912, Leipzig 1929.

Denkwürdigkeiten aus dem Leben Leopold von Gerlachs. Generals der Infanterie und General-Adjutanten König Friedrich Wilhelms IV., hg. v. seiner Tochter [Agnes von Gerlach], 2 Bde., Berlin 1891–1892.

Denkwürdigkeiten des Generalfeldmarschalls Alfred Grafen von Waldersee, bearb. und hg. v. Heinrich Otto Meisner, 3 Bde., Stuttgart 1922–1923.

Evans, Richard J. (Hg.), Kneipengespräche im Kaiserreich. Stimmungsberichte der Hamburger politischen Polizei, 1892–1914, Reinbek 1989.

Kaiser Friedrich III. Tagebücher 1866–1888, hg. v. Winfried Baumgart, Paderborn 2012.

Kaiser Friedrich III. Tagebücher von 1848–1866, hg. v. Heinrich Otto Meisner, Leipzig 1929.
Führer durch die Sammlung des Hohenzollern-Museums im Schlosse Monbijou, Berlin 1895.
Fulford, Roger (Hg.), Letters between Queen Victoria and the Crown Princess of Prussia, Bde. 1–5 (1858–1885), London 1964–1981.
Griewank, Karl (Hg.), Briefwechsel der Königin Luise mit ihrem Gemahl Friedrich Wilhelm III. 1793–1810, Leipzig 1929.
Griewank, Karl, (Hg.), Königin Luise. Ein Leben in Briefen. Leipzig 1943
Handbuch über den Königlich Preußischen Hof und Staat: für das Jahr... Berlin 1794–1914.
Hart-Davis, Duff (Hg.), End of an Era. Letters and Journals of Sir Alan Lascelles, London 1986.
The Historical Record of the Imperial Visit to India, 1911, London 1914.
Deutsches Hof-Handbuch. Adreßbuch der Mitglieder, Hofstaaten und Hofbehörden der regierenden deutschen Häuser, Würzburg 1907.
Hof- und Staatshandbuch des Königreichs Bayern, München 1819ff.
Huber, Ernst Rudolf (Hg.), Dokumente zur deutschen Verfassungsgeschichte, Bde 1 u. 2, Stuttgart 3. Aufl. 1978.
Huch, Gaby, Zwischen Ehrenpforte und Inkognito: Preußische Könige auf Reisen. Quellen zur Repräsentation der Monarchie zwischen 1797 und 1871, 2 Halbbde, Berlin 2016.
Johann, Ernst (Hg.), Reden des Kaisers. Ansprachen, Predigten und Trinksprüche Wilhelms II., München 1966
Keller, Mathilde Gräfin v., Vierzig Jahre im Dienste der Kaiserin. Ein Kulturbild aus den Jahren 1881–1921, Leipzig 1935.
Kretzschmar, Hellmut (Hg.), Lebenserinnerungen des Königs Johann von Sachsen (1801–1854), Göttingen 1958.
Lehndorff, Ernst Ahasverus Heinrich von, Am Hof der Königin Luise. Das Tagebuch vom Jahr 1799, eingeleit. von Eva Ziebura, Berlin 2009.
Königin Luise von Preußen. Briefe und Aufzeichnungen 1786–1810, hg. v. Malve Rothkirch, München 1995.
Mallet, Victor (Hg.), Life with Queen Victoria. Marie Mallet's Letters from Court 1887–1901, London 1968.
Naumann, Friedrich, Demokratie und Kaisertum: ein Handbuch für innere Politik, Berlin 3.Aufl. 1904 (1900).
Ponsonby, Sir Frederick, Recollections of Three Reigns, London 1951.
Ramm, Agatha (Hg.), Beloved and Darling Child: Last Letters between Queen Victoria and her Eldest Daughter 1886–1901, London 1990.
Redlich, Josef, Schicksalsjahre Österreichs. Die Erinnerungen und Tagebücher Josef Redlichs 1869–1936, hg. v. Fritz Fellner u. Doris A. Corradini, Wien 2011.
Vom Leben am preußischen Hof 1815–1852. Aufzeichnungen der Caroline v. Rochow geb. v.d. Marwitz und Marie de la Motte-Fouqué, bearb. v. Luise v.d. Marwitz, Berlin 1908.
Schlumbohm, Jürgen (Hg.), Der Verfassungskonflikt in Preußen 1862–1866, Göttingen 1970.

Stillfried-Alcantara, Rudolf Maria Bernhard Graf (Hg.), Ceremonial-Buch für den Königlich Preußischen Hof, Berlin 1877.
Das Tagebuch der Baronin Spitzemberg, geb. Freiin von Varnbüler. Aufzeichnungen aus der Hofgesellschaft des Hohenzollernreiches, hg. v. Rudolf Vierhaus, Göttingen 1960.
Stahl, Friedrich Julius, Das monarchische Prinzip. Eine staatsrechtlich-politische Abhandlung, Heidelberg 1845.
Stein, Lorenz von, Geschichte der sozialen Bewegung in Frankreich von 1789 bis auf unsere Tage (1850), Darmstadt 1959.
Tenfelde, Klaus/Helmuth Trischler (Hg.), Bis vor die Stufen des Throns. Bittschriften und Beschwerden von Bergarbeitern, München 1986.
Queen Victoria, Leaves form the Journal of our Life in the Highlands from 1848 to 1861, London 1868.
Queen Victoria. Ein Frauenleben unter der Krone. Eigenhändige Briefe und Aufzeichnungen 1834–1901, hg. v. Kurt Jagow, Berlin 1936.
Voss, Sophie Marie von, Neunundsechzig Jahre am Preußischen Hofe. Aus den Erinnerungen der Oberhofmeisterin Sophie Marie Gräfin von Voss, hg. v. Wieland Giebel, Berlin 2005 (Reprint der 5., unveränderten Aufl., Leipzig 1887).
Zedlitz-Trützschler, Robert Graf v., Zwölf Jahre am deutschen Kaiserhof. Aufzeichnungen des Grafen Robert Zedlitz-Trützschler ehemaligen Hofmarschalls Wilhelms II., Stuttgart/Berlin/Leipzig 1923.

## Periodika und Internet

Historische Zeitungen, u.a. Amtspresse Preußens, in: http://zefys.staatsbibliothek-berlin.de/index.php?id=start
Berliner Tageblatt und Handelszeitung, 1877–1919
Berliner Volkszeitung
Deutsche Geschichte in Bildern und Dokumenten, in: http://germanhistorydocs.ghi-dc.org/Index.cfm?language=german
Deutsche Revue
Deutsche Rundschau
Die Gartenlaube. Illustrirtes Familienblatt 1853 ff., in: https://de.wikisource.org/wiki/Die_Gartenlaube
Neue Preußische Zeitung, 1848–1919
The Times digital archive, London, 1785ff.

## Literatur

**Andres 2005** Jan Andres, „Auf Poesie ist die Sicherheit der Throne gegründet." Huldigungsrituale und Gelegenheitslyrik im 19. Jahrhundert, Frankfurt a. M. 2005.

**Anderson 2005** Benedict Anderson, Die Erfindung der Nation. Zur Karriere eines erfolgreichen Konzepts, Frankfurt a. M. 2005/1983.

**Andres/Geisthövel/Schwengelbeck 2005** Jan Andres//Alexa Geisthövel/ Matthias Schwengelbeck (Hg.), Die Sinnlichkeit der Macht. Herrschaft und Repräsentation seit der Frühen Neuzeit, Frankfurt a. M./New York 2005.

**Arnstein 2003** Walter L. Arnstein, Queen Victoria, Basingstoke 2003.

**Asch 2005** Ronald G. Asch, Hof, Adel und Monarchie. Norbert Elias' Höfische Gesellschaft im Lichte der neueren Forschungen, in: Claudia Opitz (Hg.), Höfische Gesellschaft und Zivilisationsprozess, Köln 2005, S. 119–42.

**Asch 2003** Ronald G. Asch u.a. (Hg.), Die frühneuzeitliche Monarchie und ihr Erbe, Münster 2003.

**Asch/Leonhard 2008** Ronald G. Asch/Jörn Leonhard, Art. Monarchie, in: Friedrich Jäger (Hg.), Enzyklopädie der Neuzeit, Bd. 8, Stuttgart 2008, Sp. 675–696.

**Aschmann 2003** Birgit Aschmann, Preußens Ruhm und Deutschlands Ehre. Zum nationalen Ehrdiskurs im Vorfeld der preußisch-französischen Kriege des 19. Jahrhunderts, München 2003.

**Aschmann 2014** Birgit Aschmann, Jenseits der Norm? Die spanische Monarchie im 19. Jahrhundert, in: Michael Wildt (Hg.), Geschichte denken. Perspektiven auf die Geschichtsschreibung heute, Göttingen 2014, S. 81–99.

**Backerra/ Banerjee/Sarti 2017** Charlotte Backerra/Milinda Banerjee/Cathleen Sarti (Hg.), Transnational Histories of the 'Royal Nation', Basingstoke 2017.

**Barclay 1995** David E. Barclay, Anarchie und guter Wille. Friedrich Wilhelm IV. und die preußische Monarchie, Berlin 1995.

**Barclay 1987** David E. Barclay, König, Königtum, Hof und preußische Gesellschaft in der Zeit Friedrich Wilhelms IV., in: Jahrbuch für die Geschichte Mittel- und Ostdeutschlands 36 (1987), S. 1–21.

**Barclay 1990** David E. Barclay, Hof und Hofgesellschaft in Preußen in der Zeit Friedrich Wilhelms IV. (1840 bis 1857). Überlegungen und Fragen, in: Karl Möckl (Hg.), Hof und Hofgesellschaft in den deutschen Staaten im 19. und beginnenden 20. Jahrhundert, Boppard am Rhein 1990, S. 321–360.

**Barclay 1992** David E. Barclay, Ritual, Ceremonial, and the 'Invention' of a Monarchical Tradition in Nineteenth-Century Prussia, in: Heinz Duchhardt u. a. (Hg.), European Monarchy. Its Evolution and Practice from Roman Antiquity to Modern Times, Stuttgart 1992, S. 207–220.

**Barclay 2015** David E. Barclay, Das „monarchische Projekt" Friedrich Wilhelms IV. von Preußen, in: Kroll/Weiß 2015, S. 35–44.

**Bausinger 1983** Hermann Bausinger, Verbürgerlichung – Folgen eines Interpretaments, in: Günter Wiegelmann, (Hg.), Kultureller Wandel im 19. Jahrhundert. Verhandlungen des 18. Deutschen Volkskunde-Kongresses in Trier vom 13. bis 18. September 1971, Göttingen 1983, S. 24–49.

**Bell 2006** Duncan Bell, The Idea of a Patriot Queen? The Monarchy, the Constitution, and the Iconographic Order of Greater Britain, 1860–1900, in: The Journal of Imperial and Commonwealth History 34. 2006, S. 3–22.

**Bentley 2010** Michael Bentley, Power and Authority in the late Victorian and Edwardian Court, in: Olechnowicz 2007, S. 163–187.

**Berghoff 1994** Hartmut Berghoff, Aristokratisierung des Bürgertums? Zur Sozialgeschichte der Nobilitierung von Unternehmern in Preußen und Großbritannien 1870–1918, in: VSWG 81.1994, S. 178–204.

**Bernhard 1992** Marianne Bernhard, Zeitenwende im Kaiserreich. Die Wiener Ringstrasse. Architektur und Gesellschaft 1858–1906, Regensburg 1992.

**Bernhardt 2011** Markus Bernhardt, Was ist des Richters Vaterland? Justizpolitik und politische Justiz in Braunschweig zwischen 1879 und 1919/20, Berlin 2011.

**Biefang/Epkenhans/Tenfelde 2008** Andreas Biefang/Michael Epkenhans/Klaus Tenfelde (Hg.), Das politische Zeremoniell im Deutschen Kaiserreich 1871–1918, Düsseldorf 2008.

**Biskup/Kohlrausch 2008** Thomas Biskup/Martin Kohlrausch (Hg.), Das Erbe der Monarchie. Nachwirkungen einer deutschen Institution seit 1918, Frankfurt/M. 2008.

**Blasius 1992** Dirk Blasius, Friedrich Wilhelm IV. 1795–1861. Psychopathologie und Geschichte, Göttingen 1992.

**Börner 1984** Karl-Heinz Börner, Kaiser Wilhelm I. 1797 bis 1888. Deutscher Kaiser und König von Preußen. Eine Biographie. Köln 1984.

**Bösch 2009** Frank Bösch, Öffentliche Geheimnisse. Skandale, Politik und Medien in Deutschland und Großbritannien 1880–1914, München 2009.

**Bogdanor 1995** Vernon Bogdanor, The Monarchy and the Constitution, Oxford 1995.

**Boldt 1978** Hans Boldt, Art. Monarchie V-VI, in: Geschichtliche Grundbegriffe. Lexikon zur politisch-sozialen Sprache in Deutschland, Bd. 4, Stuttgart 1978, S. 189–214.

**Botzenhart 1998** Manfred Botzenhart, 1848/49. Europa im Umbruch, Paderborn 1998.

**Braun 1990** Rudolf Braun, Konzeptionelle Bemerkungen zum Obenbleiben: Adel im 19. Jahrhundert, in: Hans-Ulrich Wehler (Hg.), Europäischer Adel 1750–1950, Göttingen 1990, S. 87–95.

**Braun/Gugerli 1993** Rudolf Braun/David Gugerli, Macht des Tanzes. Tanz der Mächtigen. Hoffeste und Herrschaftszeremoniell 1550–1914, München 1993.

**Brauneder 2011** Wilhelm Brauneder, „Ein Kaiser abdiziert doch nicht bloss zum Scheine!" Der Verzicht Kaiser Karls am 11. November 1918, in: Richter/Dirbach 2010, S. 123–140.

**Brice 2010** Catherine Brice, Monarchie et identité nationale en Italie (1861–1900), Paris 2010.

**Brice 2012** Catherine Brice, Monarchie, État et nation en Italie durant le Risorgimento (1831–1870), in: Revue d'histoire du XIXe siecle 44.2012, S. 85–100 (abgerufen am 2.10.2016).

**Bruch 1989** Rüdiger vom Bruch, Kaiser und Bürger. Wilhelminismus als Ausdruck kulturellen Umbruchs um 1900, in: Birke, Adolf M./Kettenacker, Lothar (Hg.), Bürgertum, Adel und Monarchie: Wandel der Lebensformen im Zeitalter des bürgerlichen Nationalismus, München/London/New York/Paris 1989, S. 119–146.

**Brückmann 1983** Remigius Brückmann, „Es ginge wohl, aber es geht nicht." König Friedrich Wilhelm IV. von Preußen und die politische Karikatur der Jahre 1840 bis 1849, in: Berlin zwischen 1789 und 1848. Facetten einer Epoche (Katalog), Berlin 1983, S. 147–161.

**Brunner 1968** Otto Brunner, Vom Gottesgnadentum zum monarchischen Prinzip. Der Weg der europäischen Monarchie seit dem Hohen Mittelalter, in: ders., Neue Wege der Verfassungs- und Sozialgeschichte, 2. Aufl. Göttingen 1968, S. 160–186.

**Buck 2013** Meike Buck u.a. (Hg.), 1913 – Herrlich moderne Zeiten?, Braunschweig 2013.

**Bunsen 1940** Marie v. Bunsen, Kaiserin Augusta, Berlin 1940.

**Büsch 1987** Otto Büsch (Hg.), Friedrich Wilhelm IV. in seiner Zeit. Beiträge eines Colloquiums, Berlin 1987.

**Büschel 2006** Hubertus Büschel, Untertanenliebe. Der Kult um deutsche Monarchen 1770–1830, Göttingen 2006.

**Burdiel 2004** Isabel Burdiel, The Queen, the Woman and the Middle Class. The symbolic failure of Isabel II of Spain, in: Social History 29/3, 2004, S. 301–19.

**Bußmann 1983** Walter Bußmann, Die Krönung Wilhelm I. am 18. Oktober 1861. Eine Demonstration des Gottesgnadentums im preußischen Verfassungsstaat, in: Politik und Konfession. Festschrift für Konrad Repgen zum 60. Geburtstag, hg. v. Dieter Albrecht u. a., Berlin 1983, S. 189–212.

**Bußmann 1990** Walter Bußmann, Zwischen Preußen und Deutschland, Friedrich Wilhelm IV. Eine Biographie, Berlin 1990.

**Campbell Orr 2002** Clarissa Campbell Orr (Hg.), Queenship in Britain 1660–1837, Manchester 2002.

**Cannadine 1990** David Cannadine, The Decline and Fall of the British Aristocracy, New Haven 1990.

**Cannadine 1994** David Cannadine, Die Erfindung der britischen Monarchie,1820–1994, Berlin 1994.

**Cannadine 2001** David Cannadine, Ornamentalism. How the British saw their Empire, London 2001.

**Cannadine 1981** David Cannadine, The Context, Performance and Meaning of Ritual: The British Monarchy and the 'Invention of Tradition', c. 1820–1977, in: Eric Hobsbawm/Terence Ranger (Hg.), The Invention of Tradition, Cambridge 1981, S. 101–64.

**Cattaruzza 1991** Marina Cattaruzza, Das Kaiserbild in der Arbeiterschaft am Beispiel der Werftarbeiter in Hamburg und Stettin, in: John C.G. Röhl (Hg.), Der Ort Kaiser Wilhelms II. in der deutschen Geschichte, München 1991, S. 131–144.

**Cecil 1970** Lamar Cecil, The Creation of Nobles in Prussia, 1871–1918, in: The American Historical Review 75. 1970, S. 757–795.

**Clark 2007** Christopher Clark, Preußen. Aufstieg und Niedergang 1600–1947, München 2007.

**Clark 2008** Christopher Clark, Wilhelm II. Die Herrschaft des letzten deutschen Kaisers, München 2008.
**Clark 2013** Christopher Clark, Die Schlafwandler: Wie Europa in den Ersten Weltkrieg zog, Hamburg 2013.
**Codell 2012** Julie Codell (Hg.), Power and Resistance: The Delhi Coronation Durbars, Delhi 2012.
**Colley 1984** Linda Colley, The Apotheosis of George III: Loyalty, Royalty and the British Nation, in: Past and Present 102.1984, S. 94–129.
**Conrad 2008** Sebastian Conrad, Deutsche Kolonialgeschichte, München 2008.
**Cornelissen 2008** Christoph Cornelissen, Das politische Zeremoniell des Kaiserreichs im europäischen Vergleich, in: Biefang/Epkenhans/Tenfelde 2008, S. 433–450.
**Czech 2010** Philipp Czech, Der Kaiser ist ein Lump und Spitzbube. Majestätsbeleidigung unter Kaiser Franz Joseph, Wien 2010
**Daniel 1995** Ute Daniel, Hoftheater. Zur Geschichte des Theaters und der Höfe im 18. und 19. Jahrhundert, Stuttgart 1995.
**Daniel/Siemann 1994** Daniel, Ute/Wolfram Siemann (Hg.), Propaganda, Meinungskampf, Verführung und politische Sinnstiftung (1789–1989), Frankfurt a. M. 1994.
**Demandt 2003** Philipp Demandt, Luisenkult. Die Unsterblichkeit der Königin von Preußen, Köln/Weimar/Wien 2003.
**Demm 2011** Eberhard Demm, „Sic volo sic jubilo". Das 25. Regierungsjubiläum Wilhelms II. im Juni 1913, in: Archiv für Kulturgeschichte 93 (2011), S. 165–207.
**Diemel 1998** Christa Diemel, Adelige Frauen im bürgerlichen Jahrhundert. Hofdamen, Stiftsdamen, Salondamen 1800–1870, Frankfurt/M. 1998.
**Dietze 2016** Carola Dietze, Die Erfindung des Terrorismus in Europa, Russland und den USA 1858–1866, Hamburg 2016.
**Dollinger 1985** Heinz Dollinger, Das Leitbild des Bürgerkönigtums in der europäischen Monarchie des 19. Jahrhunderts, in: Karl Ferdinand Werner (Hg.), Hof, Kultur und Politik im 19. Jahrhundert, Bonn 1985, S. 325–364.
**Domeier 2010** Norman Domeier, Der Eulenburg-Skandal. Eine politische Kulturgeschichte des Kaiserreichs, Frankfurt a.M. 2010.
**Duchhardt 1992** Heinz Duchhard u. a. (Hg.), European Monarchy. Its Evolution and Practice from Roman Antiquity to Modern Times, Stuttgart 1992.
**Düding 1992** Dieter Düding, /Peter Friedemann/ Paul Münch (Hg.), Öffentliche Festkultur. Politische Feste in Deutschland von der Aufklärung bis zum Ersten Weltkrieg, Reinbek 1988.
**Duindam 2003** Jeroen Duindam, Vienna and Versailles. The Courts of Europe's Dynastic Rivals, 1550–1780, Cambridge 2003.
**Duindam 1998** Jeroen Duindam, Norbert Elias und der frühneuzeitliche Hof, in: Historische Anthropologie 6.1998, S. 370–89.
**Elias 1983** Norbert Elias, Die höfische Gesellschaft. Untersuchungen zur Soziologie des Königtums und der höfischen Aristokratie, Frankfurt a. M. 1983.

**Elsner 1991** Tobias v. Elsner, Kaisertage. Die Hamburger und das Wilhelminische Deutschland im Spiegel öffentlicher Festkultur, Frankfurt a. M. u. a. 1991.

**Elze 2001** Reinhard Elze, Die zweite preußische Königskrönung (Königsberg 18.Oktober 1861), München 2001.

**Fahrmeir 2010** Andreas Fahrmeir, Revolutionen und Reformen. Europa 1789–1850, München 2010.

**Fischer-Lichte 2003** Erika Fischer-Lichte, Performance, Inszenierung, Ritual. Zur Klärung kulturwissenschaftlicher Schlüsselbegriffe, in: Jürgen Martschukat/Steffen Petzold (Hg.), Geschichtswissenschaft und „performative turn". Ritual, Inszenierung und Performanz vom Mittelalter bis zur Neuzeit, Köln 2003, S. 33–54.

**Förster 2010** Birte Förster, Der Königin Luise-Mythos. Mediengeschichte des Idealbilds deutscher Weiblichkeit 1860–1960, Göttingen 2011.

**Frevert 2012** Frevert, Ute, Gefühlspolitik. Friedrich II. als Herr über die Herzen?, Göttingen 2012.

**Frevert 2005** Ute Frevert, Neue Politikgeschichte: Konzepte und Herausforderungen, in: Dies./Haupt, Heinz-Gerhard (Hg.), Neue Politikgeschichte. Perspektiven einer historischen Politikforschung, Frankfurt a. M. 2005, S. 7–26.

**Frevert 2004** Frevert, Ute/Wolfgang Braungart (Hg.), Sprachen des Politischen. Medien und Medialität in der Geschichte, Göttingen 2004.

**Freyer 2013** Stefanie Freyer, Der Weimarer Hof um 1800. Eine Sozialgeschichte jenseits des Mythos, München 2013.

**Frie 2002** Ewald Frie, Bühnensuche. Monarchie, Bürokratie, Stände und ‚Öffentlichkeit' in Preußen 1800–1830, in: Hans-Georg Soeffner /Dirk Tänzler (Hg.), Figurative Politik. Zur Performanz der Macht in der modernen Gesellschaft, Opladen 2002, S. 53–67.

**Frühsorge 1984** Gotthardt Frühsorge, Vom Hof des Kaisers zum „Kaiserhof". Über das Ende des Ceremoniells als gesellschaftliches Ordnungsmuster, in: Euphorion 78 (1984), S. 237–265.

**Gall 1980** Lothar Gall, Bismarck. Der weiße Revolutionär, Frankfurt/Berlin/ Wien 1980.

**Geisthövel 2003** Alexa Geisthövel, Den Monarchen im Blick. Wilhelm I. in der illustrierten Familienpresse, in: Habbo Knoch/Daniel Morat (Hg.), Kommunikation als Beobachtung. Medienanalysen und Gesellschaftsbilder 1880–1960, München 2003, S. 59–80.

**Gerber 2015** Stefan Gerber, Georg II. von Sachsen-Meiningen und Moritz Seebeck. Zwischen Prinzenerziehung und Wissenschaftspolitik, in: Maren Goltz/Werner Greiling/Johannes Mötsch (Hg.), Herzog Georg II. von Sachsen-Meiningen (1826–1914). Kultur als Behauptungsstrategie?, Köln 2015, S. 267–85.

**Geyer 2001** Albert Geyer, Geschichte des Schlosses zu Berlin, Bd. 2: Vom Königsschloß zum Schloß des Kaisers (1698–1918), hg. und eingeleitet von Jürgen Julier, 3. Aufl., Berlin 2001.

**Giloi 2011** Eva Giloi, Monarchy, Myth and Material Culture in Germany 1750–1950, Cambridge 2011.

**Gollwitzer 1986** Heinz Gollwitzer, Ludwig I. von Bayern. Königtum im Vormärz, München 1986.

**Goltz/Greiling/Mötsch 2015** Maren Goltz/Werner Greiling/Johannes Mötsch (Hg.), Herzog Georg II. von Sachsen-Meiningen (1826–1914). Kultur als Behauptungsstrategie?, Köln 2015.

**Goujon 2012** Bertrand Goujon, Monarchies postrévolutionnaires 1814–1848, Paris 2012.

**Groh 2004** Dieter Groh, Art. Cäsarismus, in: Geschichtliche Grundbegriffe. Historisches Lexikon zur politisch-sozialen Sprache in Deutschland, Bd. 1, Stuttgart 2004, S.726ff.

**Gruner 2014** Wolf D. Gruner, Der Wiener Kongress 1814/15, Stuttgart 2014,

**Grypa 2008** Dietmar Grypa, Der Diplomatische Dienst des Königreichs Preußen (1815–1866). Institutioneller Aufbau und soziale Zusammensetzung, Berlin 2008.

**Hachtmann 1997** Rüdiger Hachtmann, Berlin 1848: eine Politik- und Gesellschaftsgeschichte der Revolution, Bonn 1997.

**Hamann 1998** Brigitte Hamann, Elisabeth. Kaiserin wider Willen, München 1998.

**Handbuch 1992** Handbuch der Preußischen Geschichte, Bd. 2: Das 19. Jahrhundert und Große Themen der Geschichte Preußens, hg. v. Otto Büsch, Berlin/New York 1992.

**Handbuch 2000** Handbuch der Preußischen Geschichte, Bd. 3: Vom Kaiserreich zum 20. Jahrhundert und Große Themen der Geschichte Preußens, hg. v. Wolfgang Neugebauer, Berlin/New York 2000.

**Handbuch 2012** Handbuch der europäischen Verfassungsgeschichte im 19. Jahrhundert Bd. 2: 1815–1847, hg. von Werner Daum, Bonn 2012.

**Hanisch 1989** Manfred Hanisch, Nationalisierung der Dynastien oder Monarchisierung der Nation? Zum Verhältnis von Monarchie und Nation in Deutschland im 19. Jahrhundert, in: Adolf M. Birke,/Lothar Kettenacker (Hg.), Bürgertum, Adel und Monarchie: Wandel der Lebensformen im Zeitalter des bürgerlichen Nationalismus, München/London/New York/Paris 1989, S. 71–92.

**Hannig 2013** Alma Hannig, Franz Ferdinand. Die Biographie, Wien 2013

**Hasselhorn 2012** Benjamin Hasselhorn, Politische Theologie Wilhelms II., Berlin 2012.

**Herdt 1970** Gisela Herdt, Der Württembergische Hof im 19. Jahrhundert, Göttingen 1970.

**Hewitson 2004** Mark Hewitson, The Wilhelmine Regime and the Problem of Reform: German Debates about Modern Nation States, in: Geoff Eley/James Retallack (Hg.), Wilhelminism and its Legacies: German Modernities, Imperialism, and the Meanings of Reform, 1890–1930, Oxford 2004, S. 73–90.

**Hippel/Stier 2012** Wolfgang v. Hippel/Bernhard Stier, Europa zwischen Reform und Revolution 1800–1850, Stuttgart 2012.

**Holenstein 1991** André Holenstein, Die Huldigung der Untertanen. Rechtskultur und Herrschaftsordnung 800–1800, Stuttgart 199.1

**Holländer 1999** Kay-Uwe Holländer, Vom märkischen Sand zum höfischen Parkett. Der Hof Friedrich Wilhelms III. – ein Reservat für die alte Elite des kurbrandenburgischen Adels, in: Ralf Pröve/Bernd Kölling (Hg.), Leben und Arbeiten auf märkischem Sand. Wege in die Gesellschaftsgeschichte Brandenburgs 1700–1914, Bielefeld 1999, S. 15–48.

**Holtz 2002** Bärbel Holtz, Der vormärzliche Regierungsstil von Friedrich Wilhelm IV., in: Forschungen zur Brandenburgischen und Preußischen Geschichte N. F. 12 (2002), S. 75–112.

**Homans 1988** Margaret Homans, Royal Representations. Queen Victoria and British Culture, 1837–1876, Chicago 1988.

**Horn 2010** Michael Horn, Zwischen Abdankung und Absetzung. Das Ende der Herrschaft der Bundesfürsten des Deutschen Reichs im November 1918, in: Richter/Dirbach 2010, S. 267–290.

**Hull 1981** Isabell V. Hull, The Entourage of Kaiser Wilhelm II, New York 1981.

**Hull 1991** Isabel V. Hull, Der kaiserliche Hof als Herrschaftsinstrument, in: Hans Wilderotter/Klaus-D. Pohl (Hg.), Der letzte Kaiser. Wilhelm II. im Exil, Gütersloh 1991.

**Ishay 2008** Micheline Ishay, The History of Human Rights from Ancient Times to the Globalization Era, Berkeley 2008.

**Jansen/Borggrefe 2007** Christian Jansen/Henning Borggrefe, Nation – Nationalität – Nationalismus, Frankfurt a. M. 2007.

**Jansen 2011** Christian Jansen, Gründerzeit und Nationsbildung 1849–1871, Stuttgart 2011.

**Jarchow 1993** Margarete Jarchow, Hofgeschenke in der Wilhelminischen Epoche, Hamburg 1993.

**Kaul 2007** Camilla Kaul, Friedrich Barbarossa im Kyffhäuser. Bilder eines nationalen Mythos im 19. Jahrhundert, Köln 2007

**Kennedy 1989** Paul Kennedy, Aufstieg und Fall der großen Mächte. Ökonomischer Wandel und militärische Konflikte von 1500 bis 2000, Frankfurt a. M. 1989 (1987).

**Kirsch 1999** Martin Kirsch, Monarch und Parlament im 19. Jahrhundert. Der monarchische Parlamentarismus als europäischer Verfassungstyp – Frankreich im Vergleich, Göttingen 1999.

**Kirsch 2007** Martin Kirsch, Die Funktionalisierung des Monarchen im 19. Jahrhundert im europäischen Vergleich, in: Stefan Fisch/Gauzy, Florence/Metzger, Chantal (Hg.), Machtstrukturen im Staat in Deutschland und Frankreich. Les structures de pouvoir dans l'État en France et en Allemagne, Stuttgart 2007, S. 82–98.

**Klippel 2014** Diethelm Klippel, „Menschenrechte", in: Enzyklopädie der Neuzeit Online, Ed. Friedrich Jaeger. Consulted online on 12 December 2017 <http://dx.doi.org/10.1163/2352-0248_edn_a2700000>
First published online: 2014.

**Kohlrausch 2006** Martin Kohlrausch (Hg.), Samt und Stahl. Kaiser Wilhelm II. im Urteil seiner Zeitgenossen. Mit Fotografien aus dem Archiv des Hauses Hohenzollern, Berlin 2006.

**Kohlrausch 2005** Martin Kohlrausch, Der Monarch im Skandal. Die Logik der Massenmedien und die Transformation der wilhelminischen Monarchie, Berlin 2005.

**Kohlrausch 2002** Martin Kohlrausch, Die höfische Gesellschaft und ihre Feinde. Monarchie und Massenöffentlichkeit in England und Deutschland um 1900, in: Neue politische Literatur 47 (2002), S. 450–466.

**Kohlrausch 2005** Martin Kohlrausch, Hof und Hofgesellschaft in der Kaiserzeit, in: Wolfgang Ribbe (Hg.), Schloss und Schlossbezirk in der Mitte Berlins. Das Zentrum der Stadt als politischer und gesellschaftlicher Ort, Berlin 2005, S. 119–135.

**König 2007** Wolfgang König, Wilhelm II. und die Moderne. Der Kaiser und die technisch-industrielle Welt, Paderborn/München/Wien/Zürich 2007.

**Körner 2004** Hans-Michael Körner, Die Monarchie im 19. Jahrhundert, in: Winfried Müller/Schattkowsky, Martina (Hg.), Zwischen Tradition und Modernität. König Johann von Sachsen 1801–1873, Leipzig 2004, S. 21–32.

**Kraus 2004** Hans-Christof Kraus, Monarchischer Konstitutionalismus. Zu einer neuen Deutung der deutschen und europäischen Verfassungsentwicklung im 19. Jahrhundert, in: Der Staat 43.2004, S. 595–620.

**Kroll 1990** Frank-Lothar Kroll, Friedrich Wilhelm IV. und das Staatsdenken der deutschen Romantik, Berlin 1990.

**Kroll 2001** Kroll, Frank-Lothar (Hg.), Preußens Herrscher. Von den ersten Hohenzollern bis Wilhelm II. München 2001.

**Kroll 1995** Frank-Lothar Kroll, „Bürgerkönig" oder „König von Gottes Gnaden"? Franz Krügers Porträt Friedrich Wilhelms IV. als Spiegelbild zeitgenössischer Herrschaftsauffassungen, in: Helmut Altrichter (Hg.), Bilder erzählen Geschichte, Freiburg i. Br. 1995, S. 211–222.

**Kroll 2002** Frank-Lothar Kroll, Herrschaftslegitimierung durch Traditionsschöpfung. Der Beitrag der Hohenzollern zur Mittelalter-Rezeption im 19. Jahrhundert, in: Historische Zeitschrift 274 (2002), S. 61–85.

**Kroll 2007** Frank-Lothar Kroll, Zwischen europäischem Bewußtsein und nationaler Identität. Legitimationsstrategien monarchischer Eliten im Europa des 19. und frühen 20. Jahrhunderts, in: Hans-Christof Kraus/T. Nicklas (Hg.), Geschichte der Politik. Alte und neue Wege, München 2007, S. 353–74.

**Kroll 2010** Frank-Lothar Kroll, Staatsräson oder Familieninteresse, Möglichkeiten und Grenzen dynastischer Netzwerkbildung zwischen Preußen und Russland im 19. Jahrhundert, in: Forschungen zur Brandenburgischen und Preußischen Geschichte N.F. 20 (2010), H. 1, S. 1–41.

**Kroll/Weiß 2015** Frank-Lothar Kroll, /Dieter J. Weiß (Hg.), Inszenierung oder Legitimation? Monarchy and the Art of Representation, Berlin 2015.

**Kroll, T. 2013** Thomas Kroll, Die Monarchie und das Aufkommen der Massengesellschaft: Deutschland und Großbritannien im Vergleich (1871–1914), in: Zeitschrift für Geschichtswissenschaft 61 (2013), S. 311–328.

**Kuhn 1996** William M. Kuhn, Democratic Royalism. The Transformation of the British Monarchy 1861–1914, London 1996.

**Langewiesche 2013** Dieter Langewiesche, Die Monarchie im Jahrhundert Europas. Selbstbehauptung durch Wandel im 19. Jahrhundert, Heidelberg 2013.

**Langewiesche 2017** Dieter Langewiesche, Monarchy–Global. Monarchical Self-Assertion in a Republican World, in: The Journal of Modern European History 15. 2017, S. 280–307.

**Leonhard/von Hirschhausen 2009** Jörn Leonhard/Ulrike von Hirschhausen, Empires und Nationalstaaten im 19. Jahrhundert, Göttingen 2009.

**Lüdtke 2015** Martina Lüdtke, Die morganatische Eheschließung zwischen Georg II. von Sachsen-Meiningen und Helene Franz. Ein monarchischer Normbruch im Spannungsfeld höfischer Erwartungen und bürgerlicher Öffentlichkeit, in: Goltz/Greiling/Mötsch 2015, S. 65–81.

**Machtan 2008** Lothar Machtan, Die Abdankung. Wie Deutschlands gekrönte Häupter aus der Geschichte fielen, Berlin 2008.

**Mack Smith 1989** Denis Mack Smith, Italy and its Monarchy, New Haven 1989.

**Mager 1984** Wolfgang Mager, Republikanismus, in: O. Brunner u.a. Hg., Geschichtliche Grundbegriffe, Bd. 5, Stuttgart 1984, S. 549–651.

**Mansel/Riotte 2011** Philip Mansel/ Torsten Riotte (Hg.), Monarchy and Exile. The Politics of Legitimacy from Marie de Medicis to Wilhelm II., Basingstoke 2011.

**Marburg 2008** Silke Marburg, Europäischer Hochadel. König Johann von Sachsen (1801–1873) und die Binnenkommunikation einer Sozialformation, Berlin 2008.

**Marx 2004** Christoph Marx, Geschichte Afrikas, Paderborn 2004.

**Mayer 1984** Arno J. Mayer, Adelsmacht und Bürgertum. Die Krise der europäischen Gesellschaft 1848–1914, München 1984.

**McLean 2001** McLean, Roderick, Royalty and Diplomacy in Europe 1890–1914, Cambridge 2001.

**McLean 2003** McLean, Roderick, Dreams of a German Europe: Wilhelm II and the treaty of Björkö of 1905, in: Annika Mombauer /Wilhelm Deist (Hg.), The Kaiser. New Research on Wilhelm II's Role in Imperial Germany, Cambridge 2003, S. 119–142.

**Mergen 2005** Simone Mergen, Monarchiejubiläen im 19. Jahrhundert. Die Entdeckung des historischen Jubiläums für den monarchischen Kult in Sachsen und Bayern, Leipzig 2005.

**Möckl 1990a** Karl Möckl (Hg.), Hof und Hofgesellschaft in den deutschen Staaten im 19. und beginnenden 20. Jahrhundert, Boppard am Rhein 1990.

**Möckl 1990b** Karl Möckl, Der deutsche Adel und die fürstlich-monarchischen Höfe 1750–1918, in: Hans-Ulrich Wehler (Hg.), Europäischer Adel 1750–1950, Göttingen 1990, S. 96–111.

**Mommsen 2005** Wolfgang J. Mommsen, War der Kaiser an allem schuld? Wilhelm II. und die preußisch-deutschen Machteliten, Berlin 2005.

**Müller 2013** Frank Lorenz Müller, Der 99-Tage-Kaiser. Friedrich III. von Preußen, München 2013.

**Müller/Mehrkens 2015** Frank Lorenz Müller /Heidi Mehrkens (Hg.), Sons and Heirs. Succession and Political Culture in Nineteenth Century Europe, Basingstoke 2015.

**Müller/Mehrkens 2016** Frank Lorenz Müller /Heidi Mehrkens (Hg.), Royal Heirs and the Uses of Soft Power in Nineteenth-Century Europe, London 2016.

**Münkler 2005** Herfried Münkler, Imperien. Die Logik der Weltherrschaft – vom Alten Rom bis zu den Vereinigten Staaten, Berlin 2005.

**Murphy 2013** Philip Murphy, Monarchy and the End of Empire. The House of Windsor, the British Government, and the Postwar Commonwealth, Oxford 2013.

**Nairn 1988** Tom Nairn, The Enchanted Glass. Britain and its Monarchy, London 1988.

**Neugebauer 1999** Wolfgang Neugebauer, Residenz – Verwaltung – Repräsentation. Das Berliner Schloß und seine historischen Funktionen vom 15. bis 20. Jahrhundert, Potsdam 1999.

**Neugebauer 2003** Wolfgang Neugebauer, Die Hohenzollern, Bd. 2: Dynastie im säkularen Wandel. Von 1740 bis in das 20. Jahrhundert, Stuttgart 2003.

**Neugebauer 2007** Wolfgang Neugebauer, Die Geschichte Preußens. Von den Anfängen bis 1947, 3. Aufl., München 2007.

**Neugebauer 2008** Wolfgang Neugebauer, Funktion und Deutung des „Kaiserpalais". Zur Residenzstruktur Preußens in der Zeit Wilhelms I., in: Forschungen zur Brandenburgischen und Preußischen Geschichte N. F. 18 (2008), H. 1, S. 67–95.

**Neuhaus 1991** Helmut Neuhaus, Das Ende der Monarchien in Deutschland 1918, in: Historisches Jahrbuch 111 (1991), S. 102–136.

**Nicklas 2003** Thomas Nicklas, Das Haus Sachsen-Coburg. Europas späte Dynastie, Stuttgart 2003.

**Obst 2010** Michael A. Obst, „Einer nur ist Herr im Reiche". Kaiser Wilhelm II. als politischer Redner, Paderborn/München/Wien/Zürich 2010.

**Odenwald-Varga 2009** Szilvia Odenwald-Varga, „Volk" bei Otto von Bismarck. Eine historisch-semantische Analyse anhand von Bedeutungen, Konzepten und Topoi, Berlin 2009.

**Olechnowicz 2007** Andrzej Olechnowicz (Hg.), The Monarchy and the British Nation. 1780 to the Present, Cambridge 2007.

**Osterhammel/Jansen 1995** Jürgen Osterhammel /Jan C. Jansen, Kolonialismus. Geschichte – Formen – Folgen, München 1995.

**Osterhammel 2009** Osterhammel, Jürgen, Die Verwandlung der Welt. Eine Geschichte des 19. Jahrhunderts, München 2009.

**Osterhammel 2006** Osterhammel, Jürgen, Imperien, in: Gunilla Budde u.a. (Hg.), Transnationale Geschichte, Göttingen 2006, S. 56–67.

**Ottomeyer 2010** Hans Ottomeyer, Bernstein und Politik – Staatsgeschenke des preußischen Hofes, in: Werner Paravicini (Hg.), Luxus und Integration. Materielle Hofkultur Westeuropas vom 12. bis zum 18. Jahrhundert, München 2010, S. 105–121.

**Pakula 1995** Hannah Pakula, An Uncommon Woman. The empress Frederick. Daughter of Queen Victoria, Wife of the Crown Prince of Prussia, Mother of Kaiser Wilhelm, New York 1995.

**Paravicini 1997** Werner Paravicini (Hg.), Zeremoniell und Raum. 4. Symposium der Residenzen-Kommission der Akademie der Wissenschaften in Göttingen, Potsdam, 25.–27. September 1994, Sigmaringen 1997.

**Paulmann 2000** Johannes Paulmann, Pomp und Politik. Monarchenbegegnungen in Europa zwischen Ancien Régime und Erstem Weltkrieg, Paderborn u. a. 2000.

**Paulmann 1999** Johannes Paulmann, „Dearest Nicky…": Monarchical relations between Prussia, the German Empire and Russia during the nineteenth century, in: Roger Bartlett/ Karen Schönwälder (Hg.), The German Lands and Eastern Europe, London 1999, S. 157–181.

**Petropoulos 2006** Jonathan Petropoulos, Royals and the Reich. The Princes von Hessen in Nazi Germany, Oxford 2006.

**Petzold 2012** Dominik Petzold, Der Kaiser und das Kino. Herrschaftsinszenierung, Populärkultur und Filmpropaganda im Wilhelminischen Zeitalter, Paderborn 2012.

**Plunkett 2003** John Plunkett, Queen Victoria. First Media Monarch, Oxford 2003.

**Price 2001** Roger Price, The French Second Empire. An Anatomy of Political Power, Cambridge 2001.

**Prochaska 1995** Frank Prochaska, Royal Bounty. The Making of a Welfare Monarchy, New Haven 1995.

**Pyta 2007** Wolfram Pyta, Hindenburg. Herrschaft zwischen Hohenzollern und Hitler, 3. Aufl. München 2007.

**Quataert 2001** Jean Quataert, Staging Philantrophy. Patriotic Women and the National Imagination in Dynastic Germany, 1813–1916, Ann Arbor 2001.

**Raithel 2007** Thomas Raithel, Der preußische Verfassungskonflikt 1862–1866 und die französische Krise von 1877 als Schlüsselperioden der Parlamentarismusgeschichte, in: Themenportal Europäische Geschichte, 01.01.2007, <www.europa.clio-online.de/essay/id/artikel-3356>.

**Ramos 2006** Rui Ramos, D. Carlos 1863–1908, Lissabon 2006.

**Rappaport 2011** Helen Rappaport, Magnificent Obsession. Victoria, Albert and the Death that changed the Monarchy, London 2011.

**Rauchensteiner 2015** Manfred Rauchensteiner, Der Erste Weltkrieg und das Ende der Habsburgermonarchie 1914–1918, Wien 2015

**Rebentisch 2000** Jost Rebentisch, Die vielen Gesichter des Kaisers. Wilhelm II. in der deutschen und britischen Karikatur (1888 – 1918), Berlin 2000.

**Reif 1999** Heinz Reif, Adel im 19. und 20. Jahrhundert, München 1999.

**Reinermann 2001** Lothar Reinermann, Der Kaiser in England. Wilhelm II. und sein Bild in der britischen Öffentlichkeit, Paderborn u. a. 2001.

**Reinhard 1999** Wolfgang Reinhard, Geschichte der Staatsgewalt: eine vergleichende Verfassungsgeschichte Europas von den Anfängen bis zur Gegenwart, München 1999.

**Ribbe 2005** Wolfgang Ribbe (Hg.), Schloß und Schloßbezirk in der Mitte Berlins. Das Zentrum der Stadt als politischer und gesellschaftlicher Ort, Berlin 2005.
**Richards 1999** Jeffrey Richards (Hg.), Diana: The Making of a Media Saint, London 1999.
**Richards 2007** Jeffrey Richards, The Monarchy and Film 1900–2006, in: Olechnowicz 2007, S. 258–279.
**Richter/Dirbach 2010** Susan Richter/Dirk Dirbach (Hg.), Thronverzicht. Die Abdankung in Monarchien vom Mittelalter bis in die Neuzeit, Köln 2010.
**Ridley 2012** Jane Ridley, Bertie: A Life of Edward VII, London 2012.
**Ridley 2016** Jane Ridley, Bertie Prince of Wales: Prince Hal and the Widow of Windsor, in: Müller/Mehrkens 2016, S. 123–38.
**Röhl 1993** John C. G. Röhl, Wilhelm II., 3 Bde., München 1993–2008.
**Röhl 1995** John C. G. Röhl, (Hg.), Kaiser, Hof und Staat. Wilhelm II. und die deutsche Politik, München 4. Aufl. 1995.
**Schellack 1990** Fritz Schellack, Nationalfeiertage in Deutschland von 1871–1945, Frankfurt 1990.
**Schleuning 2016** Regina Schleuning, Hof, Macht, Geschlecht. Handlungsspielräume adliger Amtsträgerinnen am Hof Ludwigs XIV., Göttingen 2016.
**Schneider 1995** Ute Schneider, Politische Festkultur im 19. Jahrhundert. Die Rheinprovinz von der französischen Zeit bis zum Ende des Ersten Weltkrieges (1806–1918), Essen 1995.
**Schoch 1975** Rainer Schoch, Das Herrscherbild in der Malerei des 19. Jahrhunderts, München 1975.
**Schönpflug 2010** Daniel Schönpflug, Luise von Preußen. Königin der Herzen. Eine Biographie, München 2010.
**Schönpflug 2013** Daniel Schönpflug, Die Heiraten der Hohenzollern. Verwandtschaft, Politik und Ritual in Europa 1640–1918, Göttingen 2013.
**Schorn-Schütte 2003** Luise Schorn-Schütte, Königin Luise – Leben und Legende, München 2003.
**Schulte 2002** Regina Schulte (Hg.), Der Körper der Königin. Geschlecht und Herrschaft in der höfischen Welt seit 1500, Frankfurt/M. 2002.
**Schwengelbeck 2007** Matthias Schwengelbeck, Die Politik des Zeremoniells. Huldigungsfeiern im langen 19. Jahrhundert, Frankfurt a. M./New York 2007.
**Sellin 2011** Volker Sellin, Gewalt und Legitimität. Die europäische Monarchie im Zeitalter der Revolution, München 2011.
**Sellin 2014** Volker Sellin, Das Jahrhundert der Restaurationen, München 2014.
**Siemann 1985** Wolfram Siemann, Die deutsche Revolution von 1848/49, Frankfurt/M. 1985.
**Singer 2016** Johanna M. Singer, Arme adlige Frauen im Deutschen Kaiserreich, Tübingen 2016.
**Sösemann 2003** Bernd Sösemann, Hollow-sounding jubilees: forms und effects of public self-display in Wilhelmine Germany, in: Annika Mombauer/Wilhelm Deist (Hg.), The Kaiser. New Research on Wilhelm II's Role in Imperial Germany, Cambridge 2003, S. 37–62.

**Sösemann 2001** Bernd Sösemann, Preußens Krönungsjubiläen als Rituale der Kommunikation. Dignitätspolitik in höfischer und öffentlicher Inszenierung von 1701 bis 1901, in: Patrick Bahners/Gerd Roellecke (Hg.), Preußische Stile, Ein Staat als Kunststück, Stuttgart 2001, S. 114–134.

**Späth 2012** Jens Späth, Revolution in Europa 1820–23. Verfassung und Verfassungskultur in den Königreichen Spanien, beider Sizilien und Sardinien – Piemont, Köln 2012.

**Stamm-Kuhlmann 1992** Thomas Stamm-Kuhlmann, König in Preußens großer Zeit. Friedrich Wilhelm III. Der Melancholiker auf dem Thron, Berlin 1992.

**Stamm-Kuhlmann 1995** Thomas Stamm-Kuhlmann, Die Hohenzollern, Berlin 1995.

**Stamm-Kuhlmann 1990** Thomas Stamm-Kuhlmann, Der Hof Friedrich Wilhelms III. von Preußen 1797 bis 1840, in: Karl Möckl (Hg.), Hof und Hofgesellschaft in den deutschen Staaten im 19. und beginnenden 20. Jahrhundert, Boppard am Rhein 1990, S. 275–319.

**Steinberg 2011** Jonathan Steinberg, Bismarck. A Life, Oxford 2011.

**Stickler 2007** Mattthias Stickler, Machtverlust und Beharrung. Dimensionen einer erneuerten politischen Geschichte der regierenden Dynastien Europas im 20. Jahrhundert, in: Hans-Christof Kraus/Thomas Nicklas (Hg.), Geschichte der Politik. Alte und neue Wege, München 2007, S. 375–396.

**Stollberg-Rilinger 2013** Barbara Stollberg-Rilinger, Rituale, Frankfurt a. M. 2013.

**Stollberg-Rilinger 2017** Barbara Stollberg-Rilinger, Maria Theresia. Die Kaiserin in ihrer Zeit. Eine Biographie, München 2017.

**Stollberg-Rilinger 2004** Barbara Stollberg-Rilinger (Hg.), Was heißt Kulturgeschichte des Politischen, Berlin 2004.

**Süchting-Hänger 2002** Andrea Süchting-Hänger, Das „Gewissen der Nation". Nationales Engagement und politisches Handeln konservativer Frauenorganisationen 1900 bis 1937, Düsseldorf 2002.

**Sykora 2004** Katharina Sykora (Hg.), „Ein Bild von einem Mann". Ludwig II. von Bayern. Konstruktion und Rezeption eines Mythos, Frankfurt a. M. 2004.

**Taylor 1999** Antony Taylor, „Down with the Crown". British Anti-monarchism and Debates about Royalty since 1790, London 1999.

**Taylor 2007** Antony Taylor, An Aristocratic Monarchy and Popular Republicanism, in: Olechnowicz 2007, S. 188–219.

**Tenfelde 1982** Klaus Tenfelde, Adventus. Zur historischen Ikonologie des Festzuges, in: HZ 235.1982, S. 45–84.

**Tschacher 2010** Werner Tschacher, Königtum als lokale Praxis. Aachen als Feld der kulturellen Realisierung von Herrschaft, Stuttgart 2010.

**Unterreiner 2017** Katrin Unterreiner, „Meinetwegen kann er gehen". Kaiser Karl und das Ende der Habsburgermonarchie, Wien 2017.

**Urbach 2011** Karina Urbach, Queen Victoria. Eine Biographie, München 2011.

**Urbach 2008** Karina Urbach (Hg.), Royal Kinship. British-German Family Networks 1815–1918, Berlin/New York 2008.

**Urbach 2015** Karina Urbach, Die inszenierte Idylle. Legitimationsstrategien Queen Victorias und Prinz Alberts, in: Kroll/Weiß 2015, S. 23–33.
**van Laak 2005** Dirk van Laak, Über alles in der Welt. Deutscher Imperialismus im 19. und 20. Jahrhundert, München 2005.
**Vec 2001** Miloš Vec, Das preußisches Zeremonialrecht. Eine Zerfallsgeschichte, in: Patrick Bahners/Gerd Roellecke (Hg.), Preußische Stile. Ein Staat als Kunststück, Stuttgart 2001, S. 101–113.
**Vick 2014** Brian Vick, The Congress of Vienna. Power and Politics after Napoleon, Cambridge Mass. 2014.
**Wagner 1995** Yvonne Wagner, Prinzenerziehung in der zweiten Hälfte des 19. Jahrhunderts. Zum Bildungsverhalten des preußisch-deutschen Hofes im gesellschaftlichen Wandel, Frankfurt a. M. 1995.
**Walter 1999** Tony Walter (Hg.), The Mourning for Diana, Oxford 1999.
**Weiß 2007** Dieter J. Weiß, Kronprinz Rupprecht von Bayern (1869–1955). Eine politische Biographie, Regensburg 2007.
**Werner 2010** Eva Maria Werner, „Die Revolution hat gesiegt, mit dem Ergebnis, dass ich erniedrigt bin." Herrscherabdankungen im Jahr 1848, in: Richter/Dirbach 2010, S. 239–250.
**Wienfort 1993a** Monika Wienfort, Monarchie in der bürgerlichen Gesellschaft. Deutschland und England von 1640 bis 1848, Göttingen 1993.
**Wienfort 2008a** Monika Wienfort, Geschichte Preußens, München 2008.
**Wienfort 2014** Monika Wienfort, „Verliebt, verlobt, verheiratet". Eine Geschichte der Ehe seit der Romantik, München 2014.
**Wienfort 1993b** Monika Wienfort, Kaisergeburtstagsfeiern am 27. Januar 1907. Bürgerliche Feste in den Städten des Deutschen Kaiserreichs, in: Manfred Hettling /Paul Nolte (Hg.), Bürgerliche Feste, Göttingen 1993, S. 157–191.
**Wienfort 2005a** Monika Wienfort, Die Hohenzollern, in: Reinhardt, Volker (Hg.), Deutsche Familien, München 2005, S. 45–72.
**Wienfort 2005b** Monika Wienfort, Zurschaustellung der Monarchie. Huldigungen und Thronjubiläen in Preußen-Deutschland und Großbritannien im 19. Jahrhundert, in: Peter Brandt u.a. (Hg.), Symbolische Macht und inszenierte Staatlichkeit. „Verfassungskultur" als Element der Verfassungsgeschichte, Bonn 2005, S. 81–100.
**Wienfort 2008b** Monika Wienfort, Marriage, Family and Nationality. Letters from Queen Victoria and Crown Princess Victoria 1858–1885, in: Karina Urbach (Hg.), Royal Kinship: Anglo-German Networks 1815–1918, München 2008, S. 117–130.
**Wienfort 2016** Monika Wienfort, Dynastic Heritage and Bourgeois Morals: Monarchy and Family in the Nineteenth Century, in: Frank Lorenz Müller/ Heidi Mehrkens (Hg.), Royal Heirs and the Uses of Soft Power in Nineteenth-Century Europe, London 2016, S. 163–179.
**Williams 1997** Richard Williams, The Contentious Crown. Public discussion of the British Monarchy in the Reign of Queen Victoria, Aldershot 1997.
**Windt/Luh/Dilba 2005** Franziska Windt/Jürgen Luh/Carsten Dilba, Der Kaiser und die Macht der Medien, Berlin 2005.

**Wortmann 2006** Richard S. Wortmann, Scenarios of Power. Myth and Ceremony in the Russian Monarchy, Princeton 2006.

# Abbildungsverzeichnis

Abb. 1: Der Halbmondsaal im Stuttgarter Ständehaus (kolorierte Lithographie von Jakob Heinrich Renz, 1833).

Abb. 2: Konrad Siemenroth, Bismarck (rechts) bei Kaiser Wilhelm I. im historischen Eckzimmer des Königlichen Palais (Aquarell, 1887; akg-images)

Abb. 3: Gustav Kühn, Verkündung der Einheit der deutschen Nation (kolorierte Zeichnung, 1848; bpk).

Abb. 4: „Es ginge wohl, aber es geht nicht" (Lithografie, 1849).

Abb. 5: Festumzug anlässlich des diamantenen Thronjubiläums Queen Victorias 1897 (Fotografie, 1897; Heitage-Imiges/The Print Collector / akg-images).

Abb. 6: Gedenkmedaille der Stadt London zum diamantenen Thronjubiläum Queen Victorias (1897).

Abb. 7: Der Kaiser mit seinen sechs Söhnen auf dem Weg zur Paroleausgabe im Zeughaus (Fotografie, 1913; Berlin, Sammlung Archiv für Kunst und Geschichte / akg-images).

Abb. 8: Franz Wolf, Kaiser Franz I. mit seiner Familie in Laxenburg (Lithographie, 1807; akg-images / Imagno / Johann Kräftner).

Abb. 9: Das historische Eckfenster, Zeichnung von H. Lüders, in: Die Gartenlaube (1888).

Abb. 10: Das königliche Palais (Postkarte 1913; akg-images)

Abb. 11: The Queen's Drawing Room (1897).

Abb. 12: Vier Generationen (Fotografie, zwischen 1910 und 1915; Library of Congress, LC-B2-3520-8).

# Glossar

**Adelsprivileg** traditionelle Rechte des Adels, z.B. auf Landbesitz, politische Repräsentation, Gerichtsrechte und Kirchenpatronat. Im 19. Jahrhundert gingen solche traditionellen Privilegien vielfach verloren. (Kap. 1, 11)

**Caesarismus** autoritäre Herrschaftsform mit Alleinherrschaft eines Monarchen. Im 19. Jahrhundert hat man die Herrschaft Napoleons III. in Frankreich als caesaristisch bezeichnet, der auf der formalen Grundlage einer Konstitution wesentlich autoritär regierte. (Kap. 4)

**Charte** geschriebene Verfassung, Charta, die entweder vom Monarchen durch Oktroi erlassen oder in einem Parlament vereinbart wird. In der ersten Hälfte des 19. Jahrhunderts wurde die französische Charte von 1815 zum Vorbild für viele andere europäische Verfassungen. (Kap. 3)

**Dreiklassenwahlrecht** ungleiches Wahlrecht; Einteilung der Wähler in drei Klassen nach Steueraufkommen. Im Deutschen Kaiserreich das Landtagswahlrecht in Preußen, das eine angemessene Repräsentation der Sozialdemokratie im Preußischen Abgeordnetenhaus verhinderte. (Kap. 1, 6)

**Durbar** Hoftag, Versammlung anlässlich der Krönung britischer Monarchen in Indien. Berühmt wurde vor allem der Durbar 1903, der vom britischen Vizekönig in Indien, Lord Curzon, veranstaltet wurde (Kap. 2, 8)

**Dynastie** Herrscherhaus, Herrscherfamilie. Im 19. Jahrhundert legten die neuen Verfassungen regelmäßig Bestimmungen zur Erbfolge fest. Während in Deutschland zahlreiche Dynastien regierten (Hohenzollern, Wittelsbach, Wettin), hieß die britische Herrscherfamilie seit der Heirat Queen Victorias mit Prinz Albert Sachsen-Coburg-Gotha. Im Ersten Weltkrieg änderte König Georg V. den Familiennamen zu Windsor. (Kap. 1, 3, 7, 12, 13, 14)

**Ebenbürtigkeit** Standesgleichheit von Personen, wichtig vor allem mit Blick auf die Eheschließung. Die monarchischen Familien im 19. Jahrhundert strebten grundsätzlich eine Verheiratung ihrer Angehörigen mit anderen monarchischen Familien an. Gelang das nicht, sprach man von einer „Mesalliance". (Kap. 11, 14)

**Fideikommiss** Rechtliches Sondervermögen, in der Regel bestehend aus Landbesitz und einem Schloss oder Gutshaus als Wohnsitz. Für Fideikommisse galten bestimmte Erbregeln (Unteilbarkeit, Unveräußerlichkeit, eingeschränkte Möglichkeiten der Kreditaufnahme). Im 19. Jahrhundert waren bedeutende Teile monarchischen Vermögens (Kronfideikommisse) und der adligen Landbesitzer entsprechend geordnet. (Kap.11)

**Gottesgnadentum** Herrschaftsverständnis, das von einer Einsetzung des Monarchen durch göttliche Gnade ausgeht. Im 19. Jahrhundert behaupteten zahlreiche Monarchen das Gottesgnadentum als Selbstverständnis weiterhin, obwohl sich faktisch die Herrschaftslegitimation zunehmend vom Volk ableitete. (Kap. 1, 2, 3)

**Grundrechte** wesentliche, dauerhafte und im Rechtsstaat einklagbare Rechte der einzelnen Menschen in einer gesellschaftlichen Ordnung. Die Verfassungen des 19. Jahrhunderts enthielten im Anschluss an das Vorbild der französischen Menschenrechtserklärung vielfach Abschnitte über Grund- oder Bürgerrechte, die die Rechte der Bürger gegen den Staat sichern sollten (z.B. Meinungs- und Pressefreiheit, justizielle Rechte) (Kap. 3)

**Herrscherlob, Panegyrik** Literaturgattung, in der anlässlich von monarchischen Familienereignissen oder der Thronbesteigung Herrschertugenden hervorgehoben werden. Panegyrische Texte streiften gelegentlich die Grenze zur Hagiographie. (Kap. 10, 13)

**Herrschaftsrepräsentation** umfassender Begriff für die öffentliche Erscheinung von politischer Macht. Monarchische Repräsentation im 19. Jahrhundert umfasste den Hof und die Residenz, aber auch zahlreiche zeremonielle Anlässe. (Kap. 1, 8)

**Hof** Haushalt des Monarchen und seiner Familie; sozial exklusiver Ort monarchischer Repräsentation. (Kap.11)

**Imperium** Reich. Im 19. Jahrhundert sind besonders das britische Empire, das russische Reich und das Habsburger Reich in Europa wichtig. (Kap. 1, 2, 8)

**Kamarilla** Gruppe von Günstlingen am Hof eines Monarchen, die ohne entsprechende Staatsämter Einfluss auf die Politik nehmen. (Kap. 5, 10)

**Karikatur** bildliche Darstellung von politischen Ereignissen oder Personen mit dem Ziel, diese lächerlich zu machen und zu kritisieren. Im 19. Jahrhundert wurden die Monarchen besonders häufig in Karikaturen dargestellt, um politische Kritik zu üben. (Kap. 6)

**Konnubium** Verbindung sozialer Gruppen durch Heirat; Heiratsmuster in sozialer, kultureller, ethnischer oder konfessioneller Hinsicht (Kap. 2, 12)

**Konstitutionelle Monarchie** An eine Verfassung gebundene Monarchie (Ggs. Absolutismus), in der auch dem Parlament zentrale Kompetenzen im Staat zukommen. (Kap. 1, 3)

**Landesgrundgesetze** Zusammenstellung von Gesetzen, die vor der Einführung einer geschriebenen Verfassung das Verhältnis von Monarchie und Untertanen regelten. Klassische Beispiele sind die englische Magna Carta (1215) oder der preußische Landtagsabschied von 1653. (Kap.3)

**Landtag** In der Frühen Neuzeit Versammlung der Stände; im 19. Jahrhundert Bezeichnung für eine Volksvertretung (Kap. 4)

**Mäzenatentum** traditionelle Herrschertugend; finanzielle Förderung von Künstlern oder wohltätigen Zwecken (Kap.12)

**Majestätsbeleidigung** Straftatbestand der Beleidigung des Monarchen. Im 19. Jahrhundert meist mit Gefängnisstrafen geahndet (Kap.6)

**Mediatisierung** Unterwerfung reichsunmittelbarer Herrschaften (Fürsten, Reichsritter, Städte) unter eine Landeshoheit (Kap. 1)

**Monarchisches Prinzip** Konstitution mit Vorrang des Monarchen. Im 19. Jahrhundert ist die französische Charte von 1814 das Vorbild für zahlreiche andere Verfassungen. (Kap. 1, 3)

**Morganatische Ehe** nicht standesgemäße Ehe zwischen einem Angehörigen des Hohen Adels und einem nicht ebenbürtigen Partner. Die Ehe war zwar kirchenrechtlich voll gültig, hatte aber staats- und zivilrechtlich nicht die üblichen Konsequenzen. Nachkommen aus solchen Ehen waren nicht berechtigt, die Thronfolge anzutreten. (Kap. 11)

**Nationalsymbol** Verkörperungen der Nation. Im 19. Jahrhundert häufig in Gestalt allegorischer Frauenfiguren (Marianne, Germania), aber auch Monarchen und Monarchinnen (Luise von Preußen) konnten so wahrgenommen werden. (Kap.1, 2, 11)

**Nobilitierung** durch einen Monarchen vorgenommene Erhebung in den Adelsstand (Kap.11)

**Parlamentarische Monarchie** Staatsform, in der das Parlament gegenüber der Monarchie politisch den Vorrang geniesst; im 20. Jahrhundert die übliche Verbindung von Monarchie und Demokratie (Kap. 1, 14)

**Präambel** Vorbemerkungen, im Kontext einer Verfassung: Einleitung. (Kap. 3, 4)

**Prärogativ** Vorrecht, in den Verfassungen des 19. Jahrhunderts Kompetenz des Monarchen, z.B. in der Gesetzgebung (Kap. 4)

**Präzedenz** Position in der Rangordnung gemäß Hofprotokoll; Vorrang einer Person vor einer anderen (Kap.7)

**Primogenitur** Erbfolge des ältesten Nachkommen (Kap.11)

**Republik** nicht monarchische Staatsform. Für das 19. Jahrhundert in Europa ist besonders Frankreich wichtig, das in der Französischen Revolution, zwischen 1848 und 1852 und seit 1871 eine Republik war. (Kap.5, 6)

**Republikanismus** politische Forderung nach Abschaffung der Monarchie (Kap. 5, 6)

**Residenz** Amtssitz einer Monarchie; Hauptstadt (z.B. Berlin als preußische Hauptstadt, aber auch im engeren Sinn Schloss (Berliner Stadtschloss) (Kap. 7)

**Ritual** feierliche, regelhafte Handlung mit statusverändernder Wirkung, die meist in einer festgelegten Ordnung (Zeremoniell) abläuft. Ein Beispiel für ein Ritual ist eine Eheschließung. Der Status wechselt vom Ledigen zum Verheirateten. (Kap. 7)

**Sakralisierung** Wahrnehmung eines Menschen oder Gegenstands als heilig

**Sozialistengesetze** Politische Verfolgung der Sozialdemokratie im Kaiserreich, mit der Bismarck – letztlich erfolglos – eine Schwächung der Arbeiterbewegung beabsichtigte (Kap.11)

**Summus Episcopus** landesherrliches Regiment über das evangelische Kirchenwesen als „oberster Bischof". Im 19. Jahrhundert besonders in Preußen von Bedeutung. (Kap. 1)

**Verbürgerlichung** Anpassung des Monarchen an bürgerliche Ideale, Vorstellungen und Lebensstile (Kap. 13)

**Verfassungskonflikt** Machtkampf zwischen verschiedenen Verfassungsinstitutionen. Im 19. Jahrhundert besonders zwischen der Krone und dem Parlament. (Kap. 4)

**Verfassungsstaat** Staat mit einer geschriebenen Verfassung als Staatsgrundgesetz. Im 19. Jahrhundert breitete sich das Modell des Verfassungsstaates zunächst in den von Napoleon beherrschten Gebieten aus. Preußen und das Habsburger Reich wurden erst nach der Revolution von 1848/49 zu Verfassungsstaaten. (Kap. 1, 3, 4)

**Volkssouveränität** Herrschaftslegitimation, die sich auf die Bevölkerung bezieht. Herrschaft, die im Namen des Volkes ausgeübt wird. (Kap. 3)

**Zeremoniell** feierliche Handlung, die nach festgelegten Regeln abläuft und wiederholt wird. Für die Monarchie ist das Krönungszeremoniell besonders bedeutsam. (Kap. 1, 7, 8)

**Zivilliste** jährliche Unterhaltsleistung für Monarchen und ihre Familien aus der Staatskasse (Kap. 6)

# Register

## Ortsregister

Afrika 28, 31, 33
Baden 3, 5–6, 41, 67, 69, 147
Balmoral 107, 165
Bayern 3, 5–6, 23, 29, 35, 40–41, 67, 71, 78, 105–106
Belgien 8, 11, 41, 66, 80
Benelux-Staaten 175
Berlin 6, 14, 53, 65, 68, 71, 105, 116, 119, 121, 134, 143, 158
Braunschweig 66
British Empire 5, 28–29, 31, 34, 138
Budapest 67
Burgund 95
China 5
Dänemark 11, 36, 177
DDR 179
Dehli 107
Deutsche Staaten 68
Deutsches Reich 2, 5, 13, 15, 25–29, 33, 56–57, 69, 71, 83, 97, 106, 118, 128, 130, 140, 142, 151, 175
Deutschland 1, 4, 24, 30, 40, 67, 141, 176
Elsass-Lothringen 129
England 82
Frankfurt am Main 6, 40, 68
Frankreich 1–2, 4, 7, 24–25, 27, 41, 49, 55–56, 66–67, 71, 94, 106, 129, 140, 178
Großbritannien 2–4, 7, 10–11, 13, 16, 23–25, 28, 35, 54, 58, 67, 78–79, 81–82, 98, 106, 109, 120, 127, 129, 137, 140, 142, 147, 149, 152, 164, 173, 175, 179
Habsburger Reich 3, 15, 41, 43, 67, 83, 85, 96, 128, 138, 175
Hamburg 79
Hannover 3, 7, 41, 66, 78, 83, 149
Hessen 3, 36, 41
Indien 5, 29, 31, 34, 79, 104
Irland 29

Italien 4, 11, 35, 55, 67, 140
Japan 2, 5
Jena 99
Köln 6
Kongo 80
Königsberg 109
Leipzig 158
Liechtenstein 175
London 9, 16, 32, 82, 103, 115, 120, 165, 173, 177
Mecklenburg 29
Meiningen 118
München 78, 106, 109, 117
Münster 143
Niederlande 11, 66, 177
Nigeria 33, 179
Norwegen 8, 11, 40
Osmanisches Reich 5, 28, 33
Österreich 4–5, 10, 30, 35, 54, 68, 70
Österreich-Ungarn 28, 33, 69
Piemont-Sardinien 10
Polen 7, 40
Portugal 35
Posen 26
Potsdam 109
Prag 67
Preußen 3–4, 6–7, 9–10, 23–24, 26, 36, 41, 54–57, 67–68, 70, 80, 83, 105, 139–140, 147, 163–164
Russland 5, 15, 28, 30, 33, 43, 66–67, 69, 140–141, 175
Sachsen 5, 7, 41, 66–67, 78
Sachsen-Coburg 36
Schlesien 68
Schottland 127
Schweden 11, 40, 147
Schweiz 1
Sizilien 40
Skandinavien 175
Sowjetunion 179

Spanien 7–8, 35, 41, 96, 141, 150, 176
St. Petersburg 70
Stuttgart 39
USA 5, 40, 78, 178
Versailles 36, 98
Westphalen (Königreich) 40
Wien 35, 67, 69, 117, 125
Wight 107, 165
Windsor 16
Württemberg 5–6, 41, 67

## Personenregister

Adalbert, Prinz von Preußen 122
Albert, Prinz von Sachsen-Coburg-Gotha und Prinzgemahl 9, 81–82, 104, 109, 120, 149, 165, 170, 173
Alexander II., Zar von Russland 84
Alexandra, Königin von Großbritannien 9
Anderson, Benedict 23
Anna Amalia, Herzogin von Sachsen-Weimar und Eisenach 151
Augusta, Deutsche Kaiserin und Königin von Preußen 25, 151
Auguste Victoria, Deutsche Kaiserin und Königin von Preußen 25, 152
Bamberger, Ludwig 54, 140
Bebel, August 140
Bismarck, Fürst Otto von 4, 29, 53–54, 56–57, 84, 116, 141
Blair, Tony 175
Bülow, Bernhard Fürst von 58
Bülow, Paula von 122
Cannadine, David 2
Cecilie, Deutsche Kronprinzessin 153
Charlotte, Prinzessin von Preußen 158
Chotek, Gräfin Sophie 139
Conrad, Joseph 80
Dagmar, Zarin von Russland 9
David, Jacques-Louis 116
Diana, Prinzessin von Wales (Lady Diana Spencer) 150, 174–175, 177
Disraeli, Benjamin 30, 59, 115, 140, 166
Docemo, König von Lagos 33
Edward VII., König von Großbritannien 81, 129, 150
Elias, Norbert 96
Elisabeth I. von England 148, 162
Elisabeth II., Königin von Großbritannien 11, 34, 100, 173–174, 179
Elisabeth, Kaiserin von Österreich 84, 153
Elisabeth, Prinzessin von Preußen 158
Ernst August, Herzog zu Braunschweig und Lüneburg 149
Ferdinand I., Kaiser von Österreich 125
Franz Ferdinand, Erzherzog 85, 129, 139
Franz I., Kaiser von Österreich 125
Franz Joseph I., Kaiser von Österreich 30, 70, 77, 129
Franz, Ellen 118
Friedrich II., König von Preußen 108, 116, 120, 126, 163
Friedrich III., Deutscher Kaiser und König von Preußen 10, 14, 26, 94, 99, 119, 163
Friedrich Wilhelm III., König von Preußen 138, 164

Friedrich Wilhelm IV., König von
    Preußen 65, 68–69, 77–78, 84,
    97, 116, 118, 122, 127, 139, 164,
    166
Gärtner, Friedrich von 117
Georg I., König von Griechenland 9
Georg II., Herzog von Sachsen-
    Meiningen 99, 118
Georg III., König von Großbri-
    tannien 13, 78
Georg IV., König von Großbri-
    tannien 35, 149
Georg V., König von Großbri-
    tannien 16, 31, 107
Gladstone, Willliam Ewart 58, 140
Goethe, Johann Wolfgang von 24,
    151
Gustav V., König von Schweden 147
Haakon VII., König von
    Norwegen 8–9
Hardenberg, Karl August von 164
Herwegh, Georg 80
Hindenburg, Paul von Beneckendorff
    und von 70, 97, 176
Hobsbawm, Eric 2
Hobson, J.A. 32
Isabella II. Königin von Spanien 84,
    141, 150
Karl I., Kaiser von Österreich 129
Karl I., König von Portugal 84
Karl II., Herzog von Braun-
    schweig 66
Katharina II., Zarin von
    Russland 148
Klenze, Leo von 117
Lassalle, Ferdinand 140
Lenin, Wladimir Iljitsch 32
Leopold I., König der Belgier 8, 67
Leopold II., König der Belgier 80
Lincoln, Abraham 84
Liszt, Franz 118
Louis Philippe I., König der
    Franzosen 27, 41–42, 67, 140
Ludendorff, Erich 70
Ludwig I., König von Bayern 106,
    109, 117

Ludwig II., König von Bayern 117–
    118
Ludwig XIV., König von Frank-
    reich 96, 98, 116
Ludwig XVIII., König von Frank-
    reich 50
Luise, Großherzogin von Baden 147
Luise, Königin von Preußen 23, 120,
    126, 141, 150, 152
Margaret, Prinzessin von
    Schweden 147
Margherita, Königin von Italien 106
Maria Pawlowna, Großherzogin von
    Sachsen-Weimar-Eisenach 151
Maria Theresia, Kaiserin von Öster-
    reich 125, 148
Marie Louise, Kaiserin der
    Franzosen 125
Marx, Karl 80
Mauss, Marcel 15
Montgelas, Maximilian von 164
Napoleon I., Kaiser der
    Franzosen 3–4, 6, 40, 105, 116,
    125, 150, 164
Napoleon III., Kaiser der
    Franzosen 2, 4, 10, 25, 27,
    55–57, 84, 94, 163
Naumann, Friedrich 27
Nikolaus I., Zar von Russland 77
Nikolaus II., Zar von Russland 10,
    58, 119
Otto I., König von Griechenland 8
Radziwiłł, Elisa 138
Reynolds, G. W.M. 82
Rigaud, Hyacinthe 116
Röhl, John C.G. 97, 165
Scheidemann, Philipp 71
Schiller, Friedrich von 24
Schinkel, Karl Friedrich 164
Seeley, John Robert 32
Simson, Eduard 77
Sixtus, Prinz von Bourbon-
    Parma 129
Spitzemberg, Hildegard Baronin
    von 152

Stein, Heinrich Friedrich Karl vom und zum 164
Stein, Lorenz von 26
Thiers, Adolphe 43
Twain, Mark 80
Uhland, Ludwig 39–40
Umberto I., König von Italien 84, 106
Victoria, Königin von Großbritannien 4–5, 9–10, 12–13, 26, 36, 58–59, 79, 81–82, 84, 99, 103–104, 106–107, 115, 120, 127, 129, 133, 140–141, 149–150, 164–166, 170
Viktoria Luise, Herzogin zu Braunschweig und Lüneburg 121, 149, 153
Viktoria, Königin von Schweden 147
Vittorio Emanuele, König von Italien 4
Webb, Beatrice 104
Weber, Max 12
Werner, Anton von 116
Wilhelm I., Deutscher Kaiser und König von Preußen 4, 10, 14, 24, 29, 53–55, 57, 84, 94, 105, 108–109, 116–117, 119–120, 126, 134, 138, 147, 151, 165
Wilhelm II., Deutscher Kaiser und König von Preußen 15, 24–26, 33, 43–44, 57–58, 70, 78, 94, 97–99, 105, 107, 116–117, 119, 121, 128–129, 133, 153, 165, 168, 176
Wilhelm IV., König von Großbritannien 3, 149
Wilhelm, Deutscher Kronprinz 122
Wilhelmina, Königin der Niederlande 177
Wilson, Woodrow 71
Windhorst, Ludwig 140

## Sachregister

Absolutismus 54, 96
Adel 16, 27, 40, 56, 59, 79, 81, 93, 95–98, 117, 137–141, 151–152, 177–178
Adelsreform 139
Antisemitismus 26, 165
Arbeit, Arbeiter 27, 32, 57, 79, 82, 138, 142
Architektur 164
Attentat 84–85
Aufklärung 79
Bolschewisten 70
Bourgeoisie 27
Budgetrecht 55
Bürgertum 5, 16, 24, 40, 55, 66–69, 79, 98–99, 105, 117, 129, 138–141, 149, 151–152, 177
Cäsarismus 57
Chartisten 82
Commonwealth 177, 179
Demokratie 55, 68–69, 80
Denkmal 108, 110, 117–118, 126
Deutscher Bund 164
Devolution 7
Dreiklassenwahlrecht 6, 70
Durbar 31
Dynastie 5, 9, 16, 35, 42, 70, 105, 120, 138, 147, 167, 173, 175, 177
Ebenbürtigkeit 138, 178
Ehe 36, 174
Emotion 12–13
Emotionalisierung 14
Empire 7, 104, 149, 165, 179
Erinnerung, Erinnerungskultur 16, 104, 110, 118, 120
Erster Weltkrieg 26, 33, 37, 58, 69, 85, 117, 147, 163, 165, 170
Erziehung 139

Eugenik 165
Exil 177
Familie 5, 13, 97–98, 105, 119–122, 125, 138–139, 147, 149, 166–167, 173–174, 176, 178
Feminisierung 177
Fernsehen 177
Fideikommiss 139
Französische Revolution von 1789 42, 66
Frauenbewegung 70
Frühe Neuzeit 7, 93–95, 99, 107, 117, 148
Frühsozialismus 80
Gabentauschkonzept 15
Germanisierungspolitik 26
Geschichtspolitik 2
Gesetzesinitiativrecht 43
Gottesgnadentum 11–12, 15, 26, 42, 69
Grundrecht 41, 43
Heilige Allianz 35
Heiliges Römisches Reich 6, 24
Heirat 35, 148, 151, 158, 177
Hof 137, 152, 168
Hofadel 149
Hofdamen 98, 148, 152
Hofmann 153
Hoftheater 118
Hohenzollern-Museum 14, 119
Identität 104
Imperialismus 27, 29–30, 32–33, 35, 81, 103, 107, 115, 163, 166
Industrialisierung 138
Jubiläen 115, 119
Kaisergeburtstag 105
Kamarilla 97, 164
Karlsbader Beschlüsse 4
Katholiken 9, 106, 140
Kirche 9, 44, 59, 78, 93, 118, 150, 164
Konfession 35, 44, 106, 167
Konservatismus 8, 41, 56, 71, 140, 150, 166
Konstitution 12, 40, 54–55, 95, 126

Konstitutionelle Monarchie 58, 66, 93
Krieg 5, 10–11
Krönung 94, 107, 109, 116, 179
Kulturkampf 106
Kunst 151
Labour-Partei 81
Landadel 6
Landesvater 13
Legitimation 8, 11–12, 16, 128–129, 141, 175
Liberalismus 4, 8, 27, 41, 54–56, 58, 66, 68–70, 82, 140, 150
Männerwahlrecht 6, 27, 57, 80
Massendemokratie 5
Mäzenatentum 117–118
Militär 10, 25, 55, 58, 78, 80, 104, 106, 109, 122, 139, 153, 164–165, 174
Militärparade 121, 126
Mittelalter 7, 16, 24, 94–95, 106, 125, 163
Monarchismus 176
Morganatische Ehe 139
Mütterlichkeit 13
Mythos 153
Nation 5–6, 24, 34, 42, 66, 68, 104–105, 108, 140, 150, 153
Nationalisierung 9, 36
Nationalismus 6, 9, 12, 15, 23, 25, 29, 85, 133, 163
Nationalsozialismus 176
Nationalstaat 35, 70
Nobilitierung 141
Öffentlichkeit 4
Parlament 12, 30, 39–41, 43, 54, 58–59, 68–69, 81, 94, 97, 117
Parlamentarische Monarchie 176, 178
Parlamentarisierung 130
Parteien 42, 59, 94
Patriotismus 14
Personalunion 6, 30
Petition 15, 142
Plebiszit 57
Präambel 49

Prärogative 56
Präzedenz 96
Pressefreiheit 4
Protestantismus 9, 106
Rassismus 31
Reichsgründung 54
Reichstag 6, 57
Reichsverfassung 133
Republik 66, 69, 176, 178
Republikanismus 5–6, 40–41, 68–69, 79–81, 175, 178
Residenz 94, 107, 117
Restauration 175–176
Revolution 4, 8, 11–12, 15, 33, 41, 68, 175
Revolution von 1848/49 55, 65, 67–68, 77, 80, 127
Revolution von 1918/19 69
Säkularisierung 9
Salisches Recht 150
Schloss 108, 116–117
Skandal 128
Souveränität 6
Sozialdemokratie 79, 106
Sozialgesetzgebung 27
Sozialistengesetze 106, 142

SPD 70, 80
Staatsintegration 7
Theatralität 34
Tories 140
Unterhaltungskultur 174
Vaterländischer Frauenverein 25, 151
Verbürgerlichung 166
Verfassung 3–4, 39, 49, 66–68, 79, 97, 164, 166, 176
Volk 13, 31, 42, 66, 79, 81, 105, 139, 178
Volkssouveränität 12, 42, 80
Vormärz 8, 127
Wahlen 39, 42
Wahlrecht 3, 8, 67
Whigs 32, 140, 166
Wiener Kongress 1, 6, 35
Wohltätigkeit 25, 151
Zensur 65
Zensuswahlrecht 42
Zentrum 70
Zeremonie 107, 116
Zeremoniell 34, 36, 93, 95, 97–98, 109, 125

www.ingramcontent.com/pod-product-compliance
Lightning Source LLC
Chambersburg PA
CBHW060605230426
43670CB00011B/1979